인문학의 길에서 ——— 성서를 만나다

**일러두기** ─────

본문에 나오는 성서 인용 구절은 대한성서공회에서 펴낸 '개역개정판'을 따랐으며, 다른 번역본의 경우 따로 표기하였습니다.

# 인문학의 길에서

강영안 서문

조병현
손화철
목광수
홍문기
강성우
이경직
정병준
김광규
노승욱
홍성준
박기영
최진영
진유경
박효은
이용주

# 성서를 만나다

잉클링즈

# 차례 ────────────────────────────

# 인문학과 성서는 서로를 비출 수 있는가

**강영안** 미국 칼빈신학대학원 철학신학 교수

### 여전한 질문: "인문학을, 그리스도인이?"

《인문학의 길에서 성서를 만나다》는 '인문학과 성서가 서로를 비추며 함께 걸을 수 있는가'라는 물음에 대한 공동의 증언입니다. "인문학을, 그것도 그리스도인이?"라는 질문은 여전히 우리 곁에 살아 있습니다. 인문학을 곧바로 인본주의로 환원하고 신앙과 대립시키려는 시선이 끊이지 않기 때문입니다. 이 책을 집필한 그리스도인 인문학자들의 사유와 경험은 이러한 오해를 조용히 해소해 줍니다. 인문학은 인간(人)이 남긴 무늬(文), 곧 언어와 문학, 역사와 철학, 예술과 종교의 표현을 읽고 토론하며 더 좋은 삶과 공동선을 모색하는 공부입니다. 성서는 그 무늬들 한가운데에서 인간의 존엄과 한계, 죄와 은총, 기억과 희망에 대해 더 깊은 빛을 비추어 줍니다. 두 전통은 서로를 배제하는 적대자가 아니라, 오히려 서로를 해석하고 성숙하게 하는 동반자라 할 수 있습니다.

한국 사회에서 인문학은 지난 수십 년 동안 독특한 상황을 마주해 왔습니다. 대학 구조조정과 취업난, 실용주의의 압박 속에서 인문학의 사회적 수요는 줄어들었고, 과도한 전문화와 방법주의는 인문학 고유의 가치를 약화시켰습니다. 이른바 외적 유용성의 위기와 내적 유용성의 위기가 동시에 진행된 것입니다. 그런데 역설적으로 같은 시기 사회 전반에서는 인문학 강연과 인문학 분야 출판 및 기업 교육이 활기를 띠며 일종의 열풍이 일었습니다. 기술 중심 사회가 남긴 피로와 공허 속에서 사람들은 의미와 해석, 관계와 공동선을 회복할 언어를 찾고 있었던 것입니다. 이 책은 그러한 간극 속에서, 인문학을 단순한 힐링의 대체재로 소비하거나 정치적 도구로 전용(轉用)하지 않으면서도, 신앙인과 시민 모두가 함께 사용할 수 있는 공적 언어로 되살리려는 시도입니다.

## "학문은 신앙의 맹목을 깨우고, 신앙은 학문의 오만을 교정"

오늘날 우리가 말하는 인문학은 르네상스 전통의 스투디아 후마니타티스(*Studia Humanitatis*)—문학, 역사, 철학, 수사, 윤리—에 닿아 있습니다. 그것은 자연과학이나 사회과학과 경쟁하는 또 하나의 기술적 학문이 아니라, 인간이 남긴 무늬를 읽어 자기 성찰과 공동체 형성으로 나아가는 길을 의미합니다. 한자 '인문'(人文)의 뿌리, 곧 《역경》(易經)의 한 구절인 "사람의 무늬를 보고 천하를 화평케 한다"는 말씀은 인문학의 목적이 사사로운 유익을 넘어 공존과 화평임을 보여줍니다. 이 책에 나오는 여러 글은 각 분과의 전문성을 존중하면서도 경계를 가로지르는 공통의 안목, 곧 '사람의 무늬를 읽는 법'을 함께 연습하고 있습니다.

성서는 인문학적 탐구의 대상인 동시에 인문학 전체를 비추는 빛입니다. 성서의 텍스트는 문학과 역사, 언어학의 분석을 필요로 하지만, 이와 동시에 철학과 예술, 종교 이해를 새롭게 이끄는 근원 텍스트이기도 합니다. 이러한 이중성 때문에 신앙과 학문 사이에는 긴장이 발생하기도 합니다.

그러나 건강한 긴장은 언제나 정화의 기회가 됩니다. 학문은 신앙의 맹목을 깨우고, 신앙은 학문의 오만을 교정합니다. 성서를 손에 든 학자는 방법론적 엄밀성과 신앙적 충실성 사이에서 '이중 충성'을 감당해야 합니다. 이 책의 글들은 바로 그 긴장을 회피하지 않고 통과해 온 사유의 기록이며, 독자들과 그 과정을 투명하게 공유하고자 합니다.

오늘 우리가 살아가는 한국 사회는 상대적 박탈감 및 사법·분배 정의에 대한 불신, 토론 문화의 취약, 젠더와 세대 갈등, 지역과 이념의 갈등, 종교 간 긴장, 생태 위기 등 복합적인 문제를 안고 있습니다. 기술과 효율만으로는 이러한 문제를 풀 수 없습니다. 이 문제들은 의미와 가치, 타자와 공존에 관한 깊은 재교육을 요구합니다.

인문학은 우리로 하여금 정체성과 세계 시민성을 성찰하게 하고, 다른 종교와 문화를 이해하며 공존의 길을 찾게 합니다. 또한 인간의 존엄과 도덕성을 확인하게 하고, 합리적 논증과 토론을 훈련함으로써 민주주의적 삶을 가능하게 합니다. 신앙은 인문학에 존재와 의미의 깊이를 부여하고, 인문학은 신앙에 타자와 공동체, 나아가 창조 전체로 시야를 넓히는 힘을 줍니다.


## 신앙과 인문학의 동행으로 이끄는 초대

이 책은 특정 학문 분과의 교재가 아닙니다. 문학, 역사, 철학, 언어학, 예술, 종교학의 경계에 발을 딛고 서로의 방법을 배우며 성서와 세계, 그리고 한국 사회를 함께 사유하려는 실험입니다.

글쓴이들은 각자의 자리에서 전문 연구와 신앙적 성찰을 병치하면서도 어느 한쪽이 다른 한쪽을 종속하지 않도록 조심스러운 거리를 유지합니다. 그런 점에서 독자 여러분께서는 이 책을 단순히 지식에 대한 길잡이로 읽기보다 '이 방법을 내 연구와 삶에서 어떻게 변주할 것인가'라는 실천적 질문을 품으며 읽어 주시기를 부탁드립니다.

《인문학의 길에서 성서를 만나다》를 통해, 청소년과 대학(원)생 여러분께서는 인문학이 단순히 취업을 위한 도구가 아니라 삶을 형성하고 공동체에 기여하는 길임을 확인하실 수 있을 것입니다. 젊은 사역자와 교회 공동체는 강단의 일방향 소통을 넘어, 성서와 역사, 문학과 예술을 함께 읽고 토론하는 공동 해석의 장을 열어가실 수 있을 것입니다. 일반 독자들께서는 인문학을 힐링의 즉효제로 소비하기보다 느린 독서와 대화를 통해 자기 성찰과 공적 책임의 언어를 회복하는 계기로 삼으실 수 있을 것입니다.

결국 인문학을 위한 그리스도인의 변호는 곧 인간을 위한 변호입니다. 인문학은 인간이 남긴 무늬를 읽고 그 의미를 함께 토론하며, 더 정의롭고 평화로운 공동체로 나아가게 하는 공적 지성의 한 형식입니다. 신앙은 인문학을 통해 삶의 언어를 얻고, 인문학은 신앙을 통해 궁극적 의미의 지평을 얻게 됩니다. 두 전통은 서로를 억압하는 적이 아니라 서로를 성숙하게 하는 동반자입니다. 이 책은 그 동반자의 길로 여러분을 초대하는 초대장입니다. 사람의 무늬를 새겨 온 모든 텍스트와 전통, 예술과 역사, 학문과 실천이 성서의 빛 속에서 새롭게 읽히고, 다시 세상의 빛으로 흘러가기를 진심으로 소망합니다.

**강영안** 네덜란드 암스테르담 자유대학교에서 칸트 연구로 철학박사 학위를 받았으며, 네덜란드 레이든대학교와 계명대학교를 거쳐 서강대학교에서 오랫동안 철학을 가르쳤다. 현재 서강대 철학과 명예교수와 미국 칼빈신학대학원 철학신학 교수, 한동대 석좌교수로 재직하고 있다. 기독교학문연구회와 한국기독교철학회 회장, 한국칸트학회·대한철학회·한국철학회 회장을 지냈고, 기독교윤리실천운동 공동대표로 섬겼다.《강교수의 철학 이야기》《신을 모르는 시대의 하나님》《강영안 교수의 십계명 강의》《읽는다는 것》(IVP),《믿는다는 것》《철학자의 신학 수업》《대화》(복있는사람),《철학은 어디에 있는가》《어떻게 참된 그리스도인이 될 것인가》(한길사),《주체는 죽었는가》《자연과 자유 사이》(문예출판사),《타인의 얼굴》(문학과지성사) 등 많은 책을 썼다.

# 열다섯 빛깔로 그려 낸 '인문학과 성서의 만남'

성서를 이해하는 데 인문학은 어떤 역할을 할까요? 반대로 인간을 총체적으로 이해하는 인문학을 수행할 때 성서는 어떤 기능을 할까요? 《인문학의 길에서 성서를 만나다》는 이러한 물음에 학문적으로 응답하는 것을 소명으로 품고 사는 인문학 연구자 15인의 고백을 모은 책입니다. 이들의 학문 분야는 철학, 역사, 문학, 언어학, 예술까지 다섯 분야로 나뉩니다. 하지만 각자의 삶의 여정과 학문의 주제가 서로 다른 것처럼 인문학과 성서에 대한 열다섯 편의 글은 저마다 다른 빛깔을 띠고 있습니다.

열다섯 저자들은 모두 기독교 신앙을 고백하며 성서에 대한 애정을 품고 있다는 점에서 일치하지만, 인문학 연구자로서 각자 성서를 만날 때 충돌·절충·화해했던 경험은 저마다 다릅니다. 그럼에도, 철학에 대한 손화철의 첫 글부터 예술에 대한 이웅배의 마지막 글까지 하나로 관통하는 문제의식이 있습니다. 바로 '인문학과 성서가 만날 때' 경험한 개인적 반응과 학문적 탐색을 진지하고 솔직하게 풀어내고자 하는 것이지요. 그리 길지 않은 글들이지만, 그 안에 각자가 청소년 시절부터 대학과 대학원, 유학 시절 등을 지나오며 좌충우돌 경험한 좌절, 주저함, 열등감, 죄의식 등을 담아낸 것도 그 때문일 것입니다.

## 학문−신앙 통합에 대한 개인적 씨름과 학문적 탐색

사실 이 열다섯 편의 글은 하루아침에 나온 게 아니라 최소 10년 이상 무르익은 공동체적 경험의 산물입니다. 언제부터 시작되었는지조차 기억이 확실하지 않습니다. '인문학과 성서를 사랑하는 모임'(이하 '인성모', 294쪽 참조)이 2007년 5월에 결성되고 몇 년 지나지 않아 책을 집필하자는 논의를 간간이 했으므로, 대략 2010년대 초반부터 아이디어가 공유되었을 것입니다. 세월이 흐르며 한두 달에 한 번씩 모이던 인성모의 동역자들이 증가하였고, 2022년 강원도 영월로 떠난 모꼬지에서 집필진의 윤곽이 잡혔습니다. 이후로도 3년이 더 흘러 현재의 15인으로 확정되었고, 잉클링즈 출판사와의 만남을 통해 출간 작업에 속도가 붙었지요.

글을 모으는 데도 시간이 꽤 걸렸습니다. 그럴 만한 이유가 있습니다. '성서의 길'에 엄청난 역사와 담론이 축적되어 있는 것과 마찬가지로 '인문학의 길'에도 나름의 역사와 담론이 축적되어 있기 때문이지요. 비록 신앙인이라 하더라도, 한국과 해외 주요 대학의 석박사 과정에서 최소 10년 이상 인문학적 훈련을 받은 저자들에게 '학문(인문학)과 신앙(성서)의 만남'이란, 체험은 할 수 있을지언정 공적으로 발언하고 고백하기에는 결코 익숙하지 않은 주제였습니다.

"이성과 신앙은 양립할 수 없다"거나 교회의 언어를 학문의 언어와 혼합하는 것은 위험하다는 식의 구분과 경계의 훈육은 학문 세계에서 불문율이기 때문입니다. 실제 이성(자유의지)이 신앙(결정론)에 압도되어 사회적 물의를 일으키거나 세상과 소통이 불가능한 결과물이 나왔던 사례를 심심치 않게 목도해 오던 터라, 이를 횡단하는 글쓰기는 낯설고 위험하게 느껴졌습니다. 적어도 학계에서 10년 이상 수련을 받은 크리스천 학자인 우리에게는 그러했습니다. 그런 점에서 이 책은 2007년 결성된 인성모가 주로 음지에서 진행한 18년의 모임과 공동 작업의 한 자락을 양지에 내어

인문학의 길에서 성서를 만나다

놓는, 그야말로 '커밍아웃'이나 다름없습니다.

용기가 필요했습니다. 혼자였다면 할 수 없었을 일이었습니다. 15인의 집필진과 수십여 명의 인성모 동역자들이 십여 년 동안 함께 학문 공동체를 이루어 서로의 연구 주제에 대해 나누고 배우며 격려했기에 가능한 결과라고 생각합니다. 이웅배의 글에 인용된 김기석 목사의 표현처럼, 인문학의 길과 성서의 길이 만나는 교차로에서 "즐겁게 월경(越境)을 감행"해 보았습니다. "발랄한 상상력으로 무장한 아이들에게 그 장벽은 언제든 넘나들 수 있는 장치일 뿐"이었듯, 인문학과 성서 사이에 놓인 오랜 장벽은 '발랄한 상상력'을 키운 우리에게 월경이 불가능한 만리장성이 아니었습니다.

여기에 오랜 기간 인성모를 지켜보며 격려와 가르침으로, 때로는 참여로 함께해 주신 강영안 선생님께 전체 글에 대한 '총론' 격인 서문을 받은 것은 이 모든 결과물의 화룡점정(畵龍點睛)이 되었습니다. 인성모를 운영하며 난관에 봉착할 때마다 선생님이 생각났고, 그때마다 이루어진 만남과 끝없이 이어진 대화의 시간은 예외 없이 돌파구의 순간으로 마무리되었습니다. 그리하여 이 책은 사실상 열여섯 편의 글로 완성된 셈입니다. 선생님의 말씀처럼, 이 글들이 "방법론적 엄밀성과 신앙적 충실성 사이에서 '이중 충성'을 감당"하는 이들에게 '긴장'과 '정화'의 기회가 되기를 소망합니다.

## 과장·숨김 없는 열다섯 빛깔의 태피스트리

이 책에서 인문학에 대한 명쾌한 성서적 해석을 기대하는 독자라면 성에 차지 않을지도 모르겠습니다. 기독교 신앙을 고백하는 신자인 동시에 인문학을 좋아하고 연구하는 연구자로서 글쓴이들은, 성서에 대한 존중 못지않게 인문학도 존중해야 한다고 믿기 때문입니다. 이에 책을 집필하면서 우리는 자신의 학문과 인생이 성서와 예수님을 만나서 어떤 변화를 경험했는지를 풀어내되, 개인적인 체험에 국한하지 않고 자신의 전공 학문이 드러날 수 있는 용어와 개념을 제시해 보기로 뜻을 모았습니다.

기술철학, 정의론, 카이로스의 시간 개념, 고통에 대한 공감, 역사 없는 사람들을 위한 역사, 주변인에 대한 동감, 복잡한 문맥에 대한 존중, 공공 영역과 사적 영역의 통합, 비밀스러운 문학의 언어, 국어학의 쓸모, 선한 영향력을 미치는 세상 속의 말, 소통의 언어학, 절망의 바다에서 만나는 경외, 미술사의 매력, 예술가(작가) 정신 등 인문학의 풍부한 주제들이 여과 없이 등장하는 것은 이 때문입니다. 읽다 보면 놀라울 정도로, 철학, 역사, 문학, 언어학, 예술 등 각 분야 전공자들의 문체에 전공별 성격이 반영되어 있음을 느낄 수 있을 것입니다. 이밖에도 소위 '성공담'을 풀어 내기보다는 공부하는 신앙인으로서 겪었던 고민과 '실패' 경험을 숨기거나 과장하지 말고 드러내기로 했습니다.

*인문학의 길에서 성서를 만나다*

이 책이 특별히 대학의 문과 계열에서 공부하는 대학생이나 인문학 진로를 고민하는 예비 대학원생들에게 도움이 되면 좋겠습니다. 아무리 '문송'(문과라서 죄송합니다) 시대라고 하더라도, 인문학은 중세 유럽 대학의 자유학예(문법·수사학·논리학·대수학·기하학·천문학·음악)처럼 자유 시민으로 살아가는 데 필요한 소양과 관점을 길러 줍니다. 아울러 인문학의 전문 분야에서 학문과 신앙의 통합을 추구하는 연구자들의 생각과 사고를 이해하길 원하는 대학 캠퍼스의 크리스천 공동체 리더들이나 신학생에게도 가닿길 기대합니다. 물론 대학의 전공과 진로를 고민하는 고등학생들이 읽어도 전공에 대한 맛과 멋을 느낄 수 있기에 학과를 탐색하고 선택하는 데 적지 않은 도움이 될 것입니다.

읽는 순서는 중요하지 않습니다. 다만 전체 글을 다 읽고 나면 전과는 관점이 조금은 달라져 있음을 발견하게 될 것입니다. 정영훈의 글에서 언급하듯, 관점이 달라지면 기존에 안 보이던 것들이 보이기 시작할 것입니다. 저 역시 지난 18년 동안 인성모의 대표로 모임에 참여하면서 수많은 동료 인문학자들의 연구와 고민을 듣고 새로운 것들을 알게 되었습니다. 역사만 공부했더라면 보지 못했을 것들을 볼 수 있었던 것입니다. 다채로운 열다섯 빛깔의 관점과 풍요로운 이야기들을 인문학과 성서에 관심이 많은 독자 여러분과 공유하고 싶습니다.

끝으로 이 책의 원기획자이신 하나님께 겸손한 마음으로 감사를 올립니다. 지난 18년 동안 열악한 상황 속에서도 인성모 모임에 참여하며 지혜와 경험을 나누어주신 동역자들은 일일이 거명하지 않더라도 모두 한마음으로 출간을 기뻐하리라 생각합니다. 그리고 여러 난관에도 불구하고 이 책의 마침표를 찍어 준 잉클링즈 옥명호 대표에게 마지막 감사를 전합니다.

2025년 11월 열다섯 저자의 이름으로,
《인문학의 길에서 성서를 만나다》 기획자 조영헌

# 1부.
# 철학의
# 길

손화철

**손화철** 기술철학 전공

학부 시절 시들해진 철학 공부에 대한 흥미를 유학 중에 되찾아 기술철학을 전공했다. 현재 한동대학교 교양학부 철학 담당 교수이며 기술철학 이론, 포스트휴머니즘, 인공지능의 윤리 및 관련 정책 등에 관심이 있다. 《호모 파베르의 미래》(아카넷), 《미래와 만날 준비》(책숲)를 저술했고, 《불평할 의무》(CIR)를 번역했으며, 공저자로 참여한 다수의 책이 있다. 학생들에게 교양 철학 교과를 가르치면서 서양 철학사와 고전을 다시 공부하는 과정에서 성경의 가르침과 철학하는 태도, 그리고 민주주의의 원리가 밀접하다는 것을 실감한다. 이런 깨달음을 바탕으로 철학과 신앙, 그리고 현실을 잇는 연구와 교육을 하겠다고 다짐은 하는데, 아직은 바람일 뿐이다.

## 어쩌다 철학

"왜 철학을 공부하기로 하셨나요?" 학생이나 지인에게 자주 듣지만, 들으면 언제나 조금 당혹스러운 물음이다. 쿨한 척 "대충 성적 맞춰서 대학에 갔고, 마땅히 다른 선택지도 없어서 그냥 하게 되었어요" 하고 대답하지만, 속이 편하지는 않다. 긴 시간 철학 공부를 이어가게 된 계기가 스스로에게도 그리 명확하지 않다는 것이 드러나는 순간이다.

이런 불편함은 어제오늘의 일이 아니다. 일단 그런 물음은 철학과 철학자에 대해 일반인들이 가진 이미지와 관련이 있다. 법학이나 공학은 특정 능력으로 이어지고, 문학이나 예술은 특별한 감성을 가진 사람만 할 수 있는 분야라는 인식이 일반적이다. 하지만 철학과 철학자를 보면 '뭔가 알아들을 수 없는 심오한(혹은 쓸데없는) 생각'을 떠올리는 이들이 많다. 그러다 보니 철학 공부를 하겠다는 결정은 주변을 설득할 나름대로의 굳은 신념이나 난해한 언어와 사상에 흥미를 가진 특별한 사람의 몫이 되곤 한다. 다시 말해 왜 철학을 공부했느냐는 물음은 그런 특별한 대답을 요구하는 것인데, 나는 할 말이 없다. 나에게는 심오한 사상도 없을 뿐 아니라, 다른 철학자가 하는 어려운 말을 나도 알아듣지 못한다. 그러다보니 누가 물을 때마다 주눅이 들밖에.

철학과에 아슬아슬 입학할 정도의 성적이 유일한 이유였던 건 물론 아니다. 고등학교 시절 배운 수많은 과목이 문제 풀이 이상의 즐거움을 주지 못한 반면, 국민윤리 교과서에 나오는 철학자들의 이야기는 비교적 흥미로웠다. 아마 좋은 선생님 때문이었던 것 같은데, 한 철학자의 그럴듯한 이론이 다음 철학자에 의해 또다시 설득력 있게 부정되는 과정을 잘 설명해 주셨다.

그러나 막상 철학과에 가보니 그 정도 사사로운 이유로 철학과에 온 친구도, 그렇게 친절하게 가르쳐 주시는 교수님도 없었다. 니체를 읽고 감명을 받았다는 친구, 철학과에 진학하기 위해 가출했다는 친구, 아버지가 스님이 되어 마음에 큰 짐을 안고 들어왔다는 친구 앞에서 나는 조용히 찌그러져 있기로 했다. 고등학교 때 이해했다고 생각한 이론을 다시 배우는데, 도무지 무슨 소리인지 알 수가 없었다. 스터디도 하고 학회도 하면서 나름대로의 노력은 했지만 철학 수업 중 내용을 제대로 이해한 경우는 졸업할 때까지 절반도 되지 않았다. 돌이켜 생각해 보면 그 이론을 배태한 현실 자체나 그 현실에 대한 고민이 철학 이론으로 발전해 가는 과정을 제대로 이해하지 못한 것이 원인이었다.

1990년대 초반 저물어 가는 학생운동의 끝자락에서 애를 쓰던 철학과 친구들의 고뇌를, 그들의 주변부를 빙빙 돌며 간접 경험하는 것은 그 자체로도 힘겨웠지만 철학을 이해하는 데에도 별 도움이 안 되었다. 독재정권과 그 부역자들, 그리고 재벌과 기득권층에 대한 분노는 금방 마음에 와 닿았지만, 난무하는 폭력과 최루탄은 버거웠다. 데모가 끝나고 철학과 과방에서 진지하게 이어지는 마르크스 저작에 대한 논의는 더더욱 와닿지 않았다. 내 나름대로는 열심히 붙어 있으려 노력했지만, 철학과 과방이나 철학과 교실이나 어렵고 재미없기는 마찬가지였다. 이래저래 어쩌다 들어간 철학과의 경험은 유쾌하지 않았다.

## 현실과 만나기

3학년 1학기를 마치고 시작한 단기사병(방위병) 복무 시절은 그때까지 내가 경험하지 못했던 현실, 즉 다양한 종류의 인간 군상을 만나는 계기가 되었다. 승진을 포기한 중령, 종일 취해 있는 군무원 목수 아저씨, 도박으로 생활비를 버는 방위병 선임 같은 사람들이 내 삶의 중요한 일부가 되었다. 시설병으로 리어카를 몰고 시멘트를 개고 목수와 미장이 아저씨의 '시다'를 하고 화장실 변기를 고치는 일도 나름대로 신선했다. 종일 보도블록을 깔거나 머리통만 한 돌로 축대를 쌓았던 어느 날, 퇴근길에 갑자기 서울 시내가 보도블록과 축대로 가득 차 있다는 걸 깨달았던 기억이 지금도 생생하다. 18개월 복무를 마치고 돌아왔을 때, 대학에도 수많은 청소 아주머니와 보일러실 기사, 공사장 인부가 있다는 사실이 눈에 들어왔다. 이론에 대한 이해는 여전히 일천했지만, 내가 아는 현실의 폭은 조금 더 넓어진 셈이다.

기독교 동아리에서 열심히 활동한 것은 맞지 않는 옷을 입고 사는 듯한 느낌을 해소하기 위해서였을 것이다. 내가 속했던 공동체는 당시에 성경과 교리를 깊이 공부하는 것을 강조하는 편이어서 성경 주석, 신학사, 칼뱅의 《기독교 강요》 같은 고전을 살짝이나마 접할 기회를 얻었다. 성경은 해석되어야 하고 교리가 역사의 산물이며, 교회가 그 타락의 과정에서도 성령이 임하시는 통로가 된다는 사실을 차근차근 배운 것은 그 시절의 큰 축복이었다. 적어도 기독교의 맥락 안에서는 이론과 현실이 어떻게 연결되는지 확인할 수 있었던 것 같다.

철학과 졸업을 앞두고는 동아리의 선배, 동료와 함께 자크 엘륄(Jacques Ellul)의 《기술 사회The Technological Society》를 같이 읽었다. 기술에 대한 철학적 논의가 있다는 것을 알고 그 주제로 학부 졸업논문을 쓰기로 했기 때문이기도 했고, 《뒤틀려진 기독교》(대장간)로 이미 유명했던 엘륄의 책이라 용감하게 시도했다. 그나마 조금 위로가 되었던 것은, 현대 기술이라는 구체적인 현상이자 문제에 대한 사회학적·철학적 분석이 공중에 붕 떠 있는 것 같이 느껴지던 다른 이론과는 달랐던 점이다. 끝까지 읽지도 못했고 무

인문학의 길에서 성서를 만나다

슨 대화를 했는지도 기억나지 않지만 어쨌든 그 작은 책이 나중에 꽤 중요한 자산이 되었다.

## 물어도 괜찮은 질문

대학을 졸업할 때가 다가오니 당황스러웠다. 철학과를 나왔는데 철학은 잘 모르고, 그렇다고 별다른 곳에 관심이 있거나 취업을 준비한 것도 아니었다. 이게 뭔지 알고는 끝내야 하겠다는 도피성 핑계를 대고 대학원 진학을 준비했고, 그 와중에 벨기에 루뱅 대학을 소개받았다. 벨기에는 학부 2년, 석사 2년 후 박사과정에 진학하는 시스템인데, 루뱅 대학의 철학부에서는 영어로 수업하는 1년 집중 과정만으로 학사 학위를 딸 수 있다고 했다. 영어도 배울 겸 학부 시절 정처 없이 공부한 내용을 집중적으로 복습할 기회라면 괜찮겠다 싶었고, 학비도 국내에서 공부하는 것보다 저렴했다. 더 좋았던 것은, 입학하기는 쉽고 졸업하기는 어려운 시스템이어서 매년 치는 시험의 성적이 나쁘면 유급이 되는 제도였다. 가서 한번 열심히 공부해 보고 유급을 받으면 그걸로 철학과 결별하기로 했다. 언제든 명확하게 다른 길을 보여 주시면 공부는 즉각 내려놓고 하나님 이끄시는 길로 가겠다고 기도하면서 유학길을 떠났다.

학부 1년의 경험은 여러 가지로 강렬했다. 별로 유창하지 않은 벨기에 교수의 영어마저 거의 들리지 않아 모든 강의를 녹음하고 수업 후에 매일 몇 시간씩 노트를 만들었다. 두 학기 동안 철학 수업 10과목을 포함한 12개의 시험을 보고 졸업논문을 써야 했다. 그때 경험한 한 사건이 지금도 또렷이 기억에 남는다. 한국에서 대학 다니던 시절 과학철학 시간에 묻지 못한 질문이 있었다. 정말 궁금했지만 교수님이 너무 멍청한 질문이라 하실까 봐 두려웠던 것이다. 그런데 영어를 못해 내세울 자존심 따위가 없어지자 질문하기가 오히려 쉬워졌다. 교수님과 면담할 기회가 있었을 때 미리 몇 마디 적어 두었다가 조심스레 물었다. 그런데 교수님이 너무나 평범하게 "아, 그건 여러 사람이 제기한 질문인데, 그 문제에 대한 책이 있으니 가서 찾아봐" 하시는 것 아닌가. 나는 너무 기뻤다. 책까지 나온 걸 보면 내가 오래 가졌던 질문이 무의미하거나 멍청하지는 않았던 셈이니 말이다. 당장 도서관에 가서 책을 찾았지만, 목차만 보고 읽지 않았다. 정작 책을 보니 답이 별로 궁금하지 않았다. 내 속에 오래 맴돌던 궁금증은 질문 자체가 아니라, 내 질문이 말이 되는지 여부였던 모양이다.

대부분 구두로 진행되는 시험을 떠듬떠듬 치르고 겨우 통과를 한 다음, 석사과정의 지도 교수를 찾기 위해서는 논문 주제가 필요했다. 기술의 문제에 관심이 있다고 하자 유학생 선배가 한스 요나스(Hans Jonas)라는 철학자의 《책임의 원칙》(서광사)이란 책을 소개해 주었다. 그런데 첫 페이지의 몇 문장이 거짓말같이 내 마음을 사로잡았다. 곧바로 요나스의 기술철학을 논문 주제로 삼겠다고 결정하고 교수를 찾기 시작했다. 이후 2년 동안의 공부는 어려웠지만, 현대 기술에 대한 문제의식은 분명해졌다. 학부 2년만(내 경우에는 1년 집중 과정) 하고 진학하는 벨기에의 석사는 우리나라 학부와 석사과정의 중간 정도 수준이어서 수업도 많이 들어야 했는데, 전보다 영어가 더 잘 들리기도 했고 질문도 자유롭게 할 수 있어 훨씬 수월했다. 나의 문제의식을 스스로 인정하는 것이 주는 안정감은 참 커서, 기술철학 전공으로 박사과정에 들어갈 때의 불안도는 훨씬 낮았다.

## 공부의 가치

철학 공부에 대한 흥미나 불안의 문제가 극복되었다고 해서 학자의 길에 대한 확신이 생긴 것은 아니었다. 공부는 적당히 진행되고 하나님은 별다른 사인을 안 주시는 듯하여 가던 길을 그냥 가기로 했을 뿐이다. 그러나 그런 어정쩡한 결정 때문에 공부가 힘들어질 때면 여지없이 '난 누구, 여긴 어디' 하는 마음이 튀어나왔다. 유학 시절 동안 전 세계에서 온 유학생이 모여 예배하는 교회를 열심히 다녔는데, 거기서 만난 여러 선교사를 보니 내 공부가 너무 사소해 보였다. 예멘에서 의사로 일하던 네덜란드 선교사 부부와 교제하면서는 예멘에 따라가 병원에서 청소와 운전을 하는 것이 박사과정 공부보다 더 나은 것이 아닌가 고민했다. 두꺼운 박사 논문을 써 봐야 결국 나와 지도 교수 두 사람만 읽게 될 터인데 무슨 의미가 있나 싶었다.

고민이라기보다 투정에 가까운, 그래서 대단한 실천으로 이어지지 못하는 그런 생각은 지금도 나를 따라 다닌다. 과거에는 이론이 어떻게 현실에 닿는지 몰라서 괴로웠다면, 이제는 이론으로 영향을 미치기에는 너무 멀어 보이는 현실이 부담스럽다. 연구를 열심히 하거나 학계에 대단한 기여를 하지도 못하면서 논문을 쓰고 남의 논문을 평가할 때마다 과연 이 연구가 세상에 어떤 가치가 있는지 묻는다. 철학을 비롯한 여러 이론 학문의 연구가 곧바로 드러나지는 않더라도 다양한 방식으로 인간의 삶에 기여한다는 사실을 모르지 않는다. 그러나 나는 그 유익을 이해하고 지긋이 인내하기보다 실감 나는 결과를 접하는 것에 매달린다. 그래서 학자로서 약간의 죄책감과 열등감을 느끼면서도 학술적 글쓰기보다 신문 칼럼에, 학회에서의 토론보다 교실의 학생에 더 마음을 쓰곤 한다.

그런 면에서 대학의 교양학부에 몸담게 된 것은 다행스러운 일이다. 대학원생과 세미나를 하거나 박사 논문을 지도하는 기회는 없지만, 개론 과목을 잘 가르치려 노력하고 일정한 결과를 얻

는 것에서 오는 기쁨이 있다. 학생들이 철학자의 이름이나 주마간
산식으로 훑어간 철학 사상의 내용을 오래 기억할 리는 만무하다.
그러나 그 과정을 통해 비판적·반성적 사고의 힘을 기르고 이전
에 묻지 않았던 것을 묻는 연습을 하며, 오래전 먼 곳에 살았던 누
군가의 생각이 오늘 여기의 나와 연결되어 있음을 실감하게 하는
것은 매우 현실적인 과제다. 또 생명윤리나 공학윤리같이 현대 과
학기술과 윤리가 만나는 지점을 설명하고 토론하는 수업을 통해
그동안 고민해 온 기술의 문제를 삶의 현장과 연결시키는 시도를
하고 있다. 챗지피티(ChatGPT)와 같은 신기술을 교육의 현장에서
어떻게 다룰 수 있는지를 고민할 때면 기술철학 공부가 현실과
바로 부딪히는 것을 느끼게 된다.


## 기술의 문제


자신이 공부하는 주제에 매료되어 공부 자체를 즐기는 경지에
이르지 못했기 때문에, 내가 기대할 수 있는 최선은 내 연구를 통
해 뭔가 실감할 수 있는 다른 가치가 생겨날 가능성이다. 방금 언
급한 것처럼, 기술에 대한 철학적 논의는 실천철학의 한 분야로
형이상학과 인식론 같은 철학의 주요 분과와 비교했을 때 현실과
의 연관성이 더 직접적이다. 현대사회에서는 누구도 기술에서 벗

어날 수 없고, 기술을 통해 인간의 삶의 조건과 중요한 의미 체계가 근본적으로 바뀌기도 하기 때문이다. 자크 엘륄은 마르크스가 《자본론》을 쓴 것은 자본이 당대에 가장 핵심적인 문제였기 때문이라 하면서, 그가 20세기에 태어났더라면 기술의 문제를 다루었을 것이라고 주장했다. 기술의 문제가 가지는 현재성, 혹은 시급성이 내가 이 주제를 택한 중요한 기준이 되었다.

한 걸음 더 나아가 나는 기술철학 탐구의 중요성이 한국에서 더 특별하다고 생각한다. 오늘날 우리가 향유하는 기술은 서구에서 들어온 근대의 사고방식이 가장 효과적으로 퍼져 나간 통로다. 대한민국은 후발 주자의 자리에서 앞선 나라들을 따라가려고 그야말로 죽을 힘을 다해 노력했고, 이제 몇몇 첨단 기술 분야에서 세계를 군림하는 위치에 서게 되었다. 그 고속 성장의 과정에 철학적 성찰을 위한 공간은 당연히 없었다. 그 결과 기술의 발전은 무조건적 선(善)일 뿐 아니라 거역할 수 없는 거대한 일방향의 흐름이라는 믿음이 우리 사회에 널리 퍼져 있다. 산업이나 경제의 영역뿐 아니라 문화와 교육의 영역에서도 기술이 가지는 실제적·상징적 영향력은 엄청나다. 우리나라에서 기술 발전에 대한 긍정과 부정을 넘어 그 과정 자체를 사회학적·역사적·철학적으로 반추하는 노력이 시작된 것은 최근의 일이어서, 아직도 다루어야 할 세부 주제들이 많이 있다.

현대 기술과 한국 개신교회의 연관성도 흥미롭다. 개신교 선교사들이 들어온 시기가 구한말과 일제 치하에서 근대 서양 문물이 들어오던 때였기 때문에, 한국 교회는 서구 기술의 유입에 중요한 역할을 한 기관이다. 그래서인지 우리나라 교회만큼 열성적으로 기술을 교회 안으로 받아들이는 경우는 많지 않다. 현대 기술에 대한 높은 수용성은 단지 실용적인 차원에서 끝나지 않는다. 기술이 교회에 들어오면서 기술 발전과 진보에 대한 기대, 기술로 인해 생겨난 주요 개념들의 변화도 함께 들어오기 때문이다. 지난 100여 년 동안 기독교 뿐 아니라 모든 종교에서 매우 중요한 자리를 갖는 생로병사 개념에 대한 기본적인 이해가 바뀌었고, 최근에는 인공지능, 로봇, 생명기술의 결합을 통해 생겨나는 새로운 인간(포스트휴먼)에 대한 이론마저 등장하고 있다.

기술의 문제가 논의할 가치가 있다는 사실이 어느 정도 공감을 얻고 있는 것은 다행스러운 일이다. 2005년 귀국하면서 기술사회학과 기술사 등을 연구하는 선구자적 학자들과 만나는 행운을 얻었고, 당시 대학들이 과학기술과 사회를 연결하는 교과목들을 개설하기 시작한 것도 큰 도움이 되었다. 또 황우석 사태, 알파고, 챗지피티(ChatGPT)와 같은 신기술 관련 이슈들이 사회적인 관심을 얻으면서 넓은 의미에서 기술철학에 대한 관심이 늘어난 것도 이 공부의 중요성을 재확인하는 계기가 된다. 최근에는 기술의 문제를 연구하는 신학자들과 연결되어 이른바 '기술신학'의 가능성을 타진하고 있다. 지금까지의 연구가 기술의 발전 방향에 대한 고민과 주로 연결되어 있었다면, 기술신학은 기술의 발전이 가지는 신학적 함의와 그에 따른 대안 마련에 조금 더 신경을 쓴다는 점에서 미세하게 다르다. 이런 새로운 방식의 논의에 가담하면서 배우게 되는 것이 많다.

## 학자의 현실, 대학의 현실

나름대로 고민의 과정을 거쳤으나, 철학 공부 혹은 학자의 삶이 과연 현실과 닿을 수 있는지에 대한 물음은 엉뚱하게도 시간이 지나면서 그 시효를 다했다. 공부가, 더 정확히 말하면 대학에서 가르치는 일이 업이 되면서 공부와 현실의 간극을 논하는 것은 사치가 되었다. 모두가 나름의 역할을 맡아야 하는 작은 지방대학에서는, 연구의 질과 내용보다 마감일이 중요해지고 눈앞의 학생보다 서울 어디선가 교육정책을 결정한다는 공무원에 신경을 쓰는 일이 늘어난다. 여전히 과분한 교수 대접도 내가 먼 옛날학문의 상아탑에 속했다는 이유에서 나오는 것 같지 않다. 대학에서 귀한 학생들과 함께 하는 보람과 기쁨이 있지만, 과연 나의 연구와 교육이 거기에 들어가는 많은 사람의 투자만큼 가치가 있는지 두려울 때가 많다.

그리하여 이제 주어지는 과제는 학문을 위한 학문을 하는 것도, 학문을 현실과 연결시키는 것도 아니고, 남들이 현실이라 주장하는 허상에 따라 학문과 교육을 왜곡하지 않는 것이다. 온갖 교육 방법론이 난무하고 공부의 목적이 오로지 돈이라는 이야기가 다양한 방식으로 포장되는 시절을 맞고 보니 어느 장단이 맞는 것인지 판단하기도 힘들다. 다행히 기술철학은 오늘날 모든 단계의 교육자가 경험하는 우리 시대의 상황을 설명하는 약간의 통찰을 제공한다. 사람을 가르치는 교육을 인공물을 만드는 기술과 다르지 않게 생각하고, 교육기관을 일종의 부품 창고로 만들어 투입과 산출을 기계적으로 파악하는 것은 기술철학이 비판하는 전형적인 기술사회의 모습이다. 좀 허탈하긴 하지만, 나의 공부가 현실에 닿기를 원했던 바램이 먼 길을 돌아 이루어진 것인지도 모르겠다.

맞지 않는 멋진 옷을 입은 듯한 불편함과 그 옷에 걸맞은 몸을 가지고 싶다는 욕심, 그리고 진짜 멋있어지지 못할 바에 그 옷을 더럽히지나 말자는 다짐이 반복되는 사이에 시간이 잘도 흘러갔다. 그런데 어느 순간 그 텁텁하고 꾀죄죄한 과정이 나의 종교적 삶에도 똑같이 진행되고 있는 것을 보게 된다. 사람 사는 것이 거기서 거기라더니, 결국 하나님과 현실 앞에 내 물음, 연구, 가치판단, 직업은 그다지 중요하지 않고 심하게 말하면 부질없다. 밖으로부터 오는 은혜가 이래저래 절박해지는 이유다.

# 이성과 신앙을 잇는 가교로서의 철학

목광수

목광수 윤리학 전공

20대에 처음으로 이성적 자각을 하면서 철학을 만났다. 지금은 서울시립대학교 철학과 교수로 윤리학과 정치철학 관련 연구를 하며 학생들을 만난다. 최근 관심 분야는 인공지능과 빅데이터 윤리, 생명의료 윤리다. 《인공지능 개발자 윤리》, 《루치아노 플로리디, 정보 윤리학》(커뮤니케이션북스), 《정의론과 대화하기》(텍스트CUBE)를 썼고, 《정의로운 기독시민》(기독교윤리실천운동), 《인공지능의 윤리학》(한울아카데미) 등에 공저자로 참여했다. 행동과 활동이 앞섰던 20대 초반에는 철학과의 만남을 잘못된 만남 혹은 잠깐의 인연으로 생각했으나, 지금은 철학이 그 자체로 하나님 나라로 나아가는 역할을 할 수 있다는 꿈을 꾸며, 전심으로 연구하고 가르친다.

## '이성적 사고' 하는 자아의 탄생

'나는 언제부터 이성을 가진 독립적 자아가 되었을까?' 아마도 1992년과 1993년 무렵 스무 살 언저리인 듯하다. 그전에도 '나'라는 단어를 사용하고 '나'의 주장도 하고 '나'의 욕구도 표출했지만, 진정으로 고유하고 독립적인 의미에서 이성적 사고를 하는 자아는 이때쯤 형성된 것으로 보인다. 그 이전까지의 '나'는 여전히 외부적인 요인들에 의해 좌우되면서도 '나'의 내면을 살펴본 적이 없었기 때문이다.

작은 지방 소도시에서 평범한 중고등학교 시절을 보내면서 착실한 모범생으로만 보였던(?) 나는 대학 시험을 두 번 낙방하고, 타향인 서울에서 2년 동안 하숙을 하면서 새로운 탄생의 계기를 맞게 되었다. 그전까지는 사회나 외부의 시선에 맞춘 생각을 '내' 생각이라고 여기며 순응하며 살아가던 인생의 길에서 처음으로 거대한 장애물을 만났던 시기였다. 처음에 낙방했을 때는 조금 억울했으나 내가 부족한 부분이 있다고 순순히 받아들였다. 외롭고 힘들었지만 1년 동안 열심히 최선을 다했다. 내가 할 수 있는 것을 다했는데도 두 번째로 낙방했을 때는 아무도 없는 사막에 홀로 내팽개쳐진 기분이 들었다. 그동안 걸어온 길은 분명한 대로(大路)여서 내가 때로는 느리고 주저앉더라도 갈 길은 분명했었는데, 이제는 눈앞에 보이는 길이 아예 없는 것 같아서 막막했다. 열심히 해도 안 되는 것이 있음을 처음으로 깨닫게 되니 마음이 헛헛했다.

이러다가 막내아들 대학도 못 보내겠다고 등 떠미시는 어머니의 성화에 못 이겨 후기로 들어간 학교에서 현실에 다시 순응해 보려고도 했는데, 이미 내 안에는 독립적인 자아가 눈 뜨기 시작했던 모양이다. 며칠 다니던 대학 생활이 재미없어 학교 대신 하숙집 근처의 구립 도서관에서 이런저런 책을 읽으며 하루하루를 보냈다. 그러면서 어떤 학과와 대학을 갈지는 추후 정하기로 하고, 일단 현재 대학은 다니기 싫으니 대입 시험을 한 번 더 치르기로 '스스로' 결정했다. 한 번 더 입시를 치르면 목표할 곳에 합격할 것이라는 기대나 목표가 있어서가 아니라, 내가 뭔가 선택해서 내 걸음을 걸어 보겠다는 생각이었다. 그래서인지 이전과 달리 그다지 초조하지 않았고 조바심도 없었다. 제도가 바뀌어 처음 치르는 두 번의 수능과 대학별 본고사라는 새로운 입시 제도로 수험생들이 모두 긴장에 휩싸이고 혼란스러워했지만, 내게는 오히려 주어진 틀이 아닌 자유롭게 공부할 수 있는 시간이었다.

이렇게 시작한 삼수 생활은 내게 독서와 사색을 통해 기존과 단절하고 나의 내면을 성찰하며 이성적으로 사고하는 자아로 발

돋움하는 계기가 되었다. 처음으로 나만의 생각을 하면서 내 안의 이성을 깨우는 시간이었다. 그 시절 닥치는 대로 책을 읽었는데, 사르트르(Jean-Paul Sartre)의 《구토》와 황순원의 《나무들 비탈에 서다》라는 작품이 기억에 남는다. 그때는 이유 없이 그냥 끌려서 읽었는데, 나중에 철학을 공부하면서 생각해 보면 아마도 인생의 부조리와 인간의 본성을 잘 보여 주었던 작가들의 시선과 사색에 매료되었던 것 같다.

2,500여 년 전에 쓰인 서양 윤리학의 첫 번째 저서인 《니코마코스 윤리학》에서 아리스토텔레스는 인간만이 가진 독특한 기능이 이성(理性)이라고 말한다. 이성은 사물의 이치를 논리적으로 추론하는 능력일 뿐만 아니라 정당화된 실천적 원리에 따라 의지와 행동을 규정하는 능력이기도 하다. 처음으로 삼수를 할지 말지, 두 번의 수능을 어떻게 치르고 학원은 어디를 다닐지, 대학별 본고사를 어떻게 준비할지, 어떤 학과와 대학에 지원할지 등의 모든 과정을 내가 '스스로' 결정했다. 처음에는 너무 외롭고 힘들었지만, 이 과정을 통해 '나'라는 이성적 존재가 탄생한 것이다.


**이성적 자아의 성장기: 신앙과의 갈등**


철학과에 원서를 접수하고 어머니께 전화를 드렸더니, 어머니께서 다른 가족들에게는 나중에 모든 시험이 끝나고 지원 학과가 어딘지 말하면 좋겠다고 말씀하셨다. 내 결정에 당황하셨던 것 같다. 예상했던 것처럼 가족들 또한 철학과에 지원했다는 소식을 나중에 들었을 때 당혹스러워했다. 이성적 존재로 내가 선택해 입학한 철학과는 이성을 토대로 학문 활동을 하는 곳이다. '철학'(哲學)이라고 번역된 영어 'philosophy'는 그리스어로 '필로소피아'(φιλοσοφία), 즉 지혜에 대한 사랑을 의미한다. 여기서 지혜는 인간의 고유한 기능인 이성의 탁월성을 의미한다. 그러니깐 철학은 인간의 고유한 기능인 이성의 탁월성이 어떻게 하면 드러낼 수 있는지를 묻고 따지고, 그러한 사고 활동에 따라 살아감을 추구하는 학문이다. 이처럼 끊임없이 묻고 추론하는 활동을 일삼는 철학과에서 이제 갓 태어나 미숙한 이성적 존재자인 나는 버겁게 철학 공부를 하면서 조금씩 이성의 훈련을 하게 되었다. 이미 이성적 능력이 발달한 동기들이나 선배들을 보면서 지적 자극도 받았고 그들과의 대화를 통해 이성의 성장을 경험하게 되었다.

이성적 사고를 토대로 하는 철학과의 당시 분위기는 반(反)기독교적 정서가 강했다. 이성과 신앙을 대립적으로 보던 당시 사회 분위기를 반영한 것이다. 신학대학원 진학을 염두하고 철학과에 입학했던 사람 중에 신앙을 버린 선배들도 적지 않았고, 학회나 모임에서 기독교를 비판하는 논리들도 심심찮게 들을 수 있었다. 이성과 신앙은 양립할 수 없다는 주위의 우려와 조언은 은근히 내 안의 반골 기질을 자극했다. 창조주이신 하나님이 인간의 이성을 만드셨다면 이성은 하나님을 알아가는 귀한 통로로 사용될 수 있고, 그렇다면 신앙과 이성은 대립이 아니라는 논리를 펴고 싶었다.

이런 표면적인 논리에도 불구하고 당시에 나의 내면 깊숙한 곳에서 이성과 신앙의 갈등이 실제로 강하게 일어나고 있었다. 나에게는 실존적 문제였는데, 오랜 철학의 난제인 '자유의지와 결정론'과 관련된 질문에 부딪혔다. 하나님이 나를 사랑하셔서 자유를 주셨다는 것과 하나님은 모든 것을 알고 모든 것을 하실 수 있다는 말이 양립 가능해 보이지 않았기 때문이다. 하나님이 내 행위의 모든 것이 어떻게 귀결될지 아시면서 내가 잘못된 결과를 선택할 때 이를 바로 잡으실 수 있으면서도 그대로 두는 것이 사랑인지 모르겠고, 사랑한다고 내 선택이 아닌 다른 선택지로 강요하는 것은 내게 자유를 준 것으로 볼 수 없었다. 이성적 사고에 눈떴던 재수와 삼수의 시절에 잠재해 있던 근본적 물음이 철학적 반성을 통해 드러난 것이다.

이성과 신앙의 갈등으로 인한 답답함을 해결하기 위해 나름대로 노력했다. 교회도 착실하게 다니고, 성경 공부도 매주 빠지지 않고 참여했다. 나보다 두 해 먼저 대학에 들어온 고등학교 동기가 기숙사에 찾아와 성경 공부를 하자고 간곡히 권하는데 거절할 수가 없었다. 고등학교 때까지 신앙이 없던 친구가 선교사를 꿈꾸며 변화된 모습으로 나타난 것을 보면서 나도 신앙과 이성의 갈등에서 벗어나고 싶었다. 친구가 소개해 준 좋은 성경 선생님을 만나 매주 성경을 공부했지만, 내 안의 고민은 여전히 해결되지 않았다. 이성과 신앙 가운데 하나를 선택해야 하는 것이 아니냐고 갈등하고 있었는데, 이 문제는 의외의 장소에서 새로운 국면을 맞게 되었다.

1학년을 마치고 입대하여 수색병으로 비무장지대를 수색하던 1995년의 어느 날, 수색팀이 길을 잃는 위기의 상황에 직면했다. 팀원들은 잘못하면 지뢰를 밟고 죽을 수 있다는 공포에 떨던 그 시간에 나는 뜬금없게도 하나님의 사랑, 하나님이 날 사랑하신다는 생생한 신비에 휩싸였다. 한참 만에 우리 팀은 통문을 통해 무사히 빠져나왔다. 모두가 그 사건을 잊었을지 모르지만, 내게는 그날의 기억이 강렬하게 살아 있다. 이성으로 설명할 수 없는 그날의 체험으로 이성과 신앙의 갈등, 구체적으로는 자유의지와 결정론 사이의 고민이 그분 안에서 계속 공부하며 나아가면 해결될 수 있다는 막연한 자신감으로 전환된 것이다. 문제는 그대로인데 문제를 대하는 나의 태도가 바뀐 것이다.

이성과 신앙의 양립 가능성의 문제는 더 이상 나를 혼란에 빠트리고 신앙을 버릴까 고민하게 만드는 문제가 아니라 자신감을 가지고 지속적으로 탐구할 대상이 되었다. 그때부터 나는 성경을 철학 전공 서적 읽는 것처럼 분석하면서 읽었다. 그러면서 이성이 하나님이 주신 선물이고 하나님을 알아가는 중요한 통로일 수 있다는 생각이 조금씩 쌓여 갔다.

근대 철학자인 칸트(Immauel Kant)의 주요 저서들인 《순수 이성 비판》,《실천 이성 비판》,《판단력 비판》의 제목에 공통으로 들어 있는 단어가 '비판'이다. 이 단어의 의미는 종종 누구를 '비난'하는 것으로 오해받기도 한다. 그런데 칸트 철학에서 '비판'(Kritik)은 '비난'이나 '잘못된 점을 지적'하는 것이 아니라, 꼼꼼히 검토해서 적용 영역을 '구분한다', '나눈다'는 의미이다. 칸트는 이성이 '알 수 있는 것'과 '알 수 없는 것'을 구분하지 않고 모든 것을 알 수 있다고 과욕을 부리다가 정당화할 수 없는 어려움에 봉착한다는 사실을 잘 알았다. 그래서 칸트는 순수 이성이나 실천 이성의 영역이 어디까지인지 명확히 설정하고자 한 것이다.

칸트에게 하나님의 존재는 이성을 통해서는 증명할 수 없는 영역이지만, 가장 이상적인 최고선을 추구하기 위해 '요청'(Postulat) 해야만 하는 대상이다. 이런 구분으로 인해 일부 기독교인들은 칸트를 반기독교적인 인물로 보기도 한다. 그러나 적지 않은 학자들은 이런 구분을 통해 칸트가 신앙의 영역을 보존하면서 성경적 윤리를 이성의 영역으로 세속화하였다고 평가하기도 한다. 이런 칸트의 통찰력에서 보면 나를 미궁에 몰아넣었던 자유의지와 결정론 갈등도 새로운 시각에서 볼 수 있을 것 같았다. 마치 인간의 이성이 모든 것을 설명하려고 하다가는 논리적 모순에 봉착하겠지만, 이성과 신앙의 영역과 의미를 면밀히 고찰한다면 이성과 신앙의 양립이 어느 정도까지는 가능하다는 깨달음이었다.

## 임시 다리인 가교(假橋)의 여정: 이성과 신앙의 양립 실천

군(軍)생활에서의 체험 이후 내게 이성은 더 이상 신앙의 장애물이 아니었다. 오히려 이성은 하나님께 나아가는 직접적인 통로는 아닐지라도 임시적인 통로로서 귀한 선물이었다. 정확히 말하면 이성은 신앙으로 나아가는 '가교'(假橋), 즉 진리에 도달하기 전까지 임시로 사용하는 도구라는 생각이었다. 이런 생각을 갖고 제대하여 복학한 내게 삶의 현장인 철학과, 이성적 사고가 활발하게 전개되는 학과는 사랑의 대상이 되었다. 나는 학과 구성원들과 친분을 쌓고 철학을 배우며 신앙을 실현하는 일을 시작하기로 마음먹었다. 이것이 이성과 신앙의 양립을 모색하는 실천이라고 생각했기 때문이다.

철학과에는 기독교인들의 모임인 '철학과기독인모임'(이하 '철기')이 이전부터 있었다. 철기 구성원들 사이에서는 그동안 철학과의 이성적이고 반기독교적인 분위기에서 신앙을 지켜 내자는, 조금은 소극적인 태도가 팽배했다. 그런 상황에서 나는 모임에 열심히 참여하면서 철기가 좀 더 적극적인 태도, 즉 이성과 신앙의 양립을 보여 주는 태도로 전환하자고 구성원들을 설득하고 독려했다. 구성원들이 이런 제안을 수용하여, 철기를 학과의 공식적인 소모임으로 등록하고 철학과 학생들을 대상으로 적극적으로 활동하기 시작했다. 아무도 청소하지 않던 과방도 철기의 이름으로 청소하고 학과 소모임 회의에 참석하기도 했다. 기억나는 활동 중 하나는 로마서를 철학적으로 읽어 보자는 대자보를 과방에 붙이고, 몇 달 동안 매주 로마서를 읽고 토론했던 일이다. 서양 고전 중의 고전인 '성경', 그리고 성경 가운데 종교개혁의 토대가 되었다는 '로마서'를 진지하게 읽고 토론하자는 제안에 감사하게도 교회에 다니지 않는 학과 친구들 몇 명이 참여했다. 우리는 한 학기 동안 같이 철학 고전을 읽는 방식으로 로마서의 의미를 분석하면서 공부했다. 이런 시도가 신선하다며 다른 학과의 기독인이 참여하기도 했는데, 아마도 교회의 성경 공부와 달리 의문을 품고 문제를 제기하며 토론하는 이성의 활동이 신기했던 모양이다.

철학은 원래 물음을 던지고 그 대응을 모색하는 학문이다. 고대 철학자인 아리스토텔레스가 철학의 아버지로 탈레스(기원전 624?-546)를 소개했던 이유는 "만물의 근원은 물이다"라는 그의 주장이 옳았기 때문이 아니다. 그가 '이 세상의 원천(arche)이 무엇인가'라는, 당대의 시대적 과제였던 존재론적 물음을 최초로 던진 인물이었기 때문이다. 이처럼 철학은 물음을 중요시한다. 물어야 이성적 사고 활동이 시작하고 진리를 도모할 수 있기 때문이다. 철학 공부에서 했던 이성적 활동, 즉 묻고 답하고 되묻는 방식을 통해 성경을 공부하는 일은 흥미로웠다. 궁금한 물음들이 생기면 성경 전체의 일관성과 정합성을 도모하면서 앞뒤 문맥을 따져가며 답을 찾아보고, 학자들의 주석이나 연구를 참조하면서 다양한 입장들이 있다는 것을 알게 되었다. 이런 철학적인 성경 공부는 신앙을 버리게 하기 보다는 다양한 입장과 해석을 통해 내용이 풍부해져 이전보다 더 많이 성경의 의미에 접근할 수 있게 했다.

모태 신앙이던 나는 어려서부터 신앙은 의심하는 것이 아니고 무조건 믿어야 한다고 배웠다. 이런 가르침에 나는 동의할 수 없었고, 교회가 의심하는 것을 두려워하는 것은 아닌지 의구심이 생겼다. 하나님이 진리라면, 이성을 통한 물음이나 의심도 충분히 견뎌 낼 수 있는 것이 아니냐는 생각이었다. 나는 칸트의 이성 비판처럼 어느 정도까지는 이성을 통해 진리에 접근할 수 있다고 생각하기 때문이다. 이성의 활동인 철학적 사고를 통해 성경을 공부하면서 이성적 언어로 신앙을 표현하고 변증하면서 이성과 신앙의 간극을 많이 좁힐 수 있었다. 적어도 이성적 활동의 공간인 삶의 현장에서 신앙을 소외시키지 않을 수 있었다. 나의 대학 시절은 이성과 신앙의 양립 경험이 조금씩 쌓여 가는 시간이었다.

## 사고의 전환: 연결 통로의 가능성 발견

대학 시절, 이성과 신앙을 양립하려는 나의 시도는 '철기', '인문대기독인연합', '서울대기독인연합' 등에 참여하면서 신앙의 현장성에 대한 관심으로 표현되었다. 신앙의 현장성은, 하나님이 우리 삶의 주인이시라면 우리가 대학생으로 가장 많은 시간을 보내는 삶의 자리인 이성의 전당인 대학에서도 주인이 되셔야 한다는 논리를 토대로 한다. 이러한 논리에 토대를 둔 삶의 연장선상에서 대학 졸업을 앞둔 4학년 때부터 본격적으로 이후의 삶을 고민하기 시작했다. 신앙의 현장성이라는 목표는 분명한데, '나의 현장'이 어디인지 몰랐기 때문이다. 철학과에서 이성과 신앙의 양립을 어느 정도 도모할 수 있었고 철학과를 너무도 좋아했지만, 나에게 학문으로서의 철학은 너무 어려웠다. 철학과에는 이성적 사고 능력이 뛰어난 친구들이 많았고, 나는 스스로를 학문적인 열정보다 현장 활동이 더 어울리는 사람이라고 생각했다. 그래서 철학 공부는 대학 4년이 끝이라는 생각을 평상시에 하고 있었다. 나에게 철학 공부는 진리이신 하나님께로 나아가는 임시 다리인 가교(假橋)로 충분했고, 철학을 공부한다는 것은 내게 신앙에서 수단적 의미 이상이 아니었기 때문이다. 무엇보다도 내게는 철학을 할 수 있는 재능이 없어 보였다.

그런데 졸업을 앞두고 장래를 고민하던 내게 철학 공부를 계속하라는 인도하심이 여러 경로를 통해 나타나기 시작했다. 정말 당혹스러웠다. 대학 4년 동안 철학과 대학원 진학을 생각해 본 적이 없었기 때문이다. 그렇지만 하나님의 인도하심을 부인할 수 없을 정도로 여러 경로를 통해 확인되었기 때문에 그만두라고 하실 때까지는 일단 철학 공부를 하기로 결정했다. 그렇게 진학한 대학원에서 하나님이 왜 대학원에 진학하라고 하셨는지 그 의미는 찾지 못하였지만 그만두라는 말씀도 없어서 계속 공부를 진행했다. 그런데 석사 논문을 마치고 박사과정에 입학하자 덜컥 겁이 났다. 하나님이 그만두라고 하시는 것을 혹시 내가 못 듣고 시간만 낭비하고 있는 것은 아닐까 하는 생각에 미국 유학을 결심했다. 미국 대학원에서는 과정 중간에 시험이나 제도를 통해 일정 수준의 능력이 부족한 학생들을 탈락시킨다는 말에 끌렸기 때문이다. 우여곡절 속에 유학 생활이 시작되었고, 하나님이 그만두라고 하시는 말씀을 확인할 수 있는 제도가 있기에 그만둘 때까지는 후회 없이 공부하자는 마음으로 철학 공부에 몰두했다.

그런데 유학 시절에 몰두한 철학 공부가 예상외로(?) 재밌었다. 철학 공부하는 내가 때로는 고고학자가 되거나 탐험가가 되어서 하나님이 숨겨 놓은 세상의 보물들을 찾아내는 느낌이 들기도 했고, 때로는 사회 변혁가나 운동가가 되어 하나님의 통치를 이 땅에 제시하는 것 같은 느낌이 들기도 했다. 이런 과정에서 내게 사고의 전환이 일어났다. 대학생 때에는 이성이 그 자체로 하나님께로 나아가는 통로는 아닐지라도 잠깐 임시적인 역할을 할 수 있다고 생각했었다. 그런데 이제는 그런 임시적이고 수단적인 가교(假橋)의 역할을 넘어, 이성 활동이 하나님께로 연결되는 통로 그 자체인 가교(架橋)일 수 있겠다는 생각이 들기 시작한 것이다. 철학이 하나님을 더 깊이 알아 가고 교제하게 하는 중요한 방법이자 그 자체라는 '발칙한'(?) 생각을 처음으로 하게 된 것이다. 하나님이 우리에게 주신 이성을 가지고 이 세상의 본질과 근본을 고민하고 탐구하는 것이 이 세상을 만드신 분에 대한 사고 자체로 나아갈 수 있게 할 뿐만 아니라 나아가는 그 자체라는 생각 말이다.

대학교 4년 동안 한 번도 생각하지 않았던 길을, 그래서 걷게 되었다. 처음에 학문의 길을 걷기 시작했을 때는 하나님의 어떤 계획 아래 수단이나 과정으로서 이 길을 잠시 걷게 하시는 것이라고 생각했었다. 그런데 유학 생활을 거치면서 이제는 '철학을 가르치고 연구하는 일' 자체에 의미가 있어서 계속 이 길을 평생 걷게 하시겠다는 생각을 하게 됐다. 하나님 나라의 보물인 어떤 깨달음이나 의미를 밝히거나, 하나님 나라의 방식을 구현하는 논리를 제시하는 연구가 연구자로서의 내 역할인 것 같다. 가르치는 자로서는 이러한 연구 결과물들을 사람들에게 소개하거나, 기존에 순응적인 사고방식을 넘어서 비판적이고 철학적인 사고로 나아갈 수 있도록 도와주는 것이 내 역할인 듯하다. 내가 그랬던 것처럼 이성을 가진 누군가의 자아가 깨어나는 경험을 하게 하는 것이다. 수동적이고 순응적인 이성이 아니라, 비판적이고 고차원적인 이성으로, 이성을 바르게 사용한다면 이성은 우리가 하나님이 주신 사람들과 더불어 평화롭게 살아가도록 도울 것이다. 우리 사회가 더 가치 있고, 더 의미 있는 일로 나아가게 하는 데 철학적 사고가 기여할 수 있을 것이다.

## 본보기 철학자 존 롤스

유학 시절 이후로 나는 철학이 그 자체로 사람들이 하나님 나라로 나아가게 하는 다리의 역할을 한다는 가교(架橋)로서의 꿈을 꾸며 걸어가고 있다. 그런데 이 여행에서 외로울 때나 고민스러울 때마다 '본보기'가 있으면 좋겠다고 생각했다. 최근에서야 이러한 여정의 '본보기'가 나와 아주 가까이에 이미 있었다는 것을 깨닫게 되었다. 대학교 4학년 때, 그러니까 한창 장래 진로를 놓고 고민하던 시절에 철학 공부를 계속하라는 하나님의 인도하심을 경험한 경로 중 하나였던 수업에서 '본보기'인 롤스(John Rawls)를 이미 만났던 것이다. 처음에는 롤스의 정의론 자체에 매료되어서 공부했지만, 최근 들어서는 가교(架橋)로서의 꿈을 꾸며 걸어가는 여정의 '본보기'가 롤스라는 것을 알게 되었다.

롤스는 평생을 정의(justice)라는 단일 주제 하나만을 연구한 학자로 유명하다. 사실 철학자들 가운데 한 주제만을 연구한 학자는 찾기 어렵다. 롤스가 왜 정의만을 평생 연구했을지 정확히 알수는 없지만, 아마도 그의 삶이 지나온 궤적과 관련되지 않았을까 추측해 본다. 그는 원래 목회자를 꿈꾸던 청년이었다. 학부 졸업논문인 〈죄와 믿음의 의미에 대한 짧은 탐구: 공동체성의 관점에 의거한 해석*A Brief Inquiry into the Meaning of Sin and Faith: An Interpretation based on the Concept of Community*〉(1942)은 그의 종교에 대한 관심이 얼마나 지대했는지를 잘 보여 준다. 롤스는 프린스턴 대학 시절 성직자의 길을 가려고 했으나 2차 세계대전 중에 자원입대하여 겪은 전장에서의 경험으로 인해 철학자의 길로 삶의 방향을 전환한다. 그는 교회에 정기적으로 출석하는 전통적인 의미의 기독교인은 아니었다. 하지만 그의 삶의 궤적과 방식에 대한 지인들의 평가를 볼 때 신앙적 삶을 살았던 것 같다. 나는 롤스의 이런 신앙인의 모습이 그의 주저인《정의론》(*A Theory of Justice*, 1971/1999)에도 고스란히 새겨졌다고 본다. 예를 들어, 그가 사회 속의 개인이 갖는 재능과 같은 '자연적 우연성'과 가정환경과 같은 '사회적 우연성'의 분포를 사회의 공동 자산(common asset)으로 간주하고 이를 사회 전체의 유익을 위해 사용되어야 한다고 말하는 부분은 기독교의 달란트 비유와 청지기로서의 사명을 생각나게 한다. 그런 점에서 내게《정의론》은 성경적 정의관에 토대를 둔 하나님 나라를 세상에 구현하려는 시도로 읽힌다.

롤스는 내게 철학 연구자의 본보기뿐만 아니라 교육자로서의 본보기이기도 하다. 그는 '하버드의 성자'라는 별명이 있을 정도로 제자들을 대하는 태도가 친절하고 인간적이었다고 한다. 또한 〈나의 교육에 대한 언급들*Some Remarks About My Teaching*〉(1993)이라는 글에서 볼 수 있는 것처럼, 그는 고전을 진지하고 성실하게 교육하여 학생들이 이성적 사고의 고차원으로 나아가도록 이끌었다. 롤스가 보여 준 학자로서의 삶, 교육자로서의 삶은 내게 귀한 본보기이다. 과거의 연구 산물을 열심히 공부하고 새롭게 재구성해서 우리 시대의 문제에 대한 대안을 제시하는 작업, 이성의 활동을 통해 사람들이 의미 있고 가치 있는 것을 깨달아 계발하도록 돕는 것이 내가 롤스를 본받아 실천할 삶의 내용인 것이다.


## 가교(架橋)로서의 철학을 꿈꾸며


나는 지금 철학 공부를 하는 것, 철학적 이성 능력을 계발하는 것이 하나님께서 만드신 세상을 더 잘 이해하고, 하나님 나라를 드러내는 일일 것이라는 생각으로 철학을 연구할 뿐만 아니라, 교육하며 살아가고 있다. 내가 전공하는 영역이 윤리학이어서 더 그럴 수도 있지만, 나는 연구 주제를 내 삶에서 찾는다. 무언가 내 삶에 울리는 메시지들에 대답하기 위해 책을 찾고 논문을 읽고 글을 쓴다. 경제적 불평등으로 인해 고통받는 사람들이 눈에 밟혀 정의론을 연구한다. 생명 의료나 인공지능, 빅 데이터 등 새로운 과학기술로 인해 생겨나는 문제들이 보여 공부하고, 선거철만 되면 다른 사람을 악마시하는 분위기가 가슴 아파 민주주의와 민주적 덕성이라는 주제를 연구한다. 내 글을 아무도 읽지 않고 내 연구에 아무도 관심을 보이지 않아도, 누군가에게 "우리 사회에 만연한 부정의와 비윤리에 침묵하지 않았어요!"라고 말하기 위해 연구한다. 나중에 '그분'께 "제가 그때 파수꾼처럼 외쳤었어요!"라고 말하고 싶다.

　나는 수업 시간에 만나는 학생들이 외부로부터 주어진 생각이 아니라, 자신 안에서 검토되고 정당화된 생각을 하도록 가르친다. 이성을 통해 주체로서 철학자들의 글을 읽고 토론하면서 자신만의 생각을 키워 나가도록 돕는 것이다. 시대의 분위기나 욕망에 따라 군중 속의 한 명으로 전락하기 쉬운 시대에, 학생들이 한 학기 동안 이런 경험을 하면서 자기 생각과 목소리를 내는 주체가 되어 '새로운 세상,' '다른 세상'을 맛보는 것, 이것이 내 수업의 목표이다. 그렇기 때문에, 나는 강의 평가나 강의 후 받은 이메일에서 '이 수업을 통해 새로운 세상을 볼 수 있게 되었어요!'라는 식의 문구를 볼 때 진정으로 행복하다. 수업의 목표가 달성되었기 때문이다. 나의 학생들이 이성적 사고를 하는 자아로 탄생하고 성장하기 시작한 것이 내게는 큰 기쁨이다.

나는 사회문제에 관한 철학 연구와 비판적으로 사고하는 학생들을 길러 내는 철학 교육이 나에게 주어진 사명이라고 믿는다. 이성적 사고가 약해지고, 세상의 욕망과 가치관이 주는 천편일률적 생각과 행동만 강요되는 시대에 이성을 통한 철학적 활동이 하나님 나라로 나아가는 연결 통로가 될 뿐만 아니라, 하나님 나라를 세상에 구현한다는 '가교(架橋)로서의 철학'이라는 꿈을 품고 한 발 한 발 걸어가고자 한다.

# 2부.
# 역사학의
# 길

조영헌

조영헌 중국근세사 전공

세 번의 도전 끝에 들어간 대학에서 동양사학 공부를 이어 나가, 현재 고려대학교 역사교육과 교수로 재직 중이다. 중국 대운하 연구를 20년 이상 지속하며《대운하와 중국 상인》,《대운하 시대 1415-1784, 중국은 왜 해양 진출을 '주저'했는가》(민음사)라는 책을 출간함으로써 학계에 '대운하 시대'라는 시대 담론을 제기 했다. 향후 동아시아의 해양사와 대륙사를 아우르는 한반도의 역사 관점을 세우는 데 관심이 있다. 학부 시절 인문학 신앙 공동체를 경험한 것을 계기로 대학원에서도 인문대 기독인 대학원생 모임을 만들었고, 2007년에는 이 책의 모태가 된 '인문학과 성서를 사랑하는 모임'(인성모)을 결성해 20년 가까이 활동하고 있다.

## 시간의 우월 의식과 상고주의

　우리는 '시간의 우월 의식' 속에 젖어 오랜 시간 살았다. 오래된 것이 정통이고, 빠르면 빠를수록 좋다는 생각이다. 그러다 보니 다른 사람보다 늦게 시작하거나 다른 나라보다 새로운 문물의 수용이 늦으면 위축되거나 부끄러워하곤 했다. 중국에도 오래전부터 오래된 것을 숭상하는 상고주의(尚古主義)가 있었다. 기원전 3-5세기 무렵에 살았던 공자(孔子)와 맹자(孟子)가 모두 하나라, 상나라, 주나라의 삼대(三代)를 이상적인 시기로 미화하면서 생겨난 유교적 시간 관념이자 역사관이다. 중국으로부터 유학을 도입한 한반도의 나라들, 특히 주자학을 받아들여 나라를 세운 조선의 교육제도는 관학(官學)이건 사학(私學)이건 모두 삼대의 교육제도를 이상(理想)으로 설정한 상고주의의 세례를 오랫동안 받았다.

　역사에서도 가장 먼저 '발명'되거나 '발견'된 것에 환호하고 높은 평가를 쉽게 내린다. 가령 오래된 문명의 유적지를 발견하면 늘 이것이 '최초'인지 아닌지부터 따져 왔고, '대항해'의 시작을 누가 시작했는지에 대한 유럽과 중국 사이의 오래된 논쟁이 끊이지 않거나, 산업혁명이나 자본주의의 탄생이 자국에서 시작되었다는 자부심 가득한 주장은 그 몇 가지 사례일 뿐이다. 최근 유행하는 "~의 탄생" 시리즈나 "~의 기원을 찾아서"와 같은 제목의 책이나 프로그램은 모두 오늘날 문명의 기원을 찾고자 하는 현대인의 역사적 호기심의 발로이지만, 상당 부분은 상고주의 프레임에서 말미암은 결과물이라고 생각한다.

종교나 사상이라고 해서 예외는 아니다. 4대 문명의 발상지이자 고대 종교가 일찌감치 등장했던 메소포타미아, 이집트, 인도, 중국의 문화적 자부심은 그야말로 '지존'이고, 주변국에서 유대교, 기독교, 유교, 불교, 힌두교 등을 얼마나 빨리 수용했는지에 관한 논쟁은 과거뿐 아니라 현대에도 이어지고 있다. 우리나라에 먼저 유입된 유교나 불교를 신봉하는 이들이 이슬람교나 기독교를 강하게 배척한 것도, 먼저 들어와서 자리를 잡았다는 '시간의 우월 의식'이 그들의 의식 속에 작용했기 때문이다.

그럴싸하지만 오래된 것이 정말 좋은 것일지는 의문이다. 공자와 맹자는 삼대에 이상적인 세상이 구현되었다고 구술했지만, 문헌 기록이 거의 남아 있지 않고 고고학에 의존해야 하는 그 시대의 유적에서 순장(殉葬) 등 지배층의 폭력으로 말미암은 흔적을 어렵지 않게 찾아볼 수 있다. 요컨대 오늘날이나 삼대나 이상향에 관한 기억의 차이만 있을 뿐 사람 사는 모습이나 본질은 유사하지 않았을까? 그럼에도 불구하고 어느새 나도 모르게 '시간의 우월 의식'에 젖어 들어 나와 타자를 판단하는 자아를 직시하며 놀라곤 한다. '시간의 우월 의식'을 뒤집어보면 '시간의 열등 의식'을 발견하기 때문이다.

'시간의 우월 의식'은 사실상 여러 경쟁국 가운데 패권을 장악한 종주국(宗主國)이 향유하는 종주 의식과 유사하다. 종주국은 주변국에 종주권(Suzerainty)을 행사하기 마련이고 주변의 나라들은 이에 종속하거나 복속하기 쉽다. '시간의 우월 의식'은 암암리에 종주권을 확보하고 주변의 느리거나 뒤진 이들을 심리적으로 종속시키고, 우월한 위상의 정당성을 확보하곤 한다.

종교에서 신앙을 받아들이는 것은 빠르면 빠를수록 좋다는 생각도 이와 다르지 않아서, 이스라엘의 우월적 선민(選民)의식을 낳았다. 기원후 기독교가 탄생해 이스라엘에서 세계 각지로 전파된 이후로도 유대인들은 자신들이 하나님께 선택받았다는 자부심이 대단한데, 이는 유대교가 예수를 메시야로 인정하지 않기 때문이기도 하지만 자신들이 가장 먼저(혹은 대표로) 선택되었다는 '시간의 우월 의식'이 작동하기 때문이다. 유대인들 앞에서 다른 민족의 기독교인들은 상대적으로 느리거나 뒤진 '이류' 신앙의 소유자일 뿐이다.

## 강박적 두려움: '주류에서 이탈하면 어떡하지?'

꽤 오랜 시간을 '시간의 우월 의식'의 반대편, 즉 '시간의 열등 의식' 속에서 살았음을 깨달은 건 최근의 일이다. 코로나19 바이러스가 온 세상을 뒤덮기 시작하던 2020년 1학기에 연구 학기를 얻었다. 4년 동안 기다리며 계획했던 국내외 답사와 자료 수집의 길이 팬데믹으로 일순간 다 막혀 버렸다. 잠시라도 떠나고 싶은 마음에 제주도에서 한 달을 보냈는데, 문득 세상에서 뒤처지고 있다는 두려움이 훅 올라왔다. 동료 교수들은 고생스럽지만 강제적인 비대면 강의에 익숙해지고 있는데 나만 혼자 이렇게 뒤떨어지는 것은 아닐까? 여기서 시작된 '시간의 열등의식'은 이러다가 '주류에서 이탈하면 어떡하지?'라는 두려움으로 이어졌다. 한 달 만에 다시 집으로 돌아왔지만 이후로도 수개월 동안 열등의식과 두려움은 쉽게 사라지지 않았다.

그렇게 알게 되었다. 이러한 열등감과 두려움은 코로나19 바이러스로 인해 처음 발생한 것이 아니라 수십 년 동안 누적된 상처의 축적이었음을. 항상 누구보다 빨리 정보를 입수하고, 논문을 쓰고, 박사를 따고, 교수가 되고, 심지어는 동료들보다 빨리 결혼하고, 아이들을 낳고 키우는 것까지…. 스스로도 인식하지 못하는 사이 나는 늘 동료보다 조금 더 빠르게 무언가를 성취하려고 열심히 살아왔다. 문제는 빠르다는 것 자체가 아니라 내 생각 속에

'시간의 열등의식'이 똬리를 틀고 있었기에, 반복적으로 '시간의 우월 의식' 앞에 초라해지고 위축되던 모습이었다. 주류에서 뒤지는 것에 대한 두려움이 문제의 핵심이었다.

　'주류에서 이탈하면 어떡하지?'라는 두려움으로 인해 악착같이 살았지만, 늘 2퍼센트 불안한 삶이었다. 헨리 나우웬이 《모든 것을 새롭게》(두란노)에서 언급했던 바 "찬 듯한 삶 뒤에서 못다 찬 기분에 시달리는 삶"이었다. 항상 바쁘게 시간을 가득 채웠지만 뒤돌아볼 때면 뭔가 조금씩 비어 있는 공허감, 늘 좋은 학교를 찾아다녔지만 지워지지 않는 찝찝한 이류 의식의 정체를 알게 되었다. 기도의 읊조림이 달라지기 시작했다. '빨리' 고쳐 달라고 간구하지 않았다. 예전처럼 '속히' 치유해 달라고 울부짖지도 않았다. 다만 언제 어디서부터 이렇게 시간의 우월 의식과 열등의식 사이에서 널뛰듯 살아왔는지 직면하게 해 달라고 소망했다.

　하나둘 떠오르기 시작했다. 중학교 1학년 때 학급 친구들로부터 '왕따'(따돌림)를 심하게 당했을 때 부모님에게 말하지도 못하고 전전긍긍하다 잠시 죽음을 떠올렸던 위기의 순간, 삼수까지 하면서 뒤늦게 입학한 대학교 신입생 시절에 강의실에서 느꼈던 열패감, 2학년 때 '조급하게' 응시했던 행정고시에 낙방한 일, 남들보다 '뒤늦은' 4학년 1학기에 역사 전공을 결정하고 허겁지겁 대학원 입학을 위해 공부하던 일, 석사 3년, 박사 6년 반의 공부 훈련을 마치고 박사학위를 받을 무렵 임용되기를 기대했던 학교로부터 전달받은 탈락의 소식 등이 선명하게 포개지기 시작했다. 마치 '시간과의 경쟁'을 하듯 악착같이 살며 동료들과 앞서거니 뒤서거니 하던 기억이 많았다. 왜 이렇게 살았는지는 정확히 알 수 없지만, 그 결과 '주류' 혹은 '시간의 우월 의식'에서 낙오되지 않기 위한 염려와 두려움이 내 삶의 또 다른 추동력이자 그늘이 되었음은 분명히 인지할 수 있었다.

항상 열등감에 사로잡혔던 건 아니었다. 오히려 우월감 속에서 승리의 쾌감을 느꼈던 적도 적지 않았다. 하지만 분명한 것은 열등감 속에 우월감이, 우월감 속에 열등감이 숨어서 작동하고 있었다는 사실이다. 그래서 양쪽 극단을 오가면서 분주했지만 그 속에서 '꽉 찬 삶'을 경험하지 못하는 찝찝함을 벗어나지 못한 것이 아닐까?


## '시간과의 경쟁'에 대한 또 다른 해석

이러한 '시간의 우월의식(또는 열등의식)'은 알게 모르게 과거의 시간을 탐구하는 나의 역사학에 투영되고 있었다. 기독인이라는 이유 때문에 주류 역사학계로부터 무시받지 않아야 한다는 강박관념부터 시작해서 기독인 역사학자로 중국사에서 기독교 전래의 시기를 조금이라도 앞당겨 해석해보려는 시도까지. 모든 열심의 동기가 사실은 낙인되거나 낙오되지 않으려는 몸부림이었던 것이다.

　그런데 팬데믹 기간 실재(real)와 가상(virtual)의 경계가 무너지는 경험을 하면서, 본질적인 질문을 던지기 시작했다. '강의란 무엇인가', '예배란 무엇인가' 그리고 '학문이란 무엇인가'에 이르기까지…. 마침내 그 질문은 내게 향했다. '과연 예수가 살아 있다면, 이러한 나의 학문적 태도와 그 중심의 생각을 어떻게 보실까?' 찰스 셸던(Charles Monroe Sheldon)의 책《예수님이라면 어떻게 하실까?》(예찬사)를 처음 보았을 때의 감각으로, 다시 절대자 앞에서 온갖 비본질을 걷어 내고 나의 오랜 태도와 습관의 본질을 돌아보았다.

　그러자 놀랍게도 지난 세월 '시간과의 경쟁'과도 같았던 경험 이면의 다른 경험들이 보이기 시작했다. 가령 중학교 1학년 왕따의 고통을 견디는 과정에서 말씀 묵상(QT) 책을 우연히 접한 이후 말씀 묵상이 하루하루 살아가는 일용한 양식으로 정착되어 지금까지 이어진 것, 대학교 1학년 시절의 쓰라린 열패감으로 인해 2학년이 되어 인기연(인문대기독인연합) 모임에 초대되었을 때 큰 격려를 받아 이후 용감하게 학과 기독인 모임을 주도하게 된 일, 행정고시 낙방으로 인해 비로소 관료의 꿈을 완전히 포기하고 학자의 길을 망설임 없이 선택할 수 있었던 것, 남들보다 늦게 전공 공부를 시작했기에 석박사 9년 반 동안 학문적으로 교만할 틈 없이 공부를 뒤따라갈 수 있었던 것, 2006년 교수 임용 탈락을 통해 비로소 앞만 보고 달리던 삶에서 벗어나 옆과 뒤도 돌아볼 수 있는 여유를 갖게 되어 마침내 2007년 '인성모'를 새롭게 결성하게 된 것이 그것이다.

동명이인처럼 같은 현상의 완전히 다른 두 경험이 내 안에 오롯이 존재했다. 나 중심의 관점을 예수라는 타자의 자리로 옮기자 전혀 다른 '해석'이 되었다. 마치 이사야가 언급한 바 "모든 황폐한 곳들을 위로하여 그 사막을 에덴 같게, 그 광야를 여호와의 동산 같게"(사 51:3) 바꾸시는 것 같았다. 왕따, 열패감, 낙방, 뒤늦음, 탈락이 그분 관점으로 '해석'되자, '우월·열등 의식'에 얽매였던 시간의 의미도 다르게 해석되기 시작했다.

## 성서에서 말하는 시간 관점

우선 성서에서 말하는 시간의 관점이 새롭게 보였다. 성서에는 '크로노스'(Chronos)의 시간과 '카이로스'(Kairos)의 시간이 모두 등장한다. 그리스어로 '크로노스'란 축적되는 시간이자 연속적인 시간을 뜻하며 이후 연대기(chronology)의 어원이 된다. 반면 그리스어 '카이로스'란 어떤 행위를 위한 정확하고 결정적이며 적절한 기회이자 순간을 뜻한다. 따라서 크로노스란 양적인 반면 카이로스는 질적이며 영구적인 성질을 가졌다고 볼 수 있다. 이에 성서에서 카이로스는 '하나님의 시간'이자 '절대적 시간'으로 해석되어, 옛 언약인 구약(舊約)을 성취하기 위해 예수가 세상에 온 시간을 "때가 차매"(갈 4:4)라 일컫는데 여기서 그 "때"가 바로 카이로스의 시간이다. '준비로서의 과거'와 '완성으로서의 미래'가 결합하는 순간이다.

카이로스의 관점에서 그 "때"는 우연적이거나 자연 발생적인 때가 아니다. 시간에는 주관자가 있고, 그 주관자가 바로 여호와 하나님이라는 성서의 관점은 분명하다.

> 범사에 기한이 있고 천하 만사가 다 때가 있나니 … 하나님이 모든 것을 지으시되 때를 따라 아름답게 하셨고. (전 3:1, 11)

크로노스의 시간에서는 앞선 경험이 뒤의 경험에 결정적인 영향을 미치기에 앞선 일이 중요하지만, 카이로스의 시간에서는 시간의 선후 관계보다 적절한 순간이냐는 타이밍이 중요하다. '하나님의 시간'인 카이로스에 따르면 '빠른' 타임이 아니라 '정확한' 타이밍 여부가 관건이 된다. 인간에게는 과거와 미래가 크게 다르게 다가오지만 하나님에게 과거와 미래는 하나로 통합된다.

> 하나님이 이르시되 나는 알파와 오메가라 이제도 있고 전에도 있었고 장차 올 자요 전능한 자라. (계 1:8)

위 구절은 시간에 대한 성서의 한 관점을 명확하게 보여 준다. 현재("이제"), 과거("전에"), 미래("장차")가 삼위일체 하나님 안에 모순 없이 하나로 통합된다. 중력의 영향을 받는 우리에게는 신비로운 개념이지만, 영화 〈인터스텔라〉에서 보듯 시공간을 초월한 차원에서는 얼마든지 가능하다. 예정론 속에 담겨 있는 '이미 그러나 아직'(already but not yet)이라는 시간의 미학도 마찬가지다. 요컨대 카이로스의 시간은 선후 관계보다 정확한 타이밍의 중요성을 일깨워 준다.

성서에는 '해 아래 새것은 없다'는 관점도 있다. "이미 있던 것이 후에 다시 있겠고 이미 한 일을 후에 다시 할지라. 해 아래에는 새 것이 없나니"(전 1:9)라는 전도서 구절은 역사가 반복된다는 교훈을 담고 있다. 우리에게는 '새로워' 보이는 일이 많지만, 본질적인 측면은 과거의 반복일 수 있다는 말이다. 물론 과학과 기술의 발전을 통해 구현된 물질세계에서 새로운 '현상'은 무궁무진하다. 하지만 인간의 희로애락(喜怒哀樂)이나 성정(性情)과 관련한 '본질'은 오래전이나 지금이나 큰 차이가 없는 것이 사실이다.


**사건의 선후·인과에서 '시대 분별'로**


성서에서 예수는 '시대 분별(discernment)'을 강조하신다.

"너희가 날씨는 분별할 줄 알면서 시대의 표적은 분별할 수 없느냐!" (마 16:3)

"너희가 천지의 기상은 분간할 줄 알면서 어찌 이 시대는 분간하지 못하느냐!" (눅 12:56)

저녁 하늘의 구름이나 바람의 형편을 살펴서 분간하는 것은 날씨 분별이다. 오늘날에도 야외 행사를 앞두고 인공위성까지 동원하여 날씨를 분별하기 위한 노력을 하고 있지만, 특별히 세계 각지의 각종 사건과 사고, 경제적 상황을 파악해 다음날 주식의 판세를 분별하는 데 열심이다. 농업 사회에서 날씨 분별이 중요하듯, 금융·경제 사회에서 경기 지표 분별은 최고의 관심사가 된다. 하지만 예수는 보이는 세계의 날씨 분별에 머물지 말고 시대를 분별하라고 요청한다. 먹고사는 경제 문제만 집중하지 말고 보이지 않는 시대 문제를 읽어 내라는 뜻이다.

이후 나의 역사학은 사건의 선후(善後) 혹은 인과(因果) 관계를 따지는 일에서 그 시대적 의미를 분별하는 것으로 관심을 확대하고 있다. 누군가 "당신이 평생 역사를 연구하는 이유가 있다면 무엇인가"라고 묻는다면, 나는 "시대정신을 파악하여 그 전·후 시대와의 획기(劃期, 새로운 기원을 여는 시기)를 찾는 것"이라고 답하곤 한다. 상대적으로 빠르게 발생한 사건을 우월하다고 평가하는 것이 아니라 그 사건이 당시 사람들에게 어떤 시대적 의미를 지닌 것인지를 장기적인 관점에서 평가하는 작업이다. '시간의 우월·열등 의식'에서 자유로워진 덕택이다.

가령 역사에는 어떤 기술이나 사상을 상대적으로 빠르게 수용한 것이 오히려 '올무'가 되어 오랜 기간 새로운 혁신을 시도할 수 없게 되는 곤경에 빠지는 일이 발생하곤 하는데, 이를 '기술적 속박'(technological lock-in)이라 부른다. 가령 중국사에서 대운하(大運河)나 항저우(杭州)에 설치된 해당(海塘)처럼, 한때 새로운 기술을 기반으로 한 수리(水利) 시스템이 도입된 후, 새로운 기술이나 시스템으로의 전환 없이(혹은 그러한 전환이 불가능하기에) 노동력과 자원 투자를 통해 지속적으로 이전 시스템의 자원을 소비해야 했던 수세기에 걸친 상황이 이에 해당한다[마크 엘빈,《코끼리의 후퇴》(사계절) ; 조영헌,《대운하 시대 1415-1784》(민음사) 참고].

## 사건의 선후보다 '역사적 타이밍'을 재평가하다

이처럼 역사의 관점이 변화하면서 품게 된 평생의 연구 과제가 있다. '역사적으로 중국은 언제 바다로의 문호를 열고 진출했는가?'라는 질문과 이에 대한 답변이다. 과거엔 빠르면 빠를수록 좋다는 관점을 가지고 유럽의 대항해 시대 이전의 '대항해' 흔적을 찾는 것이 유행이었다. 유럽 중심주의를 극복하기 위한 이러한 노력은 분명 그 나름의 의미가 없지 않았다. 실제 자료에서도 15세기 전반기 정화(鄭和)가 인솔한 함대가 인도양을 경유하여 아프리카 동부 해안까지 왕래한 자료나, 그 이전부터 인도양을 왕래했음을 증명하는 《제번지》(諸蕃志, 조여괄이 쓴 12세기 문헌)나 《도이지략》(島夷志略, 왕대연이 쓴 14세기 문헌)과 같은 사료는 재평가가 필요하다. 하지만 15세기 후반 유럽보다 더 '빨리' 원양항해를 한 흔적을 찾는 것이 과연 역사적으로 어떤 의미를 지닌 것일까? 왜 더 이른 시기에 등장했음에도 불구하고 사회적 임팩트는 미미했을까?

나는 여기서 '시간의 우월 의식'을 제거하고 역사적 타이밍에 대한 재평가를 하고자 한다. 누가 더 먼저, 더 멀리 나갔는가에 대한 팩트체크도 해야 하겠지만, 더 이른 시기의 자료 찾기에 경쟁하는 것보다 그 자료와 사건이 지닌 역사적 타이밍에 대한 재평가가 더 유익해 보인다. 너무 빨리 시작한 조기교육이 오히려 학생들의 지적 성장에 해가 될 수 있는 것처럼, 역사에도 너무 빠른 경험이 이후의 성장에 함정으로 작용한 사례 역시 적지 않다. 조기교육이 학생들의 학습과 성장에 어떤 순기능과 역기능을 주었는지 분석하는 것이 교육학에 의미 있는 것처럼, 중국사에서 빠르게 등장했던 원양항해의 경험이 왜 사회적 임팩트가 미미했을 뿐 아니라 오히려 이후의 해양 인식에 역기능으로 작용했는지 분석하는 일은 시대정신의 파악과 관련된 대단히 흥미로운 작업이다.

같은 맥락에서 '해금'(海禁) 정책도 반드시 '부정적'으로 평가할 기호는 아니다. 어떠한 시대적 맥락과 상황에서 등장했는지에 따라 그 나라와 백성, 그리고 역사 발전에 순기능으로 작용할 수 있지만, 또 역기능을 발휘할 수도 있다. 해금 정책 자체가 아니라 어떤 타이밍인지가 역사 해석에 더 중요하다. 나는 14세기 후반기부터 강화된 중국의 해금 정책이 18세기 전반기까지는 역기능보다 순기능이 더 많았다고 본다. 그렇다면 언제 역기능이 순기능을 압도했을까? 아편전쟁으로 인해 1842년 체결된 난징조약으로 인한 강제 개항의 폐단을 고려한다면, 분명 19세기 맥락에서 해금의 역기능은 명확하다. 그렇다면 언제쯤 해금 정책을 완화하고 개항을 단행했다면 역기능이 덜 일어났을까? 이는 해석의 영역에 해당하는데, 나는 1784년이 마지막 기회의 순간이었다고 생각한다. 1784년은 내부적으로 중국의 황제 건륭제가 대운하를 이용한 남방 순행을 마지막으로 거행한 해이고, 외부적으로는 광저우(廣州)에서 청나라 최대의 기독교 탄압 사건인 '광저우 교안(教案)'이 발생한 동시에 중국과 미국과의 교역이 처음 시작되는 순간이었다. 그래서 일반적인 '크로노스의 해'와 달리 1784년을 중국사에서 '카이로스의 해'라고 꼽고자 하는데, 이에 대해서는 세계사와의 비교 관점으로 연구를 추가하여 곧 책으로 선보일 예정이다.

인문학의 길에서 성서를 만나다

## "현실에 살지 말고 역사에 살아라!"

2021년 한국형 온라인 공개강좌 'K-MOOC'(Korea Massive Open Online Course, www.kmooc.kr)에서 〈아시아사 개척자들의 역사 이야기+@〉라는 제목의 강좌를 촬영하면서 뇌리에 박힌 어구가 있다. "현실에 살지 말고 역사에 살아라!" 한국 아시아사 연구의 개척자이자 고려대 총장을 역임한 역사학자 김준엽 선생님의 말씀이다. 아마도 선생님에게 '현실'이란 눈에 보이는 세계의 이해관계이고, '역사'란 눈에 보이지 않는 영원한 시간의 준엄한 심판일 것이라 생각했다. 과거와 현재와 미래가 하나로 연결되는 영원한 시간의 무게를 진지하게 받아들이자 "역사에 살아라"라는 비문법적 언설은 곧 "영원한 창조주 앞에서 살아라"로 해석되었다.

감사하게도 하나님은 "사람들에게 영원을 사모하는 마음을 주셨"다고 했다(전 3:11). 유한한 생명이지만 영원을 사모하는 마음을 가졌기에, 역사 속에서 오늘 하루의 의미가 과거와 미래에 모두 연결되어 결코 미미하지 않다. 반면 영원한 창조주의 입장에서 남들보다 조금 더 빨리 했는지 늦게 했는지는 그리 중요하지 않을 것이다. 나에게는 이것이 성서의 관점을 투영하는 과정에서 바뀌게 된 시간의 의미다.

# '진보적 역사학'과 기독교 신앙

홍문기

역사가 재미있지만 유학을 떠날 자신은 없어 한국사를 전공했다. 학부 시절 '새벽이슬'이라는 기독교 단체에서 기독교적 사회참여를 배웠다. 정의를 위해 약자와 함께 싸우고 연대하는 삶을 동경하며 대학원 공부를 팽개친 시기도 있었지만, 다시 연구실로 돌아왔다. 조선 후기 언관(言官)을 연구한 논문으로 박사학위를 취득했으며 2022년부터 총신대학교 역사교육과 교수로 학생들을 가르치고 있다. 기독교인으로 사는 게 여러모로 힘들어진 시대에, 신학과를 중심으로 만들어진 기독교 대학에서 청년들을 만나는 것이기에 한 명 한 명이 소중하다. 자신의 지식과 경험을 어떻게 더 갈고 다듬어 이들을 위해 사용할 수 있을지, 행복한 고민을 하며 하루하루를 보낸다.

홍문기 한국근대사 전공

## 사제와 전사, 고민의 시작

고등학교 2학년 여름, 교회 수련회에서 〈미션〉이라는 영화를 본 기억이 난다. 수련회 도중의 짜투리 시간을 때우기 위한 프로그램이었고 3시간 동안의 물놀이를 마친 직후였다. 솔직히 영화를 '봤다'라고 말할 순 없을 것 같다. 내가 코 고는 소리에 스스로 깰 정도였으니. 하지만 영화의 클라이맥스 장면, 십자가를 앞세우고 원주민들과 묵묵히 침략자들이 퍼붓는 포탄 속을 걸어가던 사제(제레미 아이언스 분)를, 그 침략자들에게 저항하다가 총탄을 맞고 쓰러진 전사(로버트 드니로 분)가 마지막까지 바라보던 장면은 이상하게도 기억에 남았다. 그 장면이 교회와 폭력, 투쟁과 하나님 나라의 관계에 대한 가장 대표적인 서사임을 깨닫게 된 것은 그로부터 한참 후였다. 당시 수련회에서 배웠던 내용은 하나도 기억이 나지 않았지만 그 영화의 이미지들은 아직까지 뇌리에 남아 있다. 그러고 보면 하나님께서 당신의 자녀에게 말씀하시는 방식은 정말 신비로운 것 같다.

투쟁과 하나님 나라라는 문제를 본격적으로 생각하게 된 것은 고등학교를 졸업한 1996년 이후였다. 그 시절의 한국 교회는 부흥과 선교라는 두 가지 목표를 제시하며 역동적으로 성장하고 있었고, 경배와 찬양, 선교한국 등 기독청년운동도 활발히 일어났다. 고등학교 때까지 어머니의 압박에 못 이겨 '선데이 크리스천'으로 간신히 신앙을 이어갔던 나도, 섬기는 교회의 청년부에서 청교도적 영성을 배우고 선교를 향한 소망을 꿈꾸게 되었다. 그 무지하고 시건방졌던 영혼을 보듬고 섬겨 주신 목사님과 선배들은, 지금도 내 인생에서 가장 고마운 분들이다.

한편 상대적으로 소수였지만 그리스도인의 사회참여를 지향하는 이들도 있었다. 일제강점기까지 거슬러 올라가는 진보적 기독교회의 역사와는 별도로, 복음주의적 신앙관에 기초하여 사회에 적극적으로 참여하려는 흐름이 1980년대 한국 사회 민주화의 영향을 받아 나타났다. 기독교윤리실천운동, 〈복음과상황〉 등이 대표적인 단체들이다. 내가 만난 '새벽이슬'이라는 모임도 그런 흐름 속에서 나타난 곳이다.

본래 보수적인 신앙에 깊이 심취했던 나는, 기독인은 영적·교회적·전도적 책임만 감당해야 한다고 생각했었다. 그러나 새벽이슬 선배들의 열정과 헌신을 보면서, 무엇보다도 IMF 이후 무너져가는 한국 사회의 어떤 부분들을 목격하면서 하나님 나라에 대한 다른 시각을 배웠다. 가난한 자와 고아와 과부를 위해 세상의 악한 제도를 꾸짖으신 그리스도와 함께 걸으며, 공의로운 하나님 나라를 구하는 것이 내가 걷고픈 신앙의 길이 되었다. 20대 후반의

인문학의 길에서 성서를 만나다

언젠가, 사랑하는 교회 공동체의 예배실보다 쪽방촌에서 철거촌에서 거리에서 더 절실히 기도하는 나를 보면서, '내가 어떤 선을 넘었구나…'라고 생각했던 기억이 난다.

고등학교 2학년에 졸면서 봤던 영화가 내 삶에 재현된 것도 그때쯤이었다. 새벽이슬 선배들과 행당동 철거촌을 찾아가서 철거민들과 함께 예배를 드리며 연대했을 때, 대학의 운동권 선배들은 봉천동 철거촌에서 마스크를 쓰고 용역 깡패들과 부딪쳤다. 개발의 논리를 앞세워 이웃과 생명을 짓밟으려는 자본의 세력 앞에서 그리스도처럼 왼뺨에 이어 오른뺨도 내밀 것인가, 아니면 이웃과 생명을 지켜 내기 위해 폭력을 불사하여 세상의 권력에 맞서 싸울 것인가. 불의한 세상 앞에서 공의를 실천하기 위해 폭력이 나의 선택지가 될 수 있을 것인가. 내가 속했던 복음주의 기독교 공동체의 교리적·문화적 특징 때문에, 그리고 나의 유약한 성격 탓에, 결국 폭력적 투쟁의 현장에 함께하기는 어려웠다. 하지만 물리적 폭력을 감수하면서까지 세상의 불의와 맞서 싸우는 '투쟁의 삶'을 향한 동경을, 끝내 버리지 못했다. 그건 성경과 기독교 전통을 통한 영감 외에도, 이제부터 밝힐 내 대학에서의 경험 때문이었다.

'역사는 배우고 싶지만 유학은 가기 싫다'라는 적당히 애매한 이유로 국사학과에 지원했을 때, 나는 대학에서의 4년을 선비들과 함께 서당에서 보낼 것이라고 생각했다. 그러나 내가 다니게 된 학과가 사실은 시뻘겋다 못해 검붉을 정도로 진보적인 곳이었음을 알게 된 것은 신입생 환영회가 시작된 지 2시간도 안 됐을 때였다. 이념적 논쟁을 그다지 좋아하지 않는 나였음에도 그 분위기에 금방 압도된 이유는, 그들의 진보성이 그들의 육체에 새겨져 있었기 때문이다.

사람 좋아 보이는 인상에 어설픈 농담으로 새내기들을 웃기려고 애처롭게 노력하던 형은, 시위 현장에서 전경들의 곤봉으로부터 학우들을 지키기 위해 각목을 들고 맞서 싸우다 평생 한쪽 팔을 어깨 위로 들지 못하게 되었다고 했다. 맞은 편 테이블에서 술에 취한 새내기를 부축해 화장실로 데려가던 복학생 선배는(어쩌면 새내기가 그 선배를 화장실까지 부축했던 것 같기도 하다), 길바닥에 쓰러진 여학생에게 음담패설을 던지며 다가오던 백골단의 앞을 가로막고 발밑에 화염병을 내리 꽂으며 대열의 마지막을 지켰다고 했다. 그때 다리에 입은 화상이 아직도 가렵다고 바지 속을 긁적이던 선배의 주접스러움마저, 나에게는 신화시대 영웅들의 휘광처럼 보였다. 어떤 농담에도 수줍은 미소만 짓던 안경잡이 '똑단발' 누나가 노학연대투쟁(勞學連帶鬪爭, 노동자와 대학생이 함께 연대하는 투쟁)을 호소하며 길거리에서 팜플렛을 나눠줄 때 보였던 울먹임은 망치처럼 내 고막과 심장을 내려쳤다.

지금은 안다. 그 선배들의 치열함이 사실은 투쟁의 마지막 세대가 시대로부터 도태될 것을 두려워하며 드러낸 조바심이기도

했다는 것을. 심지어 그 선배들 중 다수는 그들이 그렇게 비판하던 자본과 권력의 세계에 너무나 신속하게 적응해 갔음을. 하지만 복음주의자로서 폭력이라는 선을 차마 넘을 수 없었던 나는 투쟁하는 선배들 앞에서 열등감을 벗어 내지 못했다. 내 삶의 치열함이 그들에게 뒤처져선 안 된다고 생각하며 성경적 정의를 배우고 실천하기 위해 나름 노력하기도 했다. 그러면서도 한편으로는 저항하고 투쟁하는 삶을 여전히 선망했다. 지금 생각해 보면, 그것이 나의 '영적 전쟁'이었던 것 같다.

## 진보적 역사 서사와의 만남

이런 갈등은 대학원에서 본격적으로 역사를 배우면서 더욱 깊어졌다. 본래 학자로서 이름을 떨칠 야망은 별로 없었지만, 현실에서 의미 있는 실천을 하기 위해서는 정확한 이론과 지식을 갖춰야겠다는 생각에 대학원 진학을 결심했다. 그리고 현실 개혁에 관심을 갖고 있던 한국사학도로서 한국 근현대사를 전공으로 선택하게 되었다. 하지만 성품과 능력의 한계 때문에 정작 현장으로부터는 점점 멀어지면서 실천을 위한 과정으로 생각했던 연구와 강의가 어느새 생업이 되어 버린 채 지금에 이르렀다.

이런 얼치기 학자이기에 학업에 대한 고민을 더욱 새삼스레 할 수밖에 없었다. 한국 근현대사에서 가장 큰 사건은 역시 식민지와 분단이다. 둘 다 우리가 원하지 않은, 외부에 의해 강요된 것들이면서 근현대를 관통하여 오늘날까지 이어지고 있는 한국사의 핵심적인 특징이다. 그렇다면 세계사 속에서 우리나라의 역사가 갖는 의의는 무엇일까? 만약 근현대 한국사가 세계사 혹은 동아시아사의 종속변수에 불과하다면 왜 굳이 한국사를 연구하고 가르쳐야 하는 걸까. 한국 근현대사가 세계적 역사 서사에 제공할 수 있는 '자신만의 이야기'는 무엇일까. 연구자로서의 정체성이 흔들릴 때, 그래서 실천가의 길을 또 다시 선망하게 될 때마다 이런 질문을 반복했던 것 같다.

그리고 이런 나의 상황은, 마침 내가 몸을 담은 국사학계의 성향과 맥이 닿는 측면이 있었다. 널리 알려졌듯이 대략 1980년대 이후부터 한국사 학계에서 새롭게 나타난 학풍이 바로 민중사학(民衆史學)이었고 2000년에 대학원에 입학한 나도 한동안 그 영향을 받았다. 그런데 민중사학과, 그 사상적·정서적 배경이 되는 1970-1980년대 한국 사회는 당시 세계에서 매우 독특한 성격을 갖고 있었다. 해방 이후 분단과 내전을 겪으면서 대한민국 사회에서 사회주의는 공적으로 존재할 수 있는 공간을 상실했다. 그런데 해방 이후 한국 사회의 집권 세력은 친일(親日)이라는 과거의 흠결을 가리고 분단 시대의 헤게모니를 장악하기 위해 반공(反共) 이데올로기를 적극적으로 활용했다. 이렇게 집권 세력이 반공과 친일의 결합 속에 형성된 결과, 역으로 기득권에 저항하는 세력 안에서는 사회경제적 진보 담론인 '사회주의'와 식민 잔재 청산론 및 통일 지향론인 '민족주의'가 만나게 된다. 20세기 현대사 속에서 보기 드문, 사회주의와 민족주의의 연대가 그것도 자유주의 세계의 저항 진영 안에서 형성된 것이다.

1950-1970년대의 반공 독재와 유신 체제, 식민 잔재 청산 실패와 친일파의 득세로 인해 반공·식민·독재 정권을 향한 저항의 논리적 근거와 정서적 동력이 축적되었다. 한편으로는 경제성장으로 인한 중산층의 성장을 통해 계층적 기반도 마련되었다. 그리고 1980년 5·18 광주민주화운동을 통해 촉발된 진보적 역동은 1987년 6월 항쟁을 겪으며 소위 '87년 체제' 실현으로 이어졌다. 그리고 이 과정에서 나타난 것이 바로 민중사학이라는 이름의 진보적인 역사학이다. 1960년대 이후 세계 역사학계의 일반적 경향이 된 진보적 역사학에 더해 식민 청산 및 통일을 지향하는 한국 특유의 민족주의적 지향이 결합된 독특한 학풍이었다. 대학원 시절 나를 가르치셨던 선생님 중 한 분은 1980년대 학번이었는데, 강의 중에 1980년대 민중사학 태동기를 다음과 같이 회고하셨던 기억이 난다.

"그때에는 대부분의 대학생들이 공장에 취업해서 노조를 만들어야 한다는 압박감을 갖고 있었습니다. 대학원에 들어가는 것은 일종의 도피였죠. 그래서 더 열심히 공부해야 한다, 공부로 혁명을 지원해야 한다는 생각에서 자유롭지 못했습니다."

뒤에서 설명하겠지만, 사실 2000년대 이후 학계에서 민중사학 자체는 이론적 한계와 사회 환경의 변화에 의해 점차 약화 혹은 대체되어 가고 있는 상황이었다. 하지만 한국사학계에서는 그 영향이 강하게 남아 있었다. 국사학과 96학번으로서 운동권 세대의 막차에 탑승했던, 그리고 학부 시절 교회 공동체와 대학 공동체 사이에서 방황하면서 정의로운 투쟁의 삶을 추구하지도 포기하지도 못했던 나는 그 학풍에 크게 영향을 받을 수밖에 없었다.

민중사학 혹은 그 영향을 받은 진보적 역사학의 시각에서 본 한국 근현대사 서술은 대략 19세기부터 시작된다. 원래 조선의 민란은 지방 관리들의 수탈이 가혹했던 지역의 백성들이 생존을 위해 납세를 거부하며 폭동을 일으킨 뒤 중앙정부의 처분을 기다리는 소극적·산발적인 사건이었다. 그러나 19세기에 들어서면 지방민의 정치적 봉기(1811년 홍경래의 난), 특정 지역을 넘어 광범위하게 확산된 농민반란(1862년 임술 농민 봉기) 등 그 성격과 범위 면에서 크게 확대되었다.

19세기 말이 되면 이러한 저항은 근대화의 흐름을 반영하여 대안성을 띠게 된다. 지방에서는 기존 권력을 대체하여 전근대 사회의 폐단을 나름대로 개혁하고자 한 농민 권력이 나타났고(1894년 갑오농민전쟁) 중앙에서는 근대적 지식인과 연대하여 중앙정부에 개혁을 압박하는 정치 시위가 실현되었다(1898년 만민공동회). 이는 피지배층의 저항이 근대적 국가권력에 의해 철저히 통제된 일본이나, 피지배층의 저항 역량이 근대화의 흐름과는 무관하게 발산되었던 중국과는 다른 모습이었다. 조선의 전통적인 지배층이 비정상화되어 더 이상 국가를 책임 있게 이끌어 갈 수 없었던 상황에서 피지배층들이 스스로 일어선 것이다. 그리고 이러한 주권적 저항은 국망 이후 독립운동과 3.1운동으로 이어졌다. 특히 3.1운동은 주권을 포기한 대한제국 황실과 일본 제국주의 식민정부라는 두 개의 비상정적 권력 대신 민초들이 스스로 국권 회복을 선언하고 나선 것이다. 이후 임시정부 수립으로 이어진다는 점에서 한국 근현대사 중 매우 중요한 사건이었다.

그러나 이러한 민중적 역동에도 불구하고 우리 민족은 스스로의 힘으로 독립을 이뤄 내지 못했다. 그 결과 일본을 패망시킨 미국과 소련의 냉전체제 속에서 한반도는 분단되었다. 그리고 분단된 대한민국은 반공주의로 기울어진 운동장 안에서 식민·독재 권력의 통치를 감수해야만 했다. 조선시대 말기와 일제강점기에 이은, 또 하나의 '비정상적 권력'의 출현이었다. 이에 한국 사회의 피지배층은 다시금 연대하고 저항하여 비정상적 권력을 대체하는 정상적 권력을 창출하기 위해 노력했다. 1960년 4·19혁명, 1965년 한일회담 반대 투쟁, 1980년 5·18 광주민주화운동, 1987

년 6월 항쟁, 2017년 탄핵 촛불 시위 등이 그 과정이며, 이는 곧 대한민국 민주주의의 역사이기도 하다.

물론 지금까지 설명한 이야기가 곧 민중사학 자체는 아니다. 원래 1980년대 나타난 민중사학에는 사회주의적인 역사 이론이 훨씬 더 강하게 개입되었다. 또한 분단 문제를 어떻게 이해할 것인가, 정확히 말하면 남북 관계를 어떻게 이해할 것인가를 놓고도 복잡한 논란이 있었다. 그렇기에 위에서 말한 역사 이야기는 민중사학이 학계와 사회에 확산되면서 그러한 이념적 터부(taboo)가 상당히 제거된 결과다. 하지만 그렇게 순화되었음에도 불구하고, 혹은 그렇게 순화되었기에 한국 현대사에 관한 진보적 역사 서사는 오늘날까지 한국 사회 다수의 지지를 받고 있다.

실제로 2010년 이후 출시된 한국 현대사 소재 영화들 중 역사 서사에 주목한 작품들을 보면, 보수적 서사를 다룬 영화는 〈국제시장〉(2014), 〈연평해전〉(2015), 〈인천상륙작전〉(2016) 정도를 들 수 있다. 반면 진보적인 역사 서사와 맥을 같이 하는 작품들은 〈남영동1985〉(2012), 〈변호인〉(2013), 〈1987〉(2017), 〈보통사람〉(2017), 〈택시운전사〉(2017), 〈남산의 부장들〉(2020), 〈이웃사촌〉(2020), 〈서울의 봄〉(2023) 등 작품 수와 관객 수 모든 면에서 더 우위를 차지한다. 게다가 소재는 조선 시대지만 실제로는 한국 현대사의 다양한 논쟁 주제들을 다루면서 진보적 역사관을 명확히 드러내고 있고 또 그렇게 소비된 바 있는 〈왕이 된 남자 광해〉(2012)까지 계산하면이 격차는 더욱 벌어진다. 세대 간 지역 간 갈등이 여전히 존재함에도 불구하고 학계에서뿐만 아니라 대중의 기호라는 영역에서도, 진보적 역사 서사가 한국 사회의 헤게모니를 장악하고 있으며 전 세계에 '한국적 역사 서사'로 알려지고 있다고 말할 수 있을 것이다.

## 진보적 역사학에 대한 성찰 1: 고통과 고통의 충돌 문제

그러나 위와 같은 진보적 역사 서사는 오늘날 학계에서도 사회에서도 여러 가지 반론에 부딪치고 있다. 물론 나도 그러한 고민과 내적 갈등을 겪어 온 사람 중 하나다. 특히 진보적인 역사 서사를 노골적으로 거부하는 가장 대표적인 집단이 바로 보수적인 개신교회다. 초등학생 시절부터 교회를 다녔던 사람으로서, 나도 진보적 역사 서사를 배우기 시작한 때부터 나름의 충돌이 없지 않았다.

나는 예전이나 지금이나 교회가 제시하고 있는 반공·보수적 역사 서사—현대사는 자유주의(대한민국)와 공산 전체주의(북한) 사이의 문명사적 충돌이며, 자유주의를 표방한 반공 세력이 아니었다면 한국은 지금의 경제적 번영을 누릴 수 없을 뿐만 아니라 적화통일되어 북한에 흡수되었을 것이라는—에 동의하지는 않는다. 정치적 성숙 없이는 경제적 성장도 말하기 어렵거니와, 반공을 내세운 독재자들이 표방한 '자유 대한민국'이란 자유주의 국가가 아니라 북한과는 또 다른 입장에서 전체주의를 지향하는 독재국가였다. 지금이야 대한민국과 북한 사이의 체제 경쟁은 완전히 종결되었지만, 해방 직후만 해도 한반도의 많은 사람들은 자유주의와 사회주의 사이에서 이념적 모색을 할 수밖에 없었다. 더구나 6·25 이후 체제 간 합리적인 대화가 불가능해진 상황에서 반공·보수 권력은 자신의 권력을 유지하기 위해 이념적 편향성을 부당하게 사용했다. 무엇보다도 현대의 결과를 가지고 과거를 살았던 사람들의 역사적 행위를 평가하는 것은 역사학적 태도가 아니다.

한편 보수적 개신교회의 구성원들과(그중에는 내 어머니도 있었는데) 진보적 역사 서사에 관해 무수한 논쟁을 반복해 오면서, 또 다른 질문이 내 안에 떠오르게 되었다. '왜 한국 사회의 다양한 집단들 중에서 하필 개신교회가 가장 극단적인 반공주의 서사를 지향해 왔을까?' 물론 널리 알려진 것처럼 한국 개신교회에 큰 영향을 끼친 미국 보수 개신교단들의 반공주의가 주요한 원인인 것도 사실이다. 그러나 그 못지않게 중요한 원인은 '공산주의 세력에 직접 피해를 당한 경험'이 아닐까 생각한다.

나는 개인적인 이유로 대중 강의를 많이 하는 편인데, 2023년 1학기에는 교회 권사들과 사모들을 대상으로 한국 근현대사 강의를 한 적이 있다. 그 강의를 가장 열심히 수강했던 한 사모는 어렸을 때 전라도 지역에서 빨치산의 습격으로 교회가 파괴되고 가족과 교인들이 살해되는 경험을 했던 분이다. "공산주의는 지금도 절대로 용납할 수 없고 반공주의를 철저히 강화시켜야 한다"는 그분의 주장을 반박할 논리는 많았지만, 그분의 고통에 해 드릴 말은 나에게 없었다. 그러한 박해와 학살의 경험이, 해방·분단·내전을 거치면서 한국 교회의 역사 속에 무수히 새겨진 것이다.

그런 점에서 한국의 진보적 역사 서사와 보수적 역사 서사에는 뚜렷한 공통점이 있다. 4·19를 촉발한 김주열 살해 사건, 1970년대 '민주적 노동운동'의 계기가 된 전태일의 분신, 1987년 6월 항쟁의 도화선이 된 1980년 5·18의 학살, 그리고 박근혜 탄핵 촛불집회의 출발점이 된 세월호 사건까지. 부당한 권력에 의한 피해자를 바라보며 느끼는 연민과 부채감, 그리고 함께하는 분노는 한국 진보적 역사 서사에 생명력을 부여하는 중요한 요인 중 하나였다.

그런데 보수적 역사 서사의 근원에도 분단 직후 북한 지역에서 벌어진 교회를 향한 배제와 폭력, 빨치산 피해, 6·25 남침과 연이은 도발, 최근에는 천안함 폭침과 연평도 포격까지 이어지는 연이은 피해의 경험이 있다. 그 역사적 감정이 생성되고 작동하는 방향은 틀리지만, 삶이 찢기고 목숨이 희생되는 경험이 역사 서사 형성의 동력이 되는 방식은 양측이 동일하다. 그런 의미에서 역사 서사의 충돌이란, 팩트와 논리를 갖고 하는 경쟁 이전에 고통과 고통의 충돌이다. 그리고 진보적 서사를 향해 반공·보수 세력이 보여온 명백한 '증오'는, 물론 그들의 무지와 편견 때문일 수도 있겠으나, 사실 그 세대가 집단적으로 공유해 온 어떤 고통의 기억이 무시되거나 심지어 조롱당했기 때문이다.

나는 내가 속한 세대와 집단의 특성상, 공산주의 세력이 자행한 폭력에 의한 고통보다는 반공·보수 권력이 저지른 폭력에 의한 고통에 더 깊이 공감한다. 그러한 감정 위에 한국 현대사를 바라보는 나의 역사관을 구축했다. 하지만 공산주의 세력이 자행한 폭력에 의해 한국 교회를 포함한 한국 사회 다수가 겪어야 했던 고통에는 합당한 예의와 존중을 표해야 한다고 생각한다. 반공주의의 기억 안에 뒤섞여 있는 권력자와 피해자라는 상반된 정체성을 어떻게 구분해 낼 것인가. 그리고 피해자가 겪어 온 두려움과 분노의 감정들에 어떻게 공감할 수 있을 것인가. 그러한 역사적 태도를 견지해야만 역사 속 피해자들을 진심으로 존중하며 사회의 공론장 복원에 기여하는 역사 서사를 만들어낼 수 있으리라 믿는다.

## 진보적 역사학에 대한 성찰 2: 선악 이분법의 한계

위에서 설명한 진보적 역사 서사의 원형인 민중사학은 명확한 선과 악의 이분법적 구도를 상정했다. 구한말 봉건적·매국적 권력 → 일제강점기 친일적 권력 → 해방 이후 반공·독재적 권력으로 이어지는 지배 권력은 악이고, 그에 대항하는 피지배 세력은 선이다. 세부적인 이념 지향에 따라 그 구도의 경계는 조금씩 달라졌지만, 기본적으로 진보적 역사 서사들은 명확한 선악 이분법을 전제로 한다(물론 이것은 보수적 역사 서사들도 마찬가지다). 그리고 이러한 이분법적 역사 서사는 그대로 정치적 실천에도 영향을 미쳤다. 그 결과 진보를 표방하는 한국의 정치 세력들은 반공·보수 정치를 지향하는 세력을 악으로, 진보 정치를 주장하는 자신들을 선으로 규정하는 데 별로 주저함이 없었다. 이러한 경향은 1980년대 민주화운동 세력, 소위 386세대(2025년 현재는 586세대)가 정치권에 들어온 이후 더욱 강화되었다.

그러나 이러한 선악 이분법적 역사 서사는 손쉽게 부정될 수밖에 없다. 우리는 민중이 결코 선하기만 한 존재가 아님을, 어떤 인간도 본질적 대안이 될 수 없음을 잘 알고 있다. 예를 들어 진보적 역사 서사에서 피지배 세력의 대안적 저항 사례로 자주 제시되어 온 1894년 갑오농민전쟁의 경우, 농민 세력들의 반봉건적 저항이라기보다는 봉건적 권력과 제휴하여 생존을 도모하려는 농민들의 자구적 노력이라는 해석이 제기된 바 있다. 무엇보다도 당시 농민군 중 상당수가 대한제국기 대표적인 친일 세력인 일진회에 가입해 활동했다는 사실은, 선한 피지배 세력과 악한 지배 세력의 대결로 역사를 이해하는 시각의 약점을 분명히 보여 준다.

이러한 점은 학문의 영역보다 현실 정치의 영역에서 더 두드러진다. 1970-1980년대 민주화 운동에 참여했던 세대는 1990년대 김영삼·김대중 정권 때부터 중앙 정계에서 정치 세력화되기 시작했다. 이들은 민주화운동 세력으로서 축적한 도덕성을 앞세워 반공·보수 세력과 경쟁해 왔으며, 자신들과 반공·보수 세력의 관계를 선악 이분법으로 해석하고 주장했다. 2003년 노무현 정권 당시 신진 세력으로서 집권에 성공했으나 곧 '폐족'이 되어 버린 그들은 2018년 문재인 정권 수립 이후 반공·보수 세력과 함께 한국 사회의 양대 집권 세력으로 부상했다. 2017년 박근혜 정권의 소위 '국정 농단' 사태가 그들의 선악 이분법적 세계관의 유력한 논거가 되었기 때문이다.

그러나 집권 및 통치 과정에서, 정도의 차이는 있을 지언정, 그들 또한 기득권에서 자유롭지 못하다는 것은 이미 드러났다. 조국 전 법무부장관 사태를 통해서도 알 수 있듯이 지금의 MZ세대에게는 반공·보수 세력이나 586 민주화 세력이나 똑같이 기득권 세력일 뿐이다. 오히려 기득권을 내려놓지 않으려고 하면서 위선적 도덕성을 내세우려고 하는 민주화 세력의 행태가 젊은 세대들에게 외면받는 측면이 있음도 부인할 수 없다. 진보적 역사 서사의 중요한 동력이었던 '반공·보수 권력의 폭력과 무고한 시민 대중의 저항'이라는 이분법이 약화된 것이다.

현실 정치에서의 이분법이 약화되었을 때, 진보적인 정치 세력이 자신들의 도덕적 우위를 지키기 위해 사용한 유력한 수단 중 하나가 바로 역사다. 한국 근현대사의 중요한 사건들 중에는 일본군위안부 및 강제징용 노동자분들, 제주4·3 피해자들, 6·25전쟁 당시 피해자들, 5·18 피해자들 등 여전히 피해 당사자분들이 살아계신 경우가 있기 때문에 역사 왜곡을 바로잡고 폭력의 기억을 위로하는 것은 명백히 필요한 일이다. 다만 역사 해석과 실천의 영역에서도 선악 이분법에서 자유롭지 못한 경우가 있다. 가장 대표적인 것이 2023년 갑자기 부각된 홍범도 흉상 철거 문제다.

2018년 문재인 정부는 홍범도, 김좌진, 지청천, 이회영, 이범석 등 일제강점기 독립군 지휘관들의 흉상을 육군사관학교 교정에 세우고 2021년에는 홍범도 장군의 유해를 카자흐스탄에서 송환하여 국립묘지에 안장했다. 그러나 대한민국 군대는 사실상 백선엽 등 일제강점기 일본군 경력자들을 중심으로 창설된 조직이다. 그렇기에 6·25전쟁 당시 공산주의 세력과의 전투야말로 한국군이 제시하는 자기 정통성의 근거다. 그런 의미에서 문재인 정부의 홍범도 장군 선양 사업은, 반공 보수를 자신들의 이념적 기준으로 여전히 고수하고 있는 군부에 대한 역사적 공격이었다. 그리고 윤석열 정권 출범 이후 육군사관학교는 홍범도 장군의 소련 공산당 가입 경력을 문제 삼아 2023년 8월에 육사 내 홍범도 흉상을 철거하려고 시도했다. 문재인 정부의 역사 공격에 대한 반

격인 것이다.

　그러나 이 싸움에서 반공·보수 세력은 제대로 된 성과를 거두지 못했다. 70퍼센트에 가까운 국민이 홍범도 장군의 흉상을 철거하는 것을 반대했고 역사학계에서는 논쟁조차 되지 못하는 것이 현실이다. 하지만 그렇다고 해서 홍범도 장군의 유해를 한국에 송환하고 그 흉상을 육사에 세우는 것에 아무런 문제가 없다고 할 수만은 없다.

　홍범도 장군은 일평생 민족의 독립을 위해 헌신해 왔고, 소련 공산당 가입 신청서에도 자신의 직업을 의병으로, 희망을 고려 독립으로 기입했으며, 그 가족까지 독립전쟁 과정에서 희생될 정도로 뼛속까지 민족주의자다. 그런 그가 과연 분단된 대한민국에 귀속되어 동족상잔의 역사에서 자유롭지 못한(물론 이것은 북한 인민군도 마찬가지다) 대한민국 국군의 선배로서 존숭되기를 원했을까? 분단된 남북한 어느 쪽도 선택할 수 없어 제3국행을 택했다가 스스로 바다에 몸을 던진 소설 〈광장〉(최인훈, 1960)의 주인공처럼, 마찬가지 이유로 사실상 무국적자나 다름없는 '조선적'을 여전히 유지하고 있는 재일 조선인들처럼, 홍범도 장군에게 대한민국 국적을 강요하는 것은 일종의 역사적 폭력이 아닐까?

　현대 한민족의 역사는 남한과 북한이라는 두 영역에 제한되지 않으며 훨씬 더 넓고 다양한 변주를 보이고 있다. 그것을 굳이 대한민국 안으로 제한하는 것이 과연 역사를 더 정확하게, 올바르게, 풍부하게 볼 수 있는 방법일지 의문이다. 결국 한국의 진보적 정치 세력이 반공·보수 세력과의 역사 경쟁에서 우위를 점하기 위해 홍범도의 역사를 무단으로 전유함으로써 도리어 역사 해석의 가능성을 좁히고 사회적 공론장을 스스로 닫아 버린 결과를 가져온 것은 아닐지 의문을 제기해 본다.


## 역사에 합당한 '간격' 되찾기


투쟁과 저항의 시대와는 달리, 오늘날은 누가 선이고 누가 악인지를 구분하기가 훨씬 어려워졌다. 한국 사회의 여러 분야가 변화되어 왔기에, 저항에 대한 고민 자체가 시대에 뒤떨어진 것처럼 보일 수도 있다. 그러나 성경의 표현을 빌면 해 아래 새 것은 없으며, 인류는 죄의 문제를 손톱만큼도 극복하지 못했다. 가난한 자와 고아와 과부를 배제하고 희생시켜 탐욕을 실현하려는 모습은 언제든지 나타날 수 있다. 과거와 차이가 있다면, 악한 권력을 행사할 수 있는 가능성이 훨씬 더 많은 이들에게 주어졌다는 것뿐이다.

이러한 시대에 그리스도인들이 역사를, 특히 현대사를 바라볼 때 갖춰야 할 태도는 무엇일까? 그동안 한국 사회의 진보·보수 양 세력들은 자신들의 입장을 주장하기 위해 한국사 속 역사적 사건들에 대한 나름의 해석을 근거로 제시해 왔다. 이는 그리스도 인들도 마찬가지였는데, 특히 진보·보수를 막론하고 자신들이 만든 역사 서사를 '역사를 향한 하나님의 뜻'이라는 어마무시한 제목으로 제시해 왔다. 가뜩이나 폭력과 피해와 희생으로 얼룩져 토론의 대상이 되기 어려운 한국 현대사는 신학적 해석과 연동되면서 교회 안에서 더더욱 신성불가침한 그 무엇이 되어 버린 느낌이다.

그러나 해 아래 죄 없는 사람이 없기에 그 누가 만들어 낸 역사 서사도 완전하지 않다. 그리스도인들은 완전하신 하나님과 불완전한 인간 사이의 간격이 얼마나 까마득한지 알며, 그럼에도 불구하고 하나님의 뜻을 알고 실천하기 위해 노력해야 함을 아는 사람들이다. 선을 위해 악과 싸우는 것은 하나님께서 우리에게 명하신 일이며, 우리의 양심을 자유하게 하여 지극한 기쁨을 누리게 하는 행위다. 하지만 이 과정에서 스스로를 선으로, 상대를 악으로 규정하는 행위는 하나님의 말씀에 순종하는 것과는 가장 거리가 먼 행위다. 진보의 입장에서건 보수의 입장에서건.

투쟁의 전선이 선명했던 시절은 인간의 죄악과 하나님의 은총이 어우러져 찾아온 일종의 가슴 아픈 축복의 한 때다. 그리고 그 전선이 희미해진 지금, 우리는 역사와 현실 사이에 마땅히 있어야 할 간극을, 다시 상기해야 한다. 그랬을 때에 역사를 향한 하나님의 말할 수 없는 뜻을 진정 이해할 수 있는 출발점에 비로소 설

수 있으며, 역사를 통해서 오늘날 사회에 절실히 필요한 공론장을
제공할 수 있으리라 생각한다.

# 역사 없는 사람들을 위한 역사

강성우

강성우 동아시아학 전공

어려서부터 책을 좋아했다. 공부의 방향을 잡지 못해 방황하다가 인격적으로 하나님을 만난 후 유학길에 올랐다. 캐나다와 영국에서 유학하며 동아시아학을 전공해 학위를 취득했다. 박사학위 취득 후 독일과 영국에서 연구원으로 일했으며 현재 충남대학교 국제학부 교수로 재직 중이다. 세계 각국에서 유학하고 연구하면서 다양한 학문 풍토와 문화를 경험했고, 역사의 거대 서사 속에 감추어진 소소한 삶의 모습을 발굴하는 일에 관심을 두고 연구한다.《개항기 인천의 문화접변과 시각적 모더니티》(보고사)를 포함한 다수의 논문과 책을 펴냈다. 최근 연구 주제를 확장하여 공저인《세계평화개념사》(인간사랑) 등 평화학과 역사와 기억의 문제에 대한 연구도 진행하고 있다.

## "비전 없어도 괜찮아요"

어렸을 때부터 교회 생활을 열심히 하였던 나는 "비전 없는 사람은 망한다" "큰 꿈을 가져라"와 같은 메시지를 귀에 못이 박히도록 들으며 살아왔다. 비전을 가져야 하고 큰 꿈을 가져야 성경에 나오는 인물들처럼 홍해를 가르고, 백성들을 이끄는 역사의 주인공이 된다고 들으며, 마음으로는 동의하고 그렇게 사는 삶을 꿈꾸기도 했다. 하지만 때로는 성경에 나오는 영웅들의 모습에 자신을 투영하기에는 너무도 부끄러운 나의 모습에 절망하기도 하고 무기력함을 느끼기도 했다. 특히 갓 성인이 된 평범한 청년에게 원대한 꿈이라는 것이 너무 막연했고, 현실이라는 벽에서 어찌할 바를 모르고 길을 잃어버리는 경험을 하기도 했다.

꿈을 가지고 싶고 비전을 가지고 싶지만 남들보다 뛰어나지 않았고, 체력도 부족했고, 다른 사람을 이끌 만한 리더십도, 사람들을 끌어당길 만한 매력도 없었던 나였기에, 큰 꿈이나 비전은 사치처럼 느껴졌다. 오히려 큰 꿈을 꾸는 것은 헛된 바람을 가진 몽상가의 망상처럼 느껴지기도 했다. 그저 그렇게 꿈도 희망도 없이 좌충우돌하고 있었던 나는 어디로 가야 할지 알지 못한 채 무기력하게 잉여 인간처럼 하루하루를 소비하며 자아를 찾기 위한 몸부림을 치고 있었다.

하나님은 그때 교회 공동체를 통해서 나에게 찾아오셨다. 공동체의 많은 믿음의 선배들은 나에게 "꿈을 가져라" 혹은 "비전을 가져라"라는 구호를 되뇌는 것이 아니라 따뜻하고 포근하게 좌충우돌하는 모습 그대로를 인정해 주고, 귀 기울여 주었으며, 보잘것없는 나의 삶에 관심을 기울여 주었다. 그때는 무엇이 그렇게 신이 났는지 특별한 꿈 이야기나 비전에 대한 것이 아닌 시시콜콜한 삶의 이야기들을 늘어놓곤 했다. 돌이켜 보면 내가 나누었던 이야기들은 특별히 흥미롭지 않은 그저 그런 이야기였을 텐데, 믿음의 선배들은 그 자리에서 묵묵히 나의 이야기를 들어 주었다. 그들은 내가 어디에 있고, 어디로 가고 있는지보다 그저 나의 삶자체로 하나님이 기뻐하신다는 사실을 나누며 잠잠히 기다려 주었다. 공동체와의 만남을 통해 나의 삶은 조금씩 풍요로워지기 시작했다.

공동체 속에서 함께 말씀을 읽으면서 나는 스스로를 새롭게 발견하고, 동시에 소외되고 약한 사람들에게 귀를 기울이시는 하나님을 새롭게 발견하게 되었다. 민족의 지도자가 되는 많은 영웅의 모습 속에 가려져 있던 연약한 모습은 물론 가난하고, 소외되고, 어느 누가 돌아봐 주지 않을 것 같은 이들에게 찾아가신 하나님을 말이다. 그리고 그 하나님은 너무도 평범하고 내세울 것 하나 없는 나에게도 다가오셨다. 나는 내가 어디로 가야 하는지 알지 못했지만, 믿음의 선배들이 나에게 섬김으로 말해 준 것과 같이, 나 같은 평범하고 약한 사람들에게 "원대한 꿈이 없어도 괜찮아요. 홍해를 가르는 비전이 없어도 괜찮아요", "당신 그대로의 모습이 아름답습니다"라고 말하고 싶었다. 어쩌면 꿈이 없고, 비전이 없어 걱정하는 사람들에게 "나도 당신과 다르지 않았어요" 고백하고 싶었고, 오히려 "하나님은 여전히 평범한 당신을 통해 역사를 이루어 가고 싶어 하세요"라고 말하고 싶었을지도 모르겠다. 평범한 이를 들어 하나님의 원대한 계획을 이루어 가시는 하나님을 발견한 후, 나의 삶의 주인은 더 이상 내가 아니었다. 나의 꿈과 비전의 주인도 내가 아니라는 것을 알게 되었다. 그때부터 무엇인가 하고 싶어졌고, 나의 삶에 새로운 길들이 열리기 시작했다. 나는 긴 방황을 끝내고 결국 학문의 길로 들어서게 되었다.

## 학문의 길에서 만난 은인들

역사학에서 장삼이사 필부필부와 같은 평범한 사람들의 삶을 추적해 나가기는 쉽지 않은 과정이다. 그런데도 나는 어떻게 연구자로서 평범한 사람의 삶을 추적해 나가게 되었는가? 학문의 길에서 만난 은인들을 통해서 성장해 갔다고 할 수 있다. 그들이 반면교사든 진면교사든 간에 그 은인들은 나의 삶을 학문에 관한 관심으로 연결해 주었다.

먼저 일본의 극우적인 사상을 가진 일본인 교수가 떠오른다. 그와의 만남은 연구자로서 나에게 중요한 자극제로 작용했다. 그는 한·일 관계와 중·일 관계에서 논란이 될 만한 역사적인 사건들(남경대학살, 위안부 문제, 독도/다케시마 문제, 동해/일본해 문제 등)을 일본 편향적인 시각으로 바라보고 있었다. 당시 나는 그의 학문적 아성에 한참 부족한 학부생이었지만, 그에게 학문적인 도전을 하고 싶었다. 피해국의 청년으로 피해자의 시각을 대변하고 싶은 마음도 들었다. 나는 그가 가르쳐 준 학문의 방식과 논리로 '식민지 근대'의 허구성에 대한 리포트를 제출하기도 했고, 강의 이후에 따로 찾아가 일본의 이웃 국가에 대한 사과 여부, 일본 평화헌법에 관한 문제, 그리고 일본군위안부 문제와 강제징용된 조선인 노동자들에 관한 문제, 그리고 B급 전범이 된 조선인들과 관련된 문제들을 놓고 토론하면서 진정한 의미의 공부를 할 수 있었다. 학문하는 태도와 논리력을 그때 갖추게 되었다. 그리고 교수와의 논리적인 대화를 위해 공부하면서 역사의 희생자가 된 사람들이 경험한 식민지와 근대, 역사적 관점에 대한 인식의 폭을 넓힐 수 있었다. 이와 같은 경험은 이후 나의 연구를 발전시키는 동력이자 바탕이 되었다.

또한, 학부에서 관심 영역을 다양하게 확장하는 가운데 이라크

출신의 교수와 중동의 역사를 공부한 경험은 다른 측면에서 큰 자양분이 되었다. 그 교수는 중동 주요 국가들의 근대화 경험과 서구의 식민지적 확장을 미시적인 입장에서 접근하면서 논리를 전개하는 강의 방식을 택했다. 근대화 가운데 서구의 영향을 받으며 국가가 나누어지고 전통적인 공동체의 붕괴를 경험한 중동 사람들의 이야기를 담은 구술 자료와 중동 문학(literature)을 학생들에게 읽혔고, 우리는 그 안에 그려진 역사적 사건들에 대한 다양한 관점을 배울 수 있었다. 특별히 9·11 테러로 촉발된 2003년 이라크 전쟁을 다룰 때는, 자신의 경험과 함께 강대국인 미국이 아닌 이라크의 입장에서 이 전쟁을 어떻게 해석하는지를 나누기도 했다. 그는 자신의 시각 또한 하나의 시각일 뿐 유일한 것은 아니라는 것을 강조하면서 역사를 해석하는 데에는 다양한 시각이 있음을 설명해 주었다. 그의 태도와 방법론 등을 통해 나는 역사를 한 방향에서만 해석하는 관념에서 벗어나 중층적 인식과 사고의 확장을 경험할 수 있었다. 또한, 그는 나에게 미국과 유럽 중심의 역사 연구가 아닌 본국 중심의 역사 해석이라는 새로운 길을 제시해 주었고, 피해국의 연구자로서의 동질감도 가지게 했다.

그러던 중에 대학 졸업반이 되어 북미에서 가장 큰 선교대회인 어바나선교대회(Urbana Student Mission Conference)에 참여하게 되었다. 선교대회의 주제는 사도바울이 감옥에서 에베소에 있는 기독교인들에게 전한 "여러분이 부르심을 받았으니 그 부르심에 합당하게 살아가십시오."(Live a life worthy of calling you have received, 엡 4:1 하, 새번역)라는 구절이었고, 말씀과 나눔 가운데 진로를 두고 진지하게 고민하는 시간을 가졌다. 특별히 선교대회 중에 일본에서 온 기독 학생들이 과거의 식민지 역사에 대해 한국 학생들에게 사과하는 행사가 생각난다. 행사 이후에 일본 학생들과 한국 학생들 간 만남의 자리가 마련되어 일본인들과 다양한 이야기를 나눌 기회를 얻었다. 그런데 일본인들과 대화를 나누면서 앞서 그들이 한 사과는 깊은 역사적 인식과 이해를 바탕으로 이루어진 것이 아니라는 충격적인 사실을 알게 되었다. 일본 학생들은 일본이 한반도를 식민지로 강점(強占)했다는 것은 알았지만, 실제로 일제강점기에 어떤 침탈과 유린이 이루어졌는지는 잘 모르고 있었다. 당시 일본 학생들의 사과가 진심에서 나온 것이 아니었다는 말을 하려는 게 아니다. 오히려 그들의 역사 인식 수준을 자각함으로써 역사를 바로 알고 가르쳐야 한다는 책임감을 느끼게 되었다는 말이다. 이러한 과정을 통해서, 나는 평범한 사람들과 사회적인 약자, 그리고 역사의 피해자를 중심에 두고 연구하는 것에 대한 필요를 느꼈고, 주류 역사 연구가 놓치고 있는 부분에 대한 담론을 개발하는 것을 주요 관심 주제로 삼게 되었다.

영국에서 석사와 박사과정을 밟으며 보낸 시간은 학문적으로 준비되는 과정이었을 뿐 아니라 학문과 기독교적 사상을 연결하려는 영국의 기독 지성인들과 교류하고 훈련받을 수 있었던 시간이었다. 놀랍게도 석사과정을 시작한 2007년부터 내가 속한 학교의 크리스천 교수들이 '기독교적 지성 개발 과정'(Developing a Christian mind course)을 개설하였고, 나는 그 과정에 참여하여 자연스럽게 기독교계의 석학으로 불리는 도널드 헤이(Donald Hay, 경제학), 알리스터 맥그래스(Alister McGrath, 과학과 신학), 일레인 스토키(Elaine Storkey, 사회학), 존 레녹스(John Lennox, 과학과 신학) 등의 학자들과 교류할 기회를 가질 수 있었다. 이들과의 만남은 '크리스천 학자는 어떻게 자신의 학문 세계와 기독교 신앙·신학을 연결하면서 구체화할 것인가'라는 질문을 던졌다. 그때 형성된 문제의식들은 나의 연구와 신앙을 연결하는 중요한 바탕이 되었고, 학문의 길에서 내가 정체성을 명확하게 하고 나아갈 방향을 성찰하도록 이끌었다.

## 역사 없는 사람들을 위한 역사

학문의 길에서 내가 주목한 화두는 '역사 없는 사람들을 위한 역사'였다. 역사는 종종 승자에 대한 기록으로 인식된다. 역사의 주인공은 소위 강자와 엘리트들이며, 그들의 서사만이 역사의 기록으로 남아 있기도 하다. 주류 역사학계가 여전히 거대 서사에 천착하는 것은 사실이다. 하지만 역사는 결국 수많은 사람의 이야기가 중첩되어 이루어진다. 일반적으로 역사학자들을 포함한 대부분의 사람은 거대한 역사적인 변화에 민감하게 반응한다. 하지만 정작 급변한 시대를 몸소 살았던 평범한 사람들의 이야기에는 둔감했다. 이에 대한 반성으로 역사학은 사회학, 인류학, 민속학 등의 다양한 학문과 함께 통섭 되면서 '거대 서사'(grand narrative or master narrative)의 역사 속에서 이름을 갖지 못한 대상들의 가치를 재발견하는 것에 관심을 갖기 시작한다. 다양한 학문적 통섭과 융합을 통해 역사학계는 '역사 없는 사람들'(people without history)에 주목하게 되었고, '인간의 얼굴을 한 역사'(history with human face)를 발견하게 된다.[1] 나의 관심은 이러한 새로운 학계의 움직임과 같은 결에 서 있다. 나는 역사 속에서 나와 같이 평범한 사람들의 삶을 발견하고, 거대한 변화 속에서 그들이 무엇을 선택하고 도전했으며, 어떤 희망을 품고 좌절을 겪었는지 등 평범한 사람들의 삶 속에서 벌어진 일상의 변화를 연구하는 데 집중하게 되었다.

이와 같은 연구는 1970년대 중반부터 독일학계에 알프 뤼트케(Alf Lüdtke)와 한스 메딕(Hans Medick)과 같은 학자들이 일상의 역사(Alltagsgeschichte)에 주목한 것에서 시작되었다. 일상에 관한 관심은 새로운 방법론으로 1980년대 초반 학계뿐 아니라 박물관과 전시회, 성인 교육, 정부의 지역 문화 진흥 사무소에서 개설하는 프로그램들은 물론 언론, 지역 출판사, 지역 연구자들에게까지 폭넓게 수용되었고, 결과적으로 우리는 진정한 의미에서 인식의 확대와 발전을 경험하게 된다.[2] 같은 맥락에서, 1970년대에 미국 인류학계에서는 문화 다원주의의 지정학적인 분석을 통해 빅토리아 시대의 유럽 인류학 전통을 극복하려는 시도가 일어난다. 문화 다원주의라는 패러다임을 적용한 프란츠 보아스(Franz Uri Boas)와 그의 방법론을 따르는 보아스 학파의 연구자들은 인류학적 전통을 바탕으로 일상을 살아가는 사람들의 이야기를 사회와 역사를 해석하는 중요한 개념으로 적용하였고, 이는 인류학과 역사학을 통섭하는 방법론으로 자리매김한다. 이에 사이먼 브로너(Simon Bronner)는 프란츠 보아스의 연구를 문화 상대론(cultural relativism)을 통해 개인의 문화적 통합뿐 아니라 문화 속에 개개인을 강조하는 데 기여했다고 평하기도 했다.

결국, 일상 속에서 찾은 역사는 개인과 가정, 마을이라는 작은 단위에서 경험한 역사적인 흐름에 주목하는 것이다. 역사를 공부하면서 결국 우리의 평범한 일상 속에서 벌어지고 있는 여러 사건이라는 '날줄'과 그 사건들에 끊임없이 도전하고 응전하는 사람들의 이야기를 '씨줄'로 엮어 하나의 서사로 만드는 과정이 바로 역사학이라는 사실을 알게 된다. 앙리 르페브르(Henri Lefebvre)의 말을 빌리면, 세상의 변화는 사회적 욕구와 개인적 욕망이 충족되는 과정을 통해 일상의 변화가 성취되는 것이라고도 할 수 있다.[3] 다시 말하면, 일상 문화를 소재 삼는 것은 역사 연구에서 주변적이고 부차적인 세부 주제처럼 보이지만, 결국 평범한 사람들이 경험하는 작은 변화들이 어떻게 거대한 역사에 균열을 내고, 역사의 물줄기를 이끌어 가는가에 주목하는 것이다.

과거에는 역사 속에서 소외된 자들에게 관심을 가지는 연구는 거대 담론을 중심으로 하는 일반적인 연구에 대조적인 개념으로만 이해되었다. 그런데 사회의 계급 관계에 주목하는 서구 마르크스주의(Marxism)의 하위 계층인 프롤레타리아 연구나 식민 지배 이후의 시대에서 식민주의 논리의 근거가 되는 가정들을 반대하고 오히려 피식민자들에게 주목하는 포스트 식민주의(postcolonial), 개개인의 권리를 존중하는 자유주의적 전통(liberal traditions)과 결합하면서 담론의 장이 확대되었다. 예컨대, 호미 바바(Homi Bhabha)는 포스트 식민주의 이론에서 '서발턴 혹은 마이너리티 담론'(subaltern or minority discourse)의 문화적 정체성과의 관계를 설명하면서 "국가적인 문화와 사람들의 모습이 사회적 약자(마이너리티)를 통해서 논쟁의 장으로서 드러난다"라고 말한다. 이는 포스트 식민주의에서 사회적인 약자, 곧 역사 없는 사람들을 위한 담론과 결합하는 양상에 하나의 시각을 제시한다고 볼 수 있다. 다시 말하면, 평범한 사람들은 탈식민화의 서발턴(억압당하는 하층민)이나 소수자와 동의어처럼 사용될 수 있다는 것이다.[4] 이는 소위 학문의 식민화(intellectual imperialism)라고 불리는 서구 중심의 역사 인식에서 벗어나 새로운 길을 찾는 방법론과 담론의 발전과도 맥을 같이 한다.[5]

하지만, 평범한 사람들에 관한 연구에서 가장 문제가 되는 것은, 사료가 부족하다는 점이다. 역사 서술은 사료(primary sources)를 통해 그 당시의 벌어진 일들을 추적하는 것을 기본으로 하는데, 평범한 사람들에 대한 기록은 제한적일 수밖에 없기 때문이다. 너무도 당연한 이야기일 수는 있겠으나, 역사 속에서 기록의 형태로 우리가 얻을 수 있는 정보를 남긴 대부분은 소위 당대의 경제, 사회, 문화적 엘리트들이었다. 그렇기 때문에 평범한 사람들의 삶을 추적하기 위해서는, 당대 여러 가지 사료와 씨름을 해야 하고, 기록 이외의 다양한 사건들에서 다양한 목소리들을 찾아 귀를 기울일 수밖에 없다. 그뿐만 아니라 당시 출간되었거나 그 시대를 배경으로 하는 소설과 같은 여러 가지 이야기 속에서 그 시대를 경험한 사람들이 바라본 당대의 모습을 재구성할 필요도 있다.

결국, 평범한 사람들의 흔적을 추적하여 역사를 서술하는 과정에는 다양한 상상력이 필요하다. 어렸을 때부터 들어왔던 이야기로서의 성경은, 내가 사회 속에서 자신의 목소리를 낼 수 없는 사람들과 역사가 주목하지 않는 사람들이 어떤 삶을 살았고, 살아가는지 연구할 수 있는 원동력이 되어 주었다. 또한 역사를 연구하는 방식에서 다양한 자료들을 파고들면서 이야기를 재구성하고 학문적으로 발전시킬 수 있는 바탕이 되었다.

이와 같은 인식을 토대로 나는 일본 제국주의가 시작되었던 식민지 초기에 자본을 가지고 조선의 개항장에 입국한 일본인을 포함한 외국인들과 한국인들의 관계를 중심으로 연구 주제를 설정했고, 당시 일상에서 중요한 수도와 위생, 철도와 교통수단, 생산구조와 산업의 변화, 지역의 발달과 주거 공간의 변화 등 다양한 소재로 연구를 확장하고 있다.

## 성경과 역사를 보는 관점

성경의 이야기를 들으며 자라온 나는 역사학자가 되기 이전부터 이야기에 관심이 많았고, 특별히 평범한 사람들 대한 관심이 많았다. 역사학자로 훈련되고 준비되는 과정에서도 성경을 읽어가면서 그 속에 등장하는 평범한 사람들의 이야기에 주목하게 되었다. 성경은 당대의 평범한 사람들뿐 아니라 사회적으로 발언권조차 없었던 약자인 이방인(나그네), 고아, 과부에 끊임없는 관심을 표한다. 또한, 이방 나그네를 압제하지 말며 과부나 고아를 해롭게 하지 말라고 말씀하신다. 만일 그들을 해롭게 하여 그들이 하나님께 부르짖으면 하나님께서 반드시 그 부르짖음을 들으시겠다고 하셨다. 하나님은 그 시대에 가장 연약하고 압제를 받기 쉬운 위치에 있는 자들의 목소리에 귀를 기울이고 계셨다. 다른 말로 하면 당시 역사에 남을 만한 기록이 없는 사람들의 삶과 일상에 관심을 가지고 그들의 목소리를 들으셨다는 것이다.

인문학의 길에서 성서를 만나다

사람의 몸으로 이 땅에 오신 예수님은 또 어떠셨는가. 예수님은 당시에 차별받았던 세리와 사마리아 여인의 이야기를 들으셨고, 문둥병자들과 귀신들린 자들, 혈루병에 걸린 여인을 고쳐 주셨을 뿐만 아니라 그들과 이야기를 나누셨다. 그뿐 아니라 음행하다가 현장에서 붙잡힌 여인과도 대화하셨다. 다시 말하면, 그들의 삶에 들어가셨다고 말할 수도 있다. 비록 예수님처럼 사회적으로 소외된 자에게 소망을 줄 수는 없을지 모르지만, 적어도 예수님의 마음으로 그들의 삶에 들어가 그들의 목소리에 귀를 기울이고 관심을 가질 수는 있다.

그리고 성경을 읽다 보면, 우리와 같은 평범한 사람들을 자주 발견할 수 있다. 가장 대표적인 인물이 모세다. 하나님께서 이스라엘을 이집트에서 구해 내실 때 지도자로 택하신 모세는 지극히 평범하고 연약하며 평범한 우리들의 모습을 하고 있다. 하나님이 모세를 부르셨을 때, 그는 하나님의 부르심에 대한 표적을 계속해서 요청하고, 자신이 간다고 할지라도 이스라엘 백성들이 자신을 믿지 않을 것이라는 핑계를 대면서 부르심을 피하려고 했다 (출 3:1-22). 이는 모세가 하나님의 말씀에 순종하고 싶지 않아서 그런 게 아니었을지도 모른다. 어쩌면 우리와 같은 평범한 사람에게 역사를 바꾸는 변화의 한복판에 나아가라는 명령은 변화에 대한 막연함이나 두려움으로 다가올 수밖에 없다. 모세가 보여 주는 주저함과 연약함은 빠르게 변하는 세상에서 주인공이 되기보다는 변화를 거부하거나 피하면서 현실에 안주하고 싶은 나의 모습과 다르지 않다. "보낼 만한 자를 보내라"(출 4:13)라는 모세의 고백은 '내가 앞장서도 되는가', '내가 그럴만한 자격이 있는 사람인가', '내가 깃발을 들고 사람들에게 소리친다고 따라오겠는가' 하고 묻는 나와 같은 평범한 이들의 소심한 두려움이자 현실적인 인식일 수도 있다. 모세의 약함은 우리의 약함과 크게 다르지 않으며, 그의 고백은 우리의 고백이기도 하다. 그의 약함과 결점에도 불구하고 하나님은 그를 사용하셔서 출애굽의 역사를 이루셨다.

예수님의 제자들도 당대에 지도자로 불릴 만한 특별한 사람이 아니었다. 과반수는 어부였고, 나머지는 세리, 혁명가, 그리고 직업조차 밝혀지지 않은 평범한 이들이었다. 다만 그들은 각자의 자리에서 묵묵히 자신의 삶을 살았던 사람들이었고, 그 당시 길에서 흔히 만날 수 있는 평범한 사람들이었을 것이다. 하지만 예수님은 평범한 이들을 부르셔서 역사를 바꿀 비범한 일을 하도록 하셨고, 이들을 통해서 하나님의 구원 계획을 구체화해 나가셨다. 이처럼 평범한 사람들이 만들어 가는 하나님의 역사는 놀라울 수밖에 없고, 나도 그 주인공이 될 수 있다는 소망으로 변화하는 실마리가 된다.

인간의 역사는, 하나님과 동떨어진 세속사가 아니라 하나님의 주권 아래 있는 하나님의 역사의 일부다. 산업혁명, 프랑스혁명, 근대, 자본주의의 확장, 식민화의 시작, 문명의 교류, 전쟁 등 거대한 역사의 변화를 하나님의 역사로 바라보고 그 시대를 살아갔던 평범한 사람들의 이야기를 발견할 때, 우리가 막연하게 알고 있었던 지식을 구체화할 수 있고, 역사를 단순하게 성공이나 실패, 번영과 몰락으로 재단할 수 없는 새로운 관점을 찾을 수 있다. 하나님은 예수님을 통해 인간의 역사 속으로 성육신(incarnation)하여 들어오셨다. 다시 말하면, 하나님이 우리의 평범한 삶 속에 들어오셔서 우리와 먹고 마시고, 웃고 우는 일상을 함께하셨으며, 하나님의 구원 계획을 가르치시고 이루어 가셨다.

## 하나님과 함께라면, 작은 사람은 없다

역사는 일반적으로 주류 사회의 변화와 역사적 흐름의 특수성을 강조한다. 하지만 역사는 결국 사람들의 삶의 이야기이자 그들에 대한 기록이다. 우리가 살아가는 삶의 자리에는 다양한 사람들이 있다. 권력을 가진 이들도 있지만, 그렇지 않은 사람이 더 많다. 경제적으로 부유한 사람들도 있지만, 그렇지 않은 사람들도 있다. 사람들의 관심을 받고 인기가 있는 사람이 있는가 하면, 그렇지 않은 사람들도 있다. 모두 저마다 자신의 삶을 살아가고 있으며 자기 삶의 이야기를 가지고 산다. 우리 대부분은 역사를 읽으면서 역사의 기록 속에 있는 대단한 인물들의 이야기가 전부인 것처럼 생각하지만, '역사 없는 사람들' 그리고 자신의 목소리를 내지 못했던 더 많은 이들이 분명히 존재했다.

우리의 관심은 역사 없는 사람들에게까지 확대되어야 한다. 역사의 무대 전면에 등장하지 않는 사람들도 그 시대를 함께 살았다는 사실을 인식할 필요가 있다. 성경을 읽을 때, 성경 속에 나오는 위대한 인물들을 발견할 수도 있지만, 가난한 자와 소외된 자, 고통당하는 자들에게 귀를 기울이시는 예수님의 모습, 성경 속에 등장하는 사회적 약자들(역사없는 사람들이자 사회적인 목소리가 없었던 사람들)이 역사적인 맥락 속에서 받은 차별과 고통에 대한 성찰을 얻을 수도 있다. 그렇게 할 때, 우리는 비로소 성경을 영웅들의 서사로 이루어진 나와는 동떨어진 이야기가 아닌 나의 이야기이자 우리들의 이야기로 받아들일 수 있다. 한 발 더 나아가 우리 스스로를 이 시대에 부르심을 받은 하나님의 사람으로, 하나님이 쓰시는 현재의 역사를 살아낼 수 있는 사람으로 인식할 수 있다. 프란시스 쉐퍼는 "하나님과 함께라면, 작은 사람은 없다. … 그리고 스스로 소박한 곳의 작은 사람이라고 생각하는 이들도 은혜로 거대한 역사의 흐름을 바꾸는 사람이 될 수 있다"라고 했다.[6] 스스로 작은 사람이라고 생각하며 치열하게 하루하루의 일상을 살아가고 있는 모든 이들에게, 하나님은 우리의 평범한 일상을 통해 시대를 변화시킬 만한 놀라운 역사를 만들고 계신다는 확신과 소망을 건네며 글을 마친다.

1. E. R. Wolf (1982). *Europe and the People without History*. University of California Press.

2. A. Lüdtke(1989). "Introduction: What is the History of Everyday Life and Who are Its Practitioners," in Alf Lüdtke ed., Trsl. William Templer, *The History of Everyday Life:Reconstructing Historical Experiences and Ways of Life*. New Jersey: Princeton University Press, p.3.

3. H. Lefebvre(1971). *Everyday Life in the Modern World*, New York; Evanston; San Francisco; London: Harper Torchbooks.

4. H. Bhabha(1994). "DissemiNation: Time, Narrative and the Margins of the Modern Nation," in *The Location of Culture*. London; New York: Routledge, pp.139-70.

5. P. Cohen (1984). *Discovering history in China: American historical writing on the recent Chinese past*. New York: Columbia University Press.

6. "With God there are no little people ···Those who think of themselves as little people in little places, by God's grace, change the flow of our generation." F. A. Schaeffer(1974). *No Little People*. Wheaton, IL: Crossway, p. 21.

# 주변인 주인공 세우기:
## 중앙유라시아 연구자의 길

이광태

이광태 중앙유라시아학 전공

실크로드와 중앙아시아에 매료되어 지역 전문가가 되고 싶었다. 대학에서 노어노문학 및 동양사학을 공부하고, 미국 유학을 떠나 중앙유라시아학으로 박사학위를 받았다. 현재 한림대학교 러시아학과 교수로 재직 중이며 러시아·중앙아시아의 역사·문화와 유라시아 대륙의 인류사적 의미를 가르치고 연구한다. 중앙아시아와 한반도의 역사·문화적 관계를 탐구한《커넥트, 중앙아시아! 한반도와 중앙아시아 역사 속 문화적 접점을 찾아서》(한국학술정보)라는 책을 썼다. 강자 위주의 역사 서술 속에서 소외된 약자들의 목소리 되찾기, 오리엔탈리즘을 비롯한 사회적 편견의 극복, 전 지구적 교류 및 문명 간 소통 등의 주제로 연구를 계속해 오고 있다.

드넓은 초원, 만년설로 뒤덮인 험준 고령, 끝이 보이지 않을 만큼 깊은 계곡, 파도처럼 넘실거리는 모래언덕들, 그리고 바다 빛깔의 푸른 하늘…. 어떻게 보면 극단적으로 들리는 이러한 모든 자연조건들을 중앙유라시아(Central Eurasia)에서 만날 수 있다. 중국 만주 지방에서 시작하여 몽골, 카자흐스탄을 지나 동유럽의 우크라이나, 헝가리에까지 동서로 넓게 자리 잡은 삼림, 초원 및 건조 지대를 가리키는 중앙유라시아는 한민족의 옛 터전이자 지금도 수십 만의 고려인들이 거주하고 있는, 우리와 그리 멀지 않은 지역이다. 예부터 스키타이, 흉노, 돌궐-투르크, 위구르, 몽골, 그리고 지금은 이른바 '스탄'으로 끝나는 나라들에 거주하는 우즈베크, 카자흐, 키르기스, 투르크멘, 타지크 및 아프간 등의 다양한 민족들이 살아왔고 지금도 살아가는 거대한 땅덩이를 가리킨다. 우리에게는 '북방 외교'와 같은 표현에서 '북방'이라는 다소 모호한 개념으로 이해되곤 하지만, 보통 '만주 벌판' 또는 '몽골 초원'이라는 말에서 연상되는 풍광을 떠올리면 그 지리적 조건을 이해하기 쉬울 것이다.

중앙유라시아 사회의 역사와 문화를 연구하는 내가 이 땅에 관심을 갖게 된 데에는 나름의 우여곡절이 있었다. 초등학교 시절

푹 빠져 스무 번도 넘게 읽은 《삼국지》와 중학교 시절 읽었던 톨스토이의 《전쟁과 평화》, 외국어고등학교에서 중국어를 전공하고 영화 〈황비홍〉에 빠져 쿵푸를 연마하게 될 정도로 중국 문화를 좋아했지만 대학은 노어노문학과로 진학하게 된 사건, 학부에서 러시아 언어 및 문학을 좋아했지만, 3학년 때 우연히 교양과목을 수강하며 은사(恩師)이신 김호동 교수님을 만나 대학원을 동양사학과로 진학했던 일, 대학교 1학년 때 간 몽골 여행과 군대를 제대하고 간 중국 여행, 그리고 대학원 수료 후 떠난 중앙아시아 여행…. 이 모든 것이 현재 나의 천직이자 인생의 과업인 중앙유라시아 연구자의 삶으로 이끌었다고 할 수 있다.

이미 많은 한국인들이 중앙유라시아에 관심과 애정을 보여 왔다. 한국인들의 특출난 중앙유라시아 사랑에는 여러 가지 이유가 있겠지만, 무엇보다 우리와 비슷하게 '주변인의 역사적 발걸음'을 걸어왔기 때문은 아닐까 싶다. 이 글에서 중앙유라시아 전공자로서 알고 있는 객관적인 사실과 나의 학문 속 신앙 여정을 더불어 소개해 보고자 한다.


## 세계 문명의 빌런(Villain), 중앙유라시아

대한민국의 현대사는 반공과 극일(克日)로 요약된다. 분단과 한국전쟁을 거치면서 우리는 북한보다 잘 살기 위해, 혹은 그러한 모습을 보여 주기 위해 노력했다. 그리고 1965년 한일조약 이후에는 경제개발을 통해 일본을 따라잡고자 했다. 북한과의 체제 경쟁에서 승리하고 일본과 어깨를 나란히 하는 국가 도약의 꿈을 모든 국민이 공유해 왔다고 해도 과언이 아니다. 달리 말하면 현대 대한민국은 북한과 일본이라는 '타자'(他者: The Other)를 통해 자신의 지위를 자리매김했던 것이다.

한 국가나 집단이 라이벌 국가나 집단을 의식하면서 발전한 예는 무수히 많다. 소크라테스, 아리스토텔레스 등의 철학가와 피타고라스 같은 수학자들이 그리스에서 배출된 것도 당시 그리스를 구성하던 도시 국가들의 치열한 경쟁 속에서 비롯된 것이었다. 중국은 춘추전국시대에 각국의 경쟁을 통해 공자를 비롯한 제자백가(諸子百家)를 꽃피웠다. 20세기 소련과 미국의 경쟁은 인류가 우주로 진출하는 계기가 되었다. 우리나라 경주의 첨성대나 불국사에서 보듯 삼국시대의 높은 문화적 성취 역시 고구려, 백제, 신라 삼국의 경쟁이 낳은 산물이라고 볼 수 있다.

하지만 다른 국가나 집단을 의식하고 자신의 라이벌로 삼다 보면, 그 과정에서 상대를 비하하거나 악당화하는 경향이 나타나기 쉽다. 1978년 국내에서 제작된 애니메이션 영화 〈똘이장군〉에서 남한 사람들은 인간의 모습을 띠고 있지만 북한 지도자는 돼지로, 군인은 늑대와 여우와 같은 동물로 묘사된 것도 같은 맥락이다. 흥미롭게도 같은 해 미국에서 출판된 에드워드 사이드(Edward Said)의 책《오리엔탈리즘》(교보문고)은 유럽인들이 어떻게 다양한 비유럽인 사회를 '동방(Orient)'이라는 이름의 한 덩어리로 치부하고, 온갖 악한 성격을 부여함으로써 자신을 우월한 존재로 만들었는지 추적한다. 사이드의 설명에 따르면, 고대 그리스의 역사가 헤로도토스(Herodotos) 이래 유럽인들은 페르시아 제국을 비롯한 아시아와 아프리카 지역의 문명 사회를 전제적(專制的)·압제적·교조주의적으로 묘사함으로써 그 반대되는 서방의 유럽 사회에 민주주의, 자유, 합리적이라는 수식어를 붙일 수 있었다는 것이다. 심지어 유럽인들은 '동방'을 성적(性的)으로 음란한 문명으로 취급하기까지 했다. 그 정당성은 차치하고서라도, 상대 집단을 타자화, 비하 및 악당화하는 것은 또 다른 측면에서 보면 상대가 라이벌이기에 벌이는 행위들일 것이다. 만약 나와 라이벌로 취급할 만한 가치가 없다면 그에 대하여 경쟁 심리나 시기, 증오 같은 것들을 품었을 리 없다.

세계사의 면면을 살펴보면 세계 문명마다 다양한 종류의 라이벌들이 있었지만, 각 문명의 라이벌이 모두 동일 집단이었다는 사실은 매우 흥미롭다. 다시 말해 중국, 인도, 페르시아, 메소포타미아, 이슬람, 유럽 모두에게 '적'으로 여겨지던 집단이 하나였다는 뜻이다. 이들이 바로 중앙유라시아 초원-건조 지대에 거주하던 유목-정주 민족이 세운 제국들이었다. 우리가 익히 들어 알고 있는 흉노, 스키타이, 돌궐, 위구르, 거란, 몽골 등 유목 제국이 바로 유라시아 문명 지대 공동의 라이벌이었다.

중국 정사(正史)의 첫 번째 작품으로 알려진 사마천(司馬遷)의《사기》를 읽어 보면 한나라 중기까지 고대 중국의 역사는 유목민과 갈등 관계 속에서 형성되었다고 해도 과언이 아니다. 고대 중국의 주(周)나라는 서북 변방의 융(戎)으로 알려진 유목민과 치열한 다툼을 벌였고, 이들 유목민의 공격에 기원전 771년 수도인 호경(鎬京)이 점령당하자 동쪽으로 수도를 옮겨야 했다. 한(漢)나라의 창업자 고조(高祖) 유방(劉邦)은 기원전 220년 흉노(匈奴)에 포위되어 위기를 맞자, 흉노의 왕비에게 뇌물을 주고 나서야 비로소 빠져나올 수 있었다.《삼국지》에서 보듯 위(魏), 촉(蜀), 오(吳)로 분열된 중국을 통일한 사마(司馬) 씨의 진(晉)나라도 흉노를 비롯한 5개의 중앙유라시아계 집단에게 북중국을 빼앗긴 채 남쪽으로 도피하여 동진(東晉)이라는 나라를 다시 세워야 했다. 이 외에도 중국이 유목민들에 의해 낭패를 본 경우는 이후 수(隋)·당(唐)대 돌궐·위구르 제국과의 관계, 거란의 요(遼)·여진의 금(金)에 의한 송(宋)의 수모, 몽골의 원(元) 그리고 만주의 청(淸)이 중국을 통일하는 데 이르기까지 중국 역사 내내 반복되었다.

유목민이 세운 국가에 의해 위협을 받은 것은 중국만이 아니었다. 고대 그리스의 역사가 헤로도토스에 따르면 또 다른 유목국가 스키타이(Scythia)는 기원전 7세기경 서아시아 전역을 휩쓸었다.

이후 기원전 513년 고대 페르시아 제국의 다리우스(Darius) 대왕이 대군을 이끌고 오늘날 이스탄불 지방을 경유하여 지금의 우크라이나 지방에 머물던 스키타이를 공격했으나 성공하지 못하고, 오히려 퇴로가 끊길까 두려워 도주하듯 퇴각하는 비운을 맞이한다. 이 원정의 실패는 이후 그리스-페르시아 전쟁을 촉발하는 계기가 되었다. 유럽에서는 5세기 중반 흉노의 일족으로 여겨지는 훈(Hun)의 침략을 받아 로마가 함락될 위기에 몰리기도 했다. 13세기 몽골의 침입은 유럽 전체를 공포에 몰아넣었다. 인도 역시 사카(Saka)로 불리던 스키타이 계열의 유목민을 필두로 하여, 월지(月氏) 및 쿠샨, 돌궐-투르크, 몽골의 침략을 받았다. 인도의 무굴 제국(Mughal Empire)은 몽골-투르크계인 바부르(Babur)가 북인도를 정복한 후 세운 국가로, '무굴'이라는 말 자체가 '몽골'의 페르시아식 표현이다.

이렇게 유라시아 문명들은 중앙유라시아 유목민들의 침입을 맞아 때로는 격퇴하기도 했지만 때로는 패배하여 정복을 당하는 등 고통을 겪었다. 따라서 대립의 역사로 인한 산물로서 중앙유라시아 유목민들은 악당화 혹은 심지어 '악마화'되기 일쑤였다. 중국에서 북방민족을 한자어로 옮길 때 좋지 않은 한자를 사용했던 것은 잘 알려져 있다. '흉노(匈奴)'나 '선비(鮮卑)'를 표기할 때 '노예'나 '비천함'을 뜻하는 한자들이 주로 활용되었다. 돌궐 제국 이전 몽골 지방을 다스렸던 유연(柔然)의 경우 북위(北魏)의 태무제(太武

帝)가 이들을 '벌레들이 꿈틀거리는 모양'을 뜻하는 연연(蠕蠕)으로 부르도록 했다는 일화는 유명하다.

페르시아의 영웅 설화를 모아 서사시로 만든 〈샤나메〉(Shah-Nameh)에서 이란 문명에 대항하는 투란(Turan) 문명은 악의 세력이 가득한 땅으로 묘사된다. 유럽에서는 13세기에 쳐들어온 몽골군을 가리켜 지옥을 뜻하는 '타르타로스'(Tartarus)에서 온 자들이라는 뜻으로 '타르타르'(Tartar)라 불렀다. 성경의 요한계시록 20장에는 마지막 때에 사탄이 '곡'과 '마곡'이라는 자신의 백성을 모아 성도들과 최후의 일전을 펼칠 것이 계시되어 있는데, 몽골인들이 바로 그 '곡'과 '마곡'으로 간주되었다. '곡'과 '마곡'이라는 표현은 이슬람에서 '야주즈'(Yajuj)와 '마주즈'(Majuj)로 차용되어 역시 마지막 때에 등장할 악의 백성으로 묘사된다. 그런데 흥미롭게도 이슬람의 경전인 《쿠란》에서 야주즈와 마주즈는 그리스 마케도니아의 알렉산더(Alexander) 대왕을 가리키는 '둘카르나인'(Dhu'l Qarnayn)이 쌓은 거대한 장벽 너머에 거주하는 것으로 설명된다. 이러한 이유에서 몽골 제국 시기 무슬림들이나 베네치아 출신 여행가 마르코 폴로(Marco Polo)는 중국의 만리장성 너머 유목민들을 바로 '곡'과 '마곡', '야주즈'와 '마주즈'라고 해석했다.

북방 민족에 대한 부정적인 이미지는 한민족인 우리에게도 존재한다. 북방 민족을 '오랑캐'라고 일컬을 때 함께 떠올려지는 것은 잔인함과 난폭함이다. 그런 관념이 소설이나 영화와 같은 대중

문화 속에 반영되어 있다. 그런데 한자 가운데 '오랑캐 이(夷)'라는 글자를 떠올릴 때, 우리도 중국에서 볼 때는 동이(東夷), 즉 동방의 오랑캐로 취급되었던 것을 잊어서는 안될 것이다. 우리가 오랑캐라면 북방 민족은 오랑캐의 오랑캐란 말인가? 우리 안에 서구의 '오리엔탈리즘'에 준하는 '북방주의' 혹은 '오랑캐주의' 같은 문화적 편견은 없는지 돌아볼 필요가 있다.


## 세계사의 주인공


　최근 세계사를 새롭게 쓰고자 하는 역사학자들이 있다. 그들 가운데 일부는 중앙유라시아 사람들이 세계 역사의 주인공이라고 주장하기도 한다. 중앙유라시아에는 예부터 초원에서 말과 양을 기르던 유목민과 오아시스와 만년설이 녹아 흘러 형성된 강줄기에서 관개(灌漑) 농업을 통해 생활을 영위하던 정주민들이 함께 살고 있었고, 이들이 만든 문명이 세계 4대 문명과 동시대에 발전했다는 것이다. 실제 '몽골-투르크' 유목민과 '소그드-타지크' 정주민들은 언제나 중앙유라시아 백성 전체를 가리킬 때 함께 언급된다. 이들 두 집단은 마치 악어와 악어새처럼 상호 공생 (Symbiosis)하는 관계였다. 11세기 중앙아시아의 학자였던 마흐무드 카쉬가리(Mahmud Kashgari)는 "머리 없는 모자가 없는 것처럼,

타지크인 없는 투르크는 존재할 수 없다"라는 문구로 이러한 공생 관계를 묘파(描破, 남김없이 밝혀서 그려 냄)했다.

중앙유라시아 지역의 유목민들과 정주민들의 '협업'은 세계 역사상 유례없는 대제국을 건설하는 원동력이었다. 앞서 언급한 대로 페르시아 제국을 압박한 스키타이, 중국 문명의 정수(精髓)라고 불리는 한(漢)나라와 경쟁한 '흉노'에서 시작하여 돌궐-투르크 제국, 몽골제국, 티무르 제국 등 셀 수 없이 많은 유목 제국들은 세계사의 중요한 페이지를 장식했다. 이외에도 중국의 청나라, 인도의 무굴제국, 페르시아의 사파비조(Safavi朝), 튀르키예의 오스만 왕조 등도 중앙유라시아 유목-정주민들이 세운 왕조들이다. 표트르 대제(Petr Velikii, 영어로는 Peter the Great) 이전의 모스크바 공국 즉, 러시아제국의 전신(前身)도 유목 제국의 유산 위에 건설되었다. 귀족층 가운데 타타르(Tatar) 출신 귀족이 많았던 점, 외교 의례나 국가 운영, 문화 등 여러 가지 면에서 몽골 제국의 것을 차용한 점 등이 주요 근거로 제시된다.

이처럼 초원-정주 문명은 유럽-아시아 역사 전개에 중요한 동인(動因)이었다. 역사학자 가운데 콜럼버스의 아메리카 대륙 발견과 유럽의 산업혁명을 세계사의 분기점으로 드는 이들도 있다. 그러나 사실 콜럼버스는 마르코 폴로의 《동방견문록》(The Description of World)에 묘사된 몽골 치하 중국으로 가는 항로를 발견하기 위해 항해를 떠난 것이었다. 잘 알려진 것처럼 영국이 증기기관을 개발하게 된 배경에도 당시 동인도회사(East India Company)를 통해 영국으로 대거 수입되는 인도 무굴제국산 면직물의 수입을 대체하고자 하는 동기가 있었던 것은 이미 잘 알려진 사실이다. 수많은 민족들이 거쳐가면서, 다양한 인종과 문화가 뒤섞여 발전해 온 중앙유라시아 사회는 종교의 발전 또한 이끌었다. 조로아스터교, 불교, 이슬람과 함께 동방기독교가 중앙아시아를 통해 전파되고 번성했다. 특히 14세기 몽골제국 시기에 이르기까지 많은 중앙유라시아의 유목-정주민들이 기독교를 신봉했다는 사실은 매우 놀랍다. 지금도 키르기스스탄의 수도 비슈케크(Bishkek)의 역사박물관에는 토크막(Toqmaq) 등 여러 지역에서 출토된 십자가가 새겨진 비석들이 다수 전시되어 있다.

오늘날 인류가 이룩한 문명은 중앙유라시아를 제외하고서는 설명하기 쉽지 않다. 우리만 봐도 세종대왕의 한글이나 장영실의 천체관측 기구는 불과 100년 전에 중국을 통일했던 몽골제국의 원나라에서 만든 파스파('Phags-pa, 八思巴) 문자와 이슬람 천체기구의 영향으로 제작된 천체관측 기구를 참고하여 제작되었다. 일본 학자 스기야마 마사아키(杉山正明)은 이러한 역사적 사실에 착안하여 유럽 중심적인 세계사 대신 중앙유라시아와 여타 문명들의 상호작용으로 세계사를 바라볼 것을 제안하기도 했다.

## 세계사의 주변인

그러나 이렇게 세계사적으로 중요하고 의미 있는 중앙유라시아도 한순간에 역사의 주변인으로 몰락하고 만다. 특히 이러한 경향은 러시아와 청(淸)나라가 중앙유라시아를 제국의 영역으로 편입하면서부터 가속화되었다. 17세기 시베리아와 중국을 각각 장악한 두 나라는 18-19세기에 걸쳐 중앙유라시아를 양분하게 되는데, 이 과정은 결코 순탄치 않았다. 러시아는 19세기 중엽에 이르러서야 비로소 중앙유라시아 남부까지 점령할 수 있었다. 청나라는 17-18세기 준가르(Junghar)라고 하는 서몽골의 유목 제국과 오랜 전쟁을 치르면서 오늘날 신장위구르 지역과 티베트를 정복했다.

무력을 통해 지배권을 확보한 러시아와 청은 중앙유라시아 정복을 정당화하기 위해 노력했다. 러시아는 다른 유럽 제국들처럼 문명화의 사명(civilizing mission)을 내세웠다. 청나라는 다른 중화 제국들, 특히 한·당나라의 영화를 계승한 것임을 강조했다. 이 과정에서 중앙유라시아는 후진적인 야만의 땅으로 묘사되었다. 중앙유라시아의 무슬림이 신봉하는 이슬람은 정통이 아닌 것으로 평가절하되었다. 사실 중앙유라시아에 대한 러시아와 청의 폄훼는 반대로 양국이 각각 정통 유럽과 정통 중화 제국임을 선언하는 근거로 활용되었다.

역사의 주인공에서 주변인으로 추락하는 일은 세계사 속에 비일비재하지만, 어떻게 보면 우리에게도 친숙한 경험이다. 나름의 자랑스러운 역사와 전통을 자랑하는 우리 민족도 어느새부터인가 세상의 중심이라고 주장하는 중국의 시각에서 오랑캐로 치부되었다. 이러한 시각을 내재화하면서 조선시대 사대부(士大夫) 가운데 일부는 중화주의를 받아들이면서도 일본과 오늘날 오키나와의 류큐(琉球) 등을 문화적 하류로 삼는 이른바 소중화(小中華)를 자처하기도 했다. 19세기에는 서구의 역사적 경험이 '근대성'과 동일시되면서, 우리는 문명으로부터 동떨어진 낙오자로 지목되었다. 그리고 서구와 어깨를 나란히 했다고 주장하는 일본에 의해 국권을 빼앗기는 처지로 전락해 버리고 말았다. 마치 중앙유라시아 사람들처럼 나라 잃고 역사를 잃은 설움을 우리도 겪게 되었던 것이다. 해방 이후 나라는 찾았을지언정 역사를 되찾는 과정은 아직도 진행 중이다.

## 주변인 주인공 세우기: 19세기 부하라와 21세기 대한민국

1991년 소련의 붕괴와 함께 중앙유라시아의 국가들 가운데 일부가 독립을 이루었다. 독립 이후 이들은 130년이 넘는 기간 동안 러시아와 소련의 식민 통치 기간 중 묻혀 버린 자신들의 과거를 연구함으로써 자신들의 정체성을 확립하고자 노력해 왔다. 불과 35년의 일제 시민 통치를 지낸 우리가 아직도 과거사 청산에 어려움을 겪고 있는 것을 고려하면, 이 작업이 얼마나 어려운 것인지 미뤄 짐작할 수 있다.

내가 중앙유라시아를 연구하는 인문학자의 길을 선택한 데 다양한 동기가 있었지만, 무엇보다 역사학자로서 중앙유라시아 사회에 동감하고 이들이 추구하는 역사 바로 세우기에 힘을 보태고 싶은 마음이 컸다. 그리고 그 작업은 우리 민족의 역사 바로 세우기와 연대하고자 하는 소망에서 우러나온 것이기도 했다.

2003년 석사과정을 수료하고 오랜 기간 고민하여 만난 인물이 석사 논문 및 박사 논문의 주제인 아미르 나스룰라(Amir Nasrullah; Amir Nasr Allah)였다. 1827년부터 1860년까지 중앙아시아의 도시 부하라(bukhara)를 중심으로 세력을 떨친 망기트(Manghit) 왕조의 군주였던 그는 "도살자 아미르"(Amir-i Qassab; 영어로는 The Butcher Amir)라는 별명으로 역사책에 기록된 '악당'이었다. 제정 러시아와 소련 시기에 편찬된 역사서에도, 영국과 미국에서 편찬된 역사서에도 그는 전형적인 '동방의 폭군'(Oriental despot)으로 묘사되었다. 그런데 나는 19세기 중앙아시아에서 편찬된 페르시아어 및 차가타이-투르크어 역사 자료를 읽으면서 상당히 다른 평가가 가능하다는 것을 발견했다. 이러한 관점 차이 속에는 앞서 말한 '악당화', '오리엔탈리즘', 정복의 정당화, 그리고 역사 지우기가 모두 담겨 있었다.

아미르 나스룰라를 통해 19세기 부하라와 중앙아시아 사회의 내재적 발전 역량을 재조명하고자 하는 시도는 수많은 난관의 연속이었다. 자료를 구하기 어려웠고, 현지 언어를 습득하기도 어려웠다. 석사 논문을 작성하면서 아쉬웠던 부분을 박사과정에서 극복하고자 미국 유학을 선택했다. 하지만 유학에는 경제적 어려움과 함께 영어로 학문하기라는 또 다른 어려움이 도사리고 있었다. 한국인이 한국 역사도 아니고 미국에서도 거의 아무도 신경 쓰지 않는 중앙유라시아 역사를 공부한다는 것은 참으로 어리석게 보이는 일이었다. 그렇지만 미국 중앙유라시아학의 본산인 인디애나대학교에서 참 많은 것을 배웠다. 다양한 언어도 배우고, 자료도 얻고, 훌륭한 선생님도 만났다. 그리고 내 힘으로 할 수 없다고 인정할 때 어려움으로부터 구원해 주시는 경험도 했다.

2020년 천신만고 끝에 간신히 졸업장을 따고 코로나19로 인해 졸업식도 못 한 채 한국에 돌아왔다. 그리고 "중앙유라시아 연구? 그런 걸 왜 해?"라는 질문을 수없이 듣고 있다. 역사학자의 사명은 역사적 평가를 통해 당시 복잡한 상황을 밝힘으로써 오해나 편견을 없애는 일이라고 생각한다. 마치 한 사람을 온전히 이해하기 위해서는 그 사람이 어떤 인생 역정을 거쳤는지 알아야 하는 것처럼, 중앙유라시아를 이해하기 위해 그들의 역사를 연구하는 것은 필수적이다. 중앙유라시아의 역사 연구를 통해 나는 주인공

인문학의 길에서 성서를 만나다

이 주변인으로 폄하되는 현실을 지적하고 그들이 스스로 주인공임을 깨닫는 데 일조할 뿐이다.

예수께서 하나님 역사의 주인공이지만 주변인이었던 이스라엘에 오셨고, 스스로 주변인처럼 사셨지만, 십자가의 죽음과 부활하심으로 주인공이 되셨다. 고도성장이 끝난 뒤 저성장·저출산의 늪에 빠진 대한민국 속에서 우리 개개인은 주변인처럼 보일 때가 많다. 그러나 복음 안에서는 어느 누구도, 베데스다의 병자도, 여리고의 바디매오도, 성전 미문 앞 앉은뱅이도 주변인이 아니라 주인공이다. 주변인으로 전락한 누군가를 다시 주인공이 될 수 있도록 옆에서 거드는 일은 신앙인의 삶이자 사명과도 맞닿아 있다. 그리고 이는 우리 스스로가 주변인이 아니라 주인공임을 깨닫는 지름길이기도 하다.

# 3부.
# 문학의
# 길

# 성경과 문학, 두 언어 사이에서

정명훈

**정영훈** 한국 현대소설 전공

대학과 대학원에서 국어국문학을 전공했고, 현재 경상국립대학교 국어국문학과 교수로 재직 중이다. 2004년 중앙신인문학상 평론 부문을 수상하며 등단한 후 비평가로도 활동하고 있다. 계간 《세계의 문학》 편집위원을 역임했고, 저서로 《최인훈 소설의 주체성과 글쓰기》(태학사), 《윤리의 표정》(민음사)이 있다. 소설을 읽고 비평하는 일을 하면서 신앙적·윤리적 시험대 위에 서 있는 듯한 느낌을 자주 받았다. 소설을 이해하기 위해서는 작품 속 세계를 긍정해야 하고, 그러려면 종종 이제까지 딛고 서 있던 토대를 스스로 허물어야 했기 때문이다. 하지만 문학 작품을 읽으며 경험한 여러 모양과 결의 흔들림들을 소중하게 여긴다. 이 흔들림이 있어 그나마 좀 괜찮은 사람이 되었다고 생각하기에.

## '문학 하는 일'도 소명이 될 수 있을까

아직도 나는 진로를 결정하던 그때의 과정을 제대로 설명하지 못한다. 고등학교 2학년 겨울방학 때였고, 국문과에 진학해야겠다는 생각이 불쑥 찾아왔다. 공부하다 힘들 때 틈틈이 소설을 읽는 정도였지 딱히 책을 사랑한 것은 아니었고, 내세울 만한 문학적 재능이 있었던 것도 아닌데, 그냥 갑자기 그런 생각이 들었다. 어처구니없게도 한번 이런 마음을 품게 되자 다른 곳을 돌아볼 마음이 전혀 생기지 않았다. 국문과를 선택해야 할 특별한 이유가 없는데도 국문과여야만 한다는 이상한 확신이 있었던 셈인데, 뒤늦게 생각해 보니 이 확신은 '불합리하기 때문에 믿는다'라는 테르툴리아누스(Tertullianus)의 명제를 내 나름의 방식으로 적용한 데서 온 것이었는지도 모르겠다. '재능이 없는데도 국문과에 진학해야겠다는 생각이 이토록 강한 것을 보니 이 길이야말로 하나님이 주신 소명임에 틀림 없다!'는 식으로. 아무튼 그렇게 1년을 보내고 나는 국문과에 진학하게 되었다.

대학에 들어가서는 여러 문제에 부딪혀야 했다. 문학적 재능이 없다는 건 이미 알고 있었고, 그런 가운데 대학은 내가 생각하던 곳이 아니었고(대학은 시 쓰고 소설 쓰는 것을 배우는 곳이 아니라 학문하는 곳이었다!), 문학 강의 때 다루는 작품은 내가 간간이 읽어 오던 작품들과는 닮은 데가 별로 없었다. 하지만 무엇보다 고민스러운 것은 '문학 하는 일'이 교회에서 흔히 이야기하는 소명과는 한참 거리가 멀더라는 점이다. 소명을 받았다는 것은 대개 선교사로 나가 복음을 전하거나 목회자가 되는 것을 뜻했고, 소위 말하는 세상일이란 복음을 전하는 일보다 부차적이거나 복음을 전하기 위한 도구 정도의 의미밖에는 주어지지 않았다. 문학이야 말할 것도 없다. 의사라는 직업이 대표적인 예가 되겠지만, 세상의 어떤 일들은 최소한 사람을 이롭게는 한다. 그에 비해 문학은 아무 쓸모가 없다. 평론가 김현은 《한국문학의 위상》(문학과지성사)이라는 책에서 문학이 아무 쓸모가 없다는 명제에 맞서 자기 나름의 생각을 개진한 적이 있는데, 이런 식의 변증이 필요했다는 사실 자체가 문학의 무용성을 웅변해 준다.

　나는 '문학 하는 일'도 소명이 될 수 있음을 입증해야 했다. 나 자신부터 먼저 설득시켜야 했고, 그런 다음에야 이 일을 제대로 시작할 수 있을 것 같았다. 그즈음 성경적 세계관, 하나님 나라에 관한 논의가 활발했다. 이런 지적 분위기에 자연스럽게 녹아들면서 선한 창조계, 구조와 방향, 타락, 문화 명령 같은 개념들을 알게 되었고, 하나님 나라와 세상 나라 사이의 긴장, 이 땅에서 하나님 나라 백성으로 살아간다는 것의 의미, 그리스도인의 삶에서 일상이 지닌 가치를 다시 생각해 볼 수 있었다. 주위에 좋은 스승과 벗들이 있었던 것은 나에게 큰 행운이었다. 나는 지금도 대학 시절 몸담았던 선교단체(SFC)와, 교수로 임용이 되어 고향으로 다시 내려올 때까지 20년 가까이 섬긴 교회(두레교회/주님의보배교회)에 깊이 감사한다. 내 고민의 태반을 이곳에서 해결할 수 있었다.

　대학교 SFC 선후배, 동기들과 신학적 주제를 놓고 난상 토론을 벌이던 일이 기억에 스쳐 지나간다. 다들 그 나이에 어울리는 뜨거운 열기를 품고 있었다. 치기와 허영이 전혀 섞여 있지 않았다고는 자신할 수 없지만, 대부분 그 주제들을 자기 문제로 끌어안고 있었기 때문에 그만큼의 진정성이 있기도 했다. 그들과 대화하면서 내 나름으로 생각을 정리할 수 있었다. 큰 모임 시간에 손봉호, 이만열 교수님, 윤종하 총무님의 강의를 듣던 일들을 기억한다. 가까이서 이런 분들의 강의를 들을 수 있다는 것이 얼마나 큰 축복인지 그때는 제대로 알지 못했다. 그리고 강영안 장로님. 상도동에 있는 작은 교회에서 시작해 당산동으로 터를 옮기고 분립 개척을 통해 김포에서 새로 교회를 시작하는 동안 내내 장로님과 신앙생활을 함께 했다. 인문학을 한다는 것이 그리스도인에게 어떤 의미를 갖는지, 인문학을 하는 그리스도인이 교회에 줄 수 있는 선한 영향력은 무엇인지 배웠고, 장로님이 쓴 책을 읽으며 똑같은 텍스트라도 읽는 사람에 따라 그 결과가 어떻게 달라질 수 있는지 깨달았다. 내 머릿속에 정리되어 있는 생각 가운데 얼마나 많은 부분을 장로님께 빚지고 있는지 나 자신도 제대로 파악하기 어려울 정도다.

이 무수한 만남과 연결을 통해 문학 작품을 읽고 이에 관해 쓰는 일이 그리스도인으로서의 내 정체성과 어떻게 연결될 수 있는지, 내가 이 분야에서 내 나름으로 할 수 있는 일이 무엇인지 조금씩 알아가게 되었다.

## 예술에는 정당화가 필요하지 않다

암중모색의 기간 동안 여러 책을 읽었다. 성경적 세계관, 하나님 나라에 관해 소개한 책 외에 아우구스티누스(Augustinus)와 칼뱅(Jean Calvin), 아브라함 카이퍼(Abraham Kuyper), 헤르만 도예베르트(Herman Dooyeweerd), 프란시스 쉐퍼(Francis A. Schaeffer), 한스 로크마커(Hans Rookmaaker), C. S. 루이스(Clive Staples Lewis)를 읽었고, 루돌프 불트만(Rudolf Karl Bultmann), 디트리히 본회퍼(Dietrich Bonhoeffer), 자끄 엘륄(Jacques Ellul) 같은 논쟁적인 저자들의 책도 마다하지 않았다. 무엇보다 성경을 열심히 읽었고, 필요에 따라 때때로 주석서를 들여다보았다. 내가 직접 고른 것도 있었지만, 대개는 앞에서 이야기한 분들과 교제하는 동안 알게 되었거나, 추천받은 책을 읽는 가운데 그 책을 연결고리로 해서 새롭게 알게 된 것들이다. 하나하나 의미 없는 것들이 없지만, 상대적으로 덜 알려져 있으면서 나에게는 특별히 깊은 울림을 주었던 것은 한스 로크마커였다.

한스 로크마커는 뛰어난 미술사가이자 프란시스 쉐퍼와 함께 라브리 운동을 이끌었던 인물이다. 1990년대 초반 그가 쓴 책 가운데 《기독교와 현대예술》(*Art Needs No Justification*, IVP), 《현대예술과 문화의 죽음》(*Modern Art & the Death of a Culture*, IVP), 《예술과 그리스도인의 생활》(*The Creative Gift*, 생명의 말씀사)이 번역되어 있었다. 예술 활동을 신앙과 상관없는 일로 여기고, 종교적인 의미를 적극적으로 드러내는 작품들에만 약간 의미를 부여하는 일부 그리스도인들과 달리, 그는 예술 활동 그 자체를 신앙적으로 가치 있고 의미 있는 행위라고 보았다. 인간의 창조성은 하나님으로부터 온 것이고(우리는 하나님께서 이 세계를 창조하셨다고 고백한다), 아름다운 작품을 창조하는 것은 이러한 본성을 따르는 자연스러운 활동이라는 것이었다. 로크마커는 예술을 포함한 인간 문화 전반에 끼치는 복음의 영향력을 '복음의 2차적인 은혜'라는 말로 표현했다. 복음의 효력은 비단 사람들이 예수를 주와 구주로 믿어 구원에 이르게 하는(복음의 1차적인 은혜) 데만 머물지 않는다. 복음은 세계를 이해하는 방식과 태도, 삶이 빚어내는 결과인 온갖 행동 양태와 문화, 사회의 제도 등 우리 삶 전반에 깊은 영향을 끼친다.

《현대예술과 문화의 죽음》에 나오는 한 가지 예를 소개해 본다. 종교개혁 이후 유럽 화단에는 일상적 삶을 소재로 한 세밀한 풍속화들이 대거 등장하는데, 이 그림들은 하나같이 의미들로 충만해 있다. 삶에 속한 모든 것들, 우리를 둘러싸고 있는 전 실재가 하나님과 관계되어 있다는 생각이 이러한 화풍을 가능하게 한 인식적 근거였다. 이 시기 이전까지 화가들이 즐겨 그렸던 것은 신화 속의 장면이거나 이른바 거룩한 곳에 속한 어떤 세계였다. 그들은 일상적 삶에는 관심이 없었는데, 왜냐하면 일상은 하찮고 가치 없는 것으로 여겨졌기 때문이다. 종교개혁은 이런 분위기를 일거에 바꾸어 놓았다. 이처럼 복음은 우리 삶 전반에 깊은 흔적을 남긴다. 풍속화가들이 사람을 구원하는 일에 조금이라도 관심이 있었을까. 아닐 것이다. 그들이 그린 풍속화가 신앙적으로 의미가 있다면 그것은 이들 작품이 구원에 관여하고 있어서가 아니라 그 속에 성경이 이해하는 일상적 삶이 그려져 있기 때문이다. 예술의 역할은 이것으로 충분하다. 그 이상을 바라는 것은 예술을 대하는 태도로 온당하지 않다.

예술 활동이 신앙적으로 의미 있고 가치 있는 일이라는 사실은 분명해졌다. 하지만 문제는 이와 관련해서 내가 할 수 있고 또 해야 할 일이었는데, 나는 비교적 일찍부터 내가 할 일은 창작이 아니라고 선을 그어 두었다. 창작에 소질이 없다는 것은 진작에 알고 있었고, 내가 몸 담고 있던 학과 역시 그런 쪽으로는 일절 가르쳐 주지 않았기 때문이다. 로크마커를 읽으면서 나는 작품에서 의미를 발견하고 이를 드러내는 것 역시 창작만큼이나 중요하고 가치 있는 일임을 깨달았다. 이 일이라면 나도 할 수 있겠다는 생각이 들었다. 작품을 해석하고 평가하기 위해서는 이를 위한 자리(아르키메데스의 기점)가 필요하다. 어떤 자리에 앉느냐 하는 것은 곧 평가자의 정체성과 관계가 있는데, 바로 여기에 그리스도인이라는 정체성을 개입시킬 수 있는 여지가 있겠다고 생각했다. 서양미술사를 대상으로 로크마커가 했던 작업을 모델 삼아 근대 이후 우리 문학사를 정리해 볼 수 있지 않겠는가, 하는 생각도 잠깐 해 보았던 것 같다.

## 이론들의 틈바구니에서

대학원에 진학하기 전까지의 여정이 대략 이랬다. 내 나름으로 제법 공부를 했다고 생각했는데, 대학원은 또 달랐다. 대학원에는 온갖 최신 이론들이 난무하고 있었다. 다들 새로운 이론을 들고 와서 이전과 다른 방식으로 작품을 분석하고 해석했다. 이론은 눈이 휘둥그레질 만큼 현란하고 때때로 매력적이었으며, 이들 이론에 기댄 해석은 기발하고 또 아름다웠다. 하지만 나는 남들만큼 수월하게 이들 이론에 다가갈 수가 없었다. 이론을 이해하는 힘이 부족하기도 했지만, 어떤 생각들에 대해서는 마음 깊이 동의하기가 어려웠다. 예를 들어 줄리아 크리스테바(Julia Kristeva) 같은 학자는 태어날 때의 경험을 배설물처럼 버려지는 경험, 자신을 혐오의 대상으로 인식하게 하는 원초적 경험으로 이해하는데, 임신과 출산을 하나님의 은혜로 자연스럽게 고백하는 분위기 속에서 자라온 나로서는, 그저 하는 말로는 모르겠지만, 인간의 삶과 모든 문화적 결과를 분석하기 위한 토대의 자리에 이런 생각을 놓는 일이 쉽지 않았다. 깊이 동의할 수 없었기 때문에 마음을 열 수 없었고, 마음을 열지 않았기 때문에 이해가 되지 않았다. 많은 이론들이 나에게는 그랬다.

그런 가운데, 그래도 내가 깊이 동의하면서 읽을 수 있었던 몇몇 이론들이 있었다. 르네 지라르(René Girard)를 읽으면서는 조금 행복했던 것 같다. 지라르 이론의 핵심은 인간의 욕망이 모방적이라는 데 있다. 인간은 다른 누군가의 욕망을 참고하지 않고서는 무엇을 욕망해야 할지 도무지 알지 못하는 존재라는 것이었다. 인간의 욕망이 모방적이라는 이야기는, 인간은 어떤 경우에도 순수한 의미에서 자율적이고 주체적일 수 없다는 뜻이었다. 최근 학문의 분위기를 생각하면 매우 보수적이고, 심지어 반동적이라고까지 여겨질 수도 있었지만, 내 입장에서는 익숙하고 손쉽게 받아들일 수 있는 생각이었다. 지라르에 따르면 인간 사회에 존재하는 수많은 문제들은, 인간이 자율적일 수 없으면서 스스로 자율적인 것처럼 가장하는 데서 생겨난다. 타인을 향한 질투와 선망(이런 감정은 타인이 욕망하고 있는 것처럼 보이는 어떤 대상을 그 역시 욕망하는 데서 비롯된다), 자신의 욕망을 이루는 데 타인이 방해가 된다는 원망(욕망이 모방적이라면 내 욕망은 늘 타인의 욕망보다 뒤늦게 생겨날 수밖에 없는데도), 하나의 대상을 놓고 벌어지는 타인들과의 갈등, 이 모든 것들은 인간의 욕망이 모방적인 데 뿌리를 두고 있다. 이런 진단은 인간이 하나 님처럼 자율적인 존재가 되려는 데서 죄가 시작되었다는 기독교의 입장과 잘 맞아떨어졌다.

뤼시엥 골드만(Lucien Goldmann)의 《숨은 신》(연구사)을 읽으면서는 교회에서 들어온 익숙한 이야기들이 철학적이고 문학적인 언어로 새롭게 벼려지는 경험을 할 수 있었다. 골드만은 철학자 파스칼과 비극작가 라신(Jean Baptiste Racine)의 사상을 '숨은 신'(사 45:15)이라는 어구로 간명하게 요약했다. 파스칼과 라신이 활동하던 시기 '얀센주의자'로 불렸던 일군의 그리스도인들은 하나님이 살아계신 것에 대한 분명한 확신과 그 하나님이 침묵하고 계신다는 사실 사이에서 고통을 겪었다. 어떤 의미에서 사실주의자였던 이들은 차마 하나님이 현존해 계시다고 말할 수 없을 만큼 현실을 냉혹하게 직시하고 있었지만, 그렇다고 하나님께서 살아계시다는 사실 자체를 부정할 만큼 믿음이 옅지도 않았다. 이 둘 사이에 끼인 인간의 운명을 일관성 있게 해명해 보려는 노력에서 나온 일련의 생각을 골드만은 '비극적 세계관'이라고 불렀고, 이는 파스칼과 라신의 저작에서 일목요연한 형태로 제시되었다. 하나님 나라와 현실 어느 한쪽도 놓을 수 없었던 나는 골드만의 이야기가 허투루 들리지 않았다. 둘 사이에 끼어서 옴짝달싹 못하고 있는 내가 바로 거기에 있었기 때문이다.

에마뉘엘 레비나스(Emmanuel Levinas)를 읽는 것도 즐거웠다(국내에서 레비나스 이론을 가장 잘 아는 분이 교회에 계셨다!). 근대 이후 철학 논의에서 인간이 주체가 된다는 것은 인간 자신이 모든 인식과 판단의 근거가 된다는 것을 뜻했다. 옳고 그름을 판단하고, 주위 세계를 자신이 원하는 방식으로 조작하고, 자기 기준에 맞지 않는 세계는 처음부터 존재하지 않았던 것처럼 부정하거나 자기 세계에 맞도록 적극적으로 변화시키는 모든 삶의 방식들이 이 같은 인식으로부터 나왔고, 이런 노력이 한계에 부딪치게 되자 이번에는 인간 주체의 죽음을 선언하는 소리가 여기저기서 터져나오기도 했다. 이들과 달리 레비나스는 고통받는 타자에게 윤리적 책임을 느끼고 그를 환대하는 존재가 되는 것을 주체가 되는 것의 의미로 이해했다. 주체가 된다는 것은 타자가 제기하는 질문에 대답하고 타자를 책임지는 윤리적 주체가 된다는 것을 의미했다. 타자를 환대해야 한다는 윤리적 명령을 권위 있는 철학자의 입을 통해 다시 듣는다는 건 여러 모로 흥미 있는 경험이었다. 교회에서 지지하는 삶의 태도가 신앙·신학과는 다른 방식으로 긍정될 수 있음을, 이를 다른 담론의 지평 위에서, 철학적인 언어를 통해 새롭게 쓰일 수도 있음을 깨닫게 되었달까. 레비나스와 함께 타자를 환대해야 한다는 윤리적 명령은 이제 더 이상 한물간 낡은 생각으로 치부되지 않게 되었다. 학문의 장 안에 이런 이야기를 할 수 있는 공간이 생긴 것이 나로서는 무척 기뻤다.

바울도 빼놓을 수 없다. 아마 알랭 바디우(Alain Badiou)의 《사도 바울》(새물결)이 번역 소개된 이후부터라고 생각이 되는데, 조르조 아감벤(Giorgio Agamben)의 《남겨진 시간》(코나투스), 야콥 타우베스 (Jacob Taubes)의 《바울의 정치신학》(그린비), 테드 제닝스(Theodore W. Jennings)의 《데리다를 읽는다/바울을 생각한다》(그린비) 등 인문학적 기반 위에서 바울의 텍스트들을 새롭게 읽어 낸 결과물이 인문학자들 사이에 빠른 속도로 수용되기 시작했다. 이들의 논의와 더불어 바울의 서신들은 교회의 울타리를 벗어나 세상의 학문 공동체에 활력과 생기를 불어넣고, 흥미로운 통찰을 제공해 주는 텍스트의 자리에 오르게 되었다. 신학자들은 이런 식의 전개가 당혹스럽고 불편했을지 모르겠다. 오랫동안 교회 전통 안에서 성경을 읽어 온 분들에게는 성경 텍스트를 인문학적인(어떤 의미에서는 비신앙적이거나 심지어 무신론적이기까지 한) 방식으로 읽는다는 것 자체가 못마땅했을 수도 있겠다. 나는 사람들이 바울 텍스트에 기대는 이유가 궁금했다. 나는 고도로 자본주의화된 세계, 변혁의 가능성이라고는 조금도 보이지 않는 이 참혹한 현실 속에서, 인류사가 이루어 낸 변혁 가운데 꼽을 만한 사건인 '예수운동'(소수의 무리에서 시작하여 마침내 서양 문명 전부를 그 영향 아래 두게 된)을 하나의 예시로 삼아 바울의 텍스트에서 그 가능성의 근거를 찾고 싶었던 것이 아닐까 생각해 본다.


## 세계는 단순하지 않고 우리 내면은 그보다 복잡하다


소설을 읽다 보면 보편적인 감각으로는 쉽게 이해하기 어려운 인물들을 숱하게 만나게 된다. 천재 작가로 불리는 이상(李箱)이 남긴 소설 가운데 〈지주회시(鼅鼄會豕)〉라는 기이한 제목의 작품이 있다. '거미 한 쌍이 돼지를 만난다'는 뜻이라고들 짐작하지만 확실하지는 않다. 작품 속 주인공은 딱히 하는 일 없이 빈둥거리면서 지낸다. 생계는 카페의 여급으로 있는 아내에게 전적으로 의존한다. 친구의 꼬드김에 넘어가 아내의 몸값으로 받은 돈 전부를 날려 먹은 일도 있다. 손님과의 다툼 끝에 계단에서 굴러 떨어진 아내가 합의금 조로 받아 온 돈을 술값과 팁으로 탕진해 버린 후, 아내가 한 번 더 굴러 주었으면 하고 바라기까지 한다. 이런 그에게 어울리는 이름이 있다면 바로 거미가 아닐까. 거미줄을 쳐 놓고 곤충들이 걸려들기를 기다렸다가 잡아먹는 거미. 그는 아내의 수고로 먹고살고, 아내는 그에게 피를 빨리며 지낸다. 어찌 보면 아내도 거미라 부를 만하다. 아내가 벌어오는 돈 자체가 흥청망청 삶을 탕진하는 누군가의 호주머니에서 나왔기 때문이다.

이런 인물들을 만날 때면 이렇게 생각했던 것 같다. '이런 인간들도 이해해 주어야 할까.' 형상은 달라도 어떤 의미에서 소설 속 인물들 대부분은 〈지주회시〉의 주인공과 비슷한 면을 지니고 있었다. 그들은 고민하면서 시간을 허비하는 통에 생활할 줄 몰랐고, 자기가 처한 상황에는 오직 불만만 늘어놓았다. 자신에게는 너그럽지만, 남들에게는 한없이 가혹하고, 세상의 온갖 불행은 자기가 다 짊어지고 있는 것처럼 엄살을 떠는 것이 이들이었다. 처음에는 그렇게 생각을 했다. 그런데 관점을 조금 달리하니 안 보이던 것들이 보이기 시작했다. 나는 식민지 백성으로 살아가는 일의 어려움을 생각했다. 이런 시대에 생활인으로서, 혹은 지식인으로서 맺힌 데 없이 잘 살아간다는 건 무엇을 의미할까. 식민지 지식인으로서의 자의식이란 것이 과연 있는가, 하고 묻는다면 그는 무엇이라고 대답할까. 반대로 식민지 체제에 편입되어 편안하게 살아가기를 거부하는 인간에게는 어떤 삶이 주어질 수 있을까. 혹 〈지주회시〉의 주인공이 바로 그런 인물 가운데 하나였던 것일까. 그래서 무위도식하는 그의 행위는 사실 식민지 체제에 그 나름의 방식으로, 기를 쓰고 저항하려는 의지의 표현이었던 것일까.

이런 질문들이 쌓이면서 인간의 복잡한 내면이 보이기 시작했고, 인간에 대한 이해가 깊어졌다. 악의 깊이, 인간의 이율배반적인 모습, 인간 내면의 복잡함을 좀 더 깊이 성찰할 수 있게 되었다. 어찌할 수 없는 상황에서 가혹한 운명이 이끄는 대로 끌려가는 인물의 무기력한 모습을 보며 혀를 차기보다는 쓸쓸함을 느끼게 되었고, 과거의 잘못을 돌이킬 방도가 없어지자 더 철저하게 망가지고 끝내 자신이 감당하기 어려울 만큼의 벌을 초래하는 것으로 죄 갚음을 하려는 인물을 보면서는 구원의 방도를 알려 주고 싶은 욕심 이전에 공감하고 같이 아파하는 마음이 먼저 찾아왔다.


## 그러면 그들은 단순했을까


오랜 시간 문학판을 서성거리면서 온갖 난해한 인물들을 만나고 그들을 이해해 보려고 기를 써 오다 보니 어느 순간 나 자신이 조금쯤 복잡한 인간이 되어 있었다. 교회 안에서 나오는 어떤 이야기들에 이전과 같은 반응을 보이기가 어려워졌다. 성경 속 인물들의 삶을 모델로 하여 주어지는 신앙적·윤리적 권유들이 때때로 나를 숨 막히게 했다. 모범적인 인물들은 대개 안과 밖이 두루 단순했는데, 현실의 삶이 단순하지 않은 이상 그들의 삶을 그대로 적용하기는 쉽지 않았다. 성긴 그물로는 작은 물고기를 잡을 수 없는 법이다. 복잡한 것을 가지고 단순한 것을 설명할 수는 있어도 단순한 것을 가지고 복잡한 것을 설명할 수는 없다. 단순하게 믿고 살아가는 데서 오는 이점을 무시할 수는 없지만, 단순한 삶에 기초하여 나온 지혜가, 살아가면서 부딪치는 수많은 혼란과 고민을 해결하는 데 때때로 무능한 것 역시 사실일 것이다. 현실 삶에 적용할 수 있으려면 성경 속 인물들 역시 그들 삶이 놓인 좀 더 복잡한 맥락 속에서 이해해야 하지 않을까 하는 생각이 들었다. 그러면서 정말 그들이 단순한 존재였던가 하는 데 의구심이 들기 시작했다.

다시 성경의 이야기 속으로 눈을 돌렸을 때 다른 그림이 보였다. 인물들이 처한 상황과 순간순간 보이는 여러 반응이 단순하게만 느껴지지 않았다. 그들 역시 복잡한 현실 속에서 매 순간 여러 고민을 하며, 겨우 하나님의 요구에 반응하고 있었다. 단번에 하나님의 뜻을 이해하는 인물은 단 한 명도 없었다. 이들에게는 하나님의 약속 이후 시간이 지나면서 점점 하나님의 뜻을 분명히 알아가는 과정이 있었고, 정말 오랜 시간이 흐른 이후에야 하나님의 뜻이 겨우 발견되는 순간들이 많았고, 그 사이의 시간은 대부분 회의와 절망, 좌절로 채워지고 있었다. 많은 경우 이 중간 과정은 생략되거나 그 이후에 있는 성공을 돋보이게 만드는 장식 정도로 여겨졌지만, 나에게는 오히려 이 과정이 더 크게 보였다. 이 대목을 좀 더 깊이 묵상해야, 문학 작품이 그려내고 있는 인간의 온갖 복잡한 양상들을 두고 할 말이 있을 것이라고 생각했고, 그리스도인으로서 이 세상을 살아가면서 실제 부딪치게 되는 수많은 문제와, 하나님께서 주신 약속을 붙들고 살아가는 과정에서 겪게 되는 여러 어려움에 제대로 대처할 수 있을 것 같았다.

나는 야곱의 20여 년 세월을 상상하면 아득해진다. 요셉이 죽었다는 소식이 전해진 이후 20여 년 동안 야곱은 어떤 삶을 살았을까. 성경은 아무런 이야기도 들려주지 않는다. 그 삶이 평온했을까. 모른다. 다만 파라오 앞에 나아갔을 때 험악한 세월을 보냈다고 했던 그의 말을 실마리 삼아 짐작해 볼 때, 그는 평온과는 한참 먼 삶을 살았을 가능성이 매우 높다. 사랑하는 사람을 잃고 참혹한 고통 가운데 살아가는 이들도 시간이 지나면 점차 그 고통에 무뎌져 가기 마련인 터라 야곱 역시 그랬을 것으로 짐작하기도 하지만, 그것은 모르는 일이다. 아버지 이삭으로부터 받은 축복대로 엄청난 부를 얻었고, 아들의 숫자도 딱 맞춘 듯 열둘이 되었는데(아브라함의 형제 나홀과 아브라함이 한때 복의 상속자로 믿었던 이스마엘의 아들이 각각 열두 명이었다. 아브라함의 아들은 그 수에 이르지 못했고, 이삭은 불과 두 명의 아들을 얻은 것이 전부였다) 그 가운데 가장 사랑하던 아들 하나가 죽어 버렸다면 이 모든 것이 다 무슨 의미가 있을까. 요셉이 죽은 것으로 알려진 그때 이삭은 아직 살아 있었고, 그의 삶은 아직 10년 넘게 더 이어질 터였는데, 생때같은 자식을 잃은 야곱은 그 아버지를 붙들고 과연 무슨 이야기를 했을까. 이삭은 어떤 답을 들려줄 수 있었을까. 극심한 기근이 들고 해가 바뀌어도 상황이 달라지지 않아 결국 곡식을 구하기 위해 자식들을 이집트 땅으로 보내야 했을 때, 야곱은 어떤 생각을 했을까. 할아버지 대로부터 삼대에 걸쳐 잊을 만하면 흉년이 찾아오는데, 상황이 이런데도, 야곱은 한 점 의심 없이 이곳을 약속의 땅이라 믿을 수 있었을까. 나는 회의적이다.

고전학자인 에리히 아우어바흐(Erich Auerbach)는 《미메시스》(민음사)에서, 성경의 인물들이 호메로스의 서사시에 나오는 인물들과 얼마나 다른지 언급한 적이 있다. 트로이와 전쟁을 치르기 위해 이타카를 떠날 때의 오디세우스와 20년이 지나 귀향할 때의 오디세우스는 똑같지만, 젊은 날의 야곱과 늙은 야곱 사이에는 큰 거리와 운명의 변천이 가로놓여 있다. 늙은 다윗은 또 어떤가. 왕이 죽기를 기다리며 권력을 손에 쥐려는 세력들 사이에 암투가 벌어지고 있지만, 그는 지금 아비삭에게 몸을 의지한 채 남은 목숨을 겨우 이어 나가고 있을 뿐 할 수 있는 일이 하나도 없다. 젊은 시절의 다윗을 생각하면 상상하기 어려운 장면이다. 누군가는 이런 장면들을 인간의 약함과 대비되는 하나님의 강하심을 드러내기 위해, 혹은 약한 자를 들어 강하게 하시는 하나님의 은혜로우심을 강조하기 위해 놓여 있는 배경으로 이해하려 할 테고, 그런 조건에서 비로소 의미를 발견하게 되겠지만, 지금의 나에게는 날 것 그대로 이들 장면이 소중하게 느껴진다. 현실 속 삶은 대개 암흑 속에서 조금씩 앞으로 나아가는 법인데, 그들도 캄캄한 시간 이후에 올 미래를 충분히 잘 알지 못한 채 살아갔다면, 그들을 거울삼아 내 삶을 들여다보는 일이 무상한 일은 아니겠다는 생각이 들기 때문이다.

나는 성경 속 인물에게서 현재 우리에게 적용할 어떤 삶의 태도를 배워 오고자 한다면, 이들을 조금 복잡한 문맥 속에 놓고, 겉으로 드러나는 행동 이면에 있는 것들을 들여다볼 수 있어야 한다고 생각한다. 그들의 삶이 대체로 단순해 보이는 이유는 그들의 실제 삶이 그래서가 아니라 단지 묘사의 깊이가 그 정도여서 그렇게 보이는 것일 뿐이라고 이해한다. 성경 기자들에게 중요했던 것은 하나님께서 하신 놀라운 일이었고, 그들은 주연인 하나님께 옳게 주목한 것이며, 그러다 보니 인물들은 실제보다 얕게 묘사된 것일 뿐이라고, 우리 삶이 그런 것처럼 그들의 삶 역시 실제로는 무척 복잡했다고 판단한다. 그러니 표면에 쓰인 것만을 읽은 다음 믿음과 삶을 위한 지혜를 이끌어 내고, 다시 이를 현실 삶에 적용하려 드는 것은 그들을 위해서나 우리를 위해서나 온당하지 않은 처사라고 믿는다. 그들의 복잡한 내면이 자세히 복원되면, 기왕의 신앙적·윤리적 지침들이 조금쯤 모습을 달리하여 우리에게 주어지지 않을까.

## 두 언어 사이에서

한 가지 언어만 아는 사람은 기실 자기가 쓰는 그 언어도 잘 모르는 법이다. 다른 언어를 알아가는 과정에서 비교의 감각이 길러지고, 그 감각으로 되돌아볼 때에야 비로소 자기 언어의 독특하고 예외적인 지점이 발견된다. 비교 감각이 없으면 상대가 하는 말을 원래 의미대로 받아들이기 쉽지 않다. 자기가 하는 말이 상대에게 어떻게 이해될 수 있는지, 경우에 따라서는 어떻게 한 번도 생각해 보지 않은 방식으로 오해될 수 있는지도 짐작할 수 없다. 양쪽을 다 알면 이런 불상사를 막을 수 있는 여지가 조금 커진다.

나는 지금 두 언어 사이에 있다. 교회의 언어가 한편에 있고 그 맞은 편에 문학과 학문의 언어가 있다. 어느 한쪽도 제대로 알고 있다고 자신할 수는 없지만, 그래도 양쪽의 언어가 어떻게 다른지, 둘이 서로 어떤 오해를 하고 있는지, 둘을 각각의 언어로 번역하는 것이 가능하겠는지 물어 가면서 살아가고 있다는 생각은 해 본다. 세상을 변화시킨 생각들 상당수가 사이-공간에서, 양쪽을 오가는 가운데 나왔다고들 한다. 반면 분쟁을 조정하고자 애쓴 이들이 결국 양쪽 모두에게 배척당하는 것 역시 역사에서는 흔히 있는 일이었다. 사이에 선다는 것이 마냥 행복한 결말을 약속해 주지는 않을 것이다. 내 앞에 어떤 길이 놓여 있을지는 미리 예단하지 않으려 한다. 내가 서 있는 자리가 어디인지 분명하게 인식하면서 살아간다면 그것으로 충분하지 않을까.

김학균

국문학을 전공한 지 19년 만에 박사학위를 취득했다. 학부 시절 한 선교단체를 통해 구원의 은혜를 경험한 뒤 선교와 국문학 공부를 놓고 길게 방황했다. 40대 중반 국문학 교수의 꿈을 포기한 뒤 귀촌 생활을 했으나 삶의 위기를 겪었다. 그 후 목회자로 부르심을 확인하고 감리교신학대학원에 진학, 2022년 목회학 석사 학위를 받았다. 현재 강원도 영월군 북면에 위치한 공기교회의 전도사로 사역하며, 서울시립대학교와 아주대학교에서 글쓰기 강사로도 일한다. 레슬리 뉴비긴의 '선교적 교회' 개념을 접한 후 인문학을 기독교적 세계관으로 통합하는 작업을 시도하고 있다. 《염상섭 소설 다시 읽기》(한국학술정보)를 썼고, 《한국 소설의 추리 기법》(푸른사상)에 공저자로 참여했다.

**김학균** 국문학·목회학 전공

## 방황에서 방황으로

1989년 서울대학교 국문과에 입학했을 때 나는 인생에 탄탄대로가 열릴 것이라고 예상했다. 지금도 서울과 지방 간의 격차가 크지만, 내가 고등학교를 다니던 시절에 지방의 고등학교에서 서울대 입학은 꿈만 같은 일이었다. 게다가 공부를 그렇게 탁월하게 잘하지 못한 나로서는 단번에 들어갈 수 있을 것이라고는 예상도 못했다. 그래서인지 입학한 뒤에도 대학에 떨어지는 악몽을 한참 동안 꿨다. 많은 남자들이 군대에 다녀오고 나면, 군대 악몽을 꾼다고 하는데, 내게는 대학 입시가 그랬다. 행정 착오로 인해 입학이 취소되었으니 입학 시험을 다시 보라는 청천벽력같은 소리를 듣고, 놀라서 잠에서 깨는 경우가 많았다.

그렇게 꿈에 그리던 명문대를 입학했는데, 내 앞에 펼쳐진 길은 탄탄대로는커녕 눈물과 방황의 연속이었다. 당시 국문과는 운동권 선배들의 주도하에 '독재 타도'를 외치며, 노태우 정권 퇴진 운동을 벌이고 있었다. 나는 교회에 출석하면서 스스로 기독교인이라는 정체성을 갖고 있었지만, 선배들의 가르침을 받으면서 점차 운동권 학생으로 변화되고 있었다. 대학생과 기독교인이기 이

전에 대한민국 국민의 한 사람으로서 한국의 정치와 사회문제를 해결하기 위해 노력해야 한다고 생각했다.

선배들은 마르크스와 레닌의 이론을 바탕으로 사회변혁운동을 하고 있었지만, 기독교인으로서 나는 인도주의적 차원에서 사회문제에 접근했다. 사상적인 배경이 다르기 때문에 나는 선배들의 말을 완전히 수긍하기 어려웠다. 그래서 내 안에는 기독교와 사회운동을 연결할 수 있는 연결 고리를 만들고자 하는 열망이 있었지만, 선배들의 사회변혁에 대한 열정에 압도된 나머지 내면의 고민을 나눌 사람을 찾지 못했다. 대학 생활 4년은 나에게 이런 고민을 해결하기 위한 방황의 연속이었다.

운동권 선배들의 손에 이끌려 학교 정문으로, 거리로 나가서 시위를 하면서 경찰의 '지랄탄' 연기에 질식하기도 했다. 최루탄은 공중으로 쏘아 올려서 가루를 뿌리는 방식이었다면, 지랄탄은 연기 형태로 퍼뜨려 대상을 순간적인 고통에 빠뜨리는 것이었다. 학부 시절 내내 이런 시위에 참여하면서 시간을 보낸 나는 4학년에 되자 졸업 후 진로를 정하기가 너무 어려웠다. 공부를 한 것도 아니고, 그렇다고 운동권에서 주도적으로 사회운동을 한 것도 아니었다. 말 그대로 주변인이었다.

군대에 가기도 그렇고 직장에 들어가기도 어려워서, 어쩔 수 없이 대학원에 진학하기로 마음을 먹었다. 아무도 나에게 대학원 진학을 권하지 않았지만, 다른 선택지가 없었다. 대학원 입학 준비를 해서 석사과정으로 문학 공부를 이어갔다.

국문학 공부에 흥미가 없어서 석사과정에 진학한 뒤에도 공부에 취미를 붙이지 못했다. 방랑자처럼 교내 건물 1동과 3동을 오가는 처지였다. 1동에는 국문과 대학원과 석사과정 학생들의 연구실이 있었고, 3동과 4동 사이의 통로에는 탁구대가 한 대 놓여 있었다. 그곳에는 공부를 하다가 머리를 식힐 겸 탁구를 치러 온 선배와 후배들로 항상 붐볐다. 탁구 실력은 초보부터 고수까지 천차만별이었지만, 탁구에 대한 열정만큼은 서로 뒤지지 않는 사람들이 모여 있었다.


## 방황의 원인


당시 3동 탁구장을 찾던 사람들 중에는 대학교수가 되어 가끔 TV에 출연하는 분들도 있고, 연구자로 성공을 거둔 사람들도 꽤 많다. 그들은 공부를 하다가 머리를 식히기 위해서 3동 탁구장을 찾았지만, 나에게 3동 탁구장은 현실에서 도피하기 위한 피난처였다. 학부 4년을 마치고, 어쩔 수 없이 대학원에 들어와 석사과정을 밟고 있다 보니, 공부에 대한 열정이나 동기가 전혀 일어나지 않았다.

지금도 선명하게 기억이 난다. 석사과정 동기들과 만든 스터디

그룹이 있었는데, 그들은 스터디 시간이 되면 아침부터 탁구장에 앉아 있던 나를 데리러 왔다. 나는 제대로 스터디 준비를 하지 않았기 때문에 모임에서 아무런 이야기도 못하고, 그저 다음부터는 더 열심히 공부해 오겠노라고 동료들에게 사과하기에 바빴다. 그렇게 국문학 공부는 뒷전이고, 탁구장에서만 시간을 보내다 보니, 제대로 된 공부를 하거나 발표문을 쓰기도 쉽지 않았다. 한 학기에 수업을 3개 정도 들었는데, 수업 시간에 발표를 하다가 교수님의 꾸중을 듣는 것이 일상이었다. 그러니 석사과정에서 받은 학점도 좋을 리가 없었다.

그러다가 공부와 더욱 멀어지는 계기가 있었다. 나는 1994년에 선교단체 CCC를 따라서 필리핀에 단기 선교 여행을 갔다가 회심하게 되었다. 예수 그리스도께서 나를 위해 십자가에서 죽으시고, 나를 위해 부활하셨다는 사실이 선명하게 받아들여졌다. 필리핀을 다녀와서 집으로 가는 시외버스 좌석에 앉아 있는데, 갑자기 내 인생이 주마등처럼 지나갔다. 내 인생은 성경이 말하는 것처럼 '쏜 화살' 또는 '잠깐 있다가 사라지는 아침 이슬'이라는 생각이 들었다.

그렇다면 어떻게 살아야 할까? 나에게는 다른 선택지가 없었다. 내 인생을 하나님께 드리겠다고 마음속으로 서원했다. 그때부터 나는 국문학 공부를 더욱 멀리했다. 하루 종일 성경책을 읽고 묵상하는 일로 시간을 보냈고, 주말에는 당시 사랑의교회에서

10주 과정으로 진행한 선교사 훈련을 받으러 갔다. 성경을 원어로 읽고 싶어서 방학 동안 히브리어와 헬라어 공부에 집중하기도 했다.

국문학과 대학원생이 국문학 공부를 하지 않고, 날마다 신학 공부와 성경 공부에 열을 올리다 보니 국문학과의 거리는 더욱 멀어졌다. 대학원에서 만난 친구와 함께 기독교 모임을 만들고, 기독교 학생운동에 더욱 열을 올렸다. 지금 생각해 보면, 그것도 하나님께서 이 학교를 사랑하셔서 우리를 통해 캠퍼스를 변화시키려 하신 계획이었던 것 같다. 학부 시절에는 선배들을 따라 수동적으로 학생운동을 했다면, 석사과정에 올라와서는 주도적이고 자율적으로 교내 기독교연합운동을 펼쳐 나갔다. 먼저 국문과에서 학생 기독인 모임 '하늘시'를 만들었고, 이어서 인문대 기독인 모임 '인기연'을 만들었다. 나중에는 서울대 기독인 모임(서기연)이 만들어지기도 했다. 이렇게 모임을 만들고 훌륭한 목사님들을 모셔 와 말씀을 듣는 등 종교 활동에 열을 올렸다. 신앙생활에 집중하다 보니, 국문학 공부에는 점점 더 소홀해졌다.

대학원 지도 교수님은 "김학균은 종교에 너무 심취해서 공부를 제대로 하지 않는다"고 말씀하셨다. 그 말씀이 지금도 잊히지 않는 것은, 그 당시 나의 대학원 생활이 한 문장으로 설명되었기 때문이다. 학부 시절의 방황은 다른 모습으로 대학원 석사과정에서도 이어지고 있었다. 나는 점차 학문의 영역에서 멀어져 신실한 기독교인이 되었지만, 목회자로 부르심을 받았다는 확신은 없었다. 그래서 석사과정 내내 어영부영 시간을 보내다가 석사학위를 받지 못한 채 늦깎이로 군대를 다녀왔다.

## 사적 영역과 공적 영역의 분리

군대를 제대할 때쯤 국문학을 그만두고 신학교에 들어가려고 했다. 막상 대학원을 그만두고 신학교에 입학하려고 하자, 대학원 선배들이 "대학원을 그만두더라도 석사학위는 받고 그만 두라"고 권했다. 그리고 어떤 친구는 "10만 명이나 되는 목회자들이 있는데 네가 신학교에 가서 목사가 되는 것은 큰 의미가 없다"고 했다. 그 말들이 모두 수긍이 되어 나는 석사학위를 받으려고 다시 공부를 시작했다.

나의 학문 여정은 야곱의 삶과 비슷했다. 야곱은 아들 요셉이 이집트의 총리가 되었다는 말을 듣고, 가족들과 함께 이집트로 가서 바로를 만난다. 바로가 야곱의 나이를 묻자, 야곱은 자신이 살아온 세월을 다음과 같이 말한다. "이 세상을 떠돌아 다닌 햇수가 백년 하고도 삼십 년입니다. 저의 조상들이 세상을 떠돌던 햇수에 비하면, 제가 누린 햇수는 얼마 되지 않지만, 험악한 세월을 보냈습니다."(창 47:9, 새번역) 야곱은 자신의 삶은 떠돌이였고, 그 세월이 험악했다고 고백했다.

나는 1999년 8월에 석사학위를 받았고, 2008년에는 박사학위도 받았다. 나의 학문 여정은 한편으로는 험악했고, 다른 한편으로는 하나님의 은혜가 함께한 시간이었다. 하나님의 은혜가 아니었다면, 박사과정을 마칠 수 없었을 것이다. 나는 신앙이 좋아질수록 국문학에 대한 열정이 높아진 것이 아니라 국문학과 거리가 멀어졌고, 나의 학문과 나의 신앙은 좀처럼 접점을 찾지 못했다. 신앙이 좋아질수록 학문의 영역에서 나는 후퇴하였고, 학문을 하는 것이 신앙에 도움이 되기보다는 신앙을 후퇴시킨다고 생각했다.

어째서 신앙과 학문이 거리를 좁히지 못하고, 점점 더 멀어지게 된 것일까? 국문과 기독인 모임을 만들고, 인문대 기독인 모임을 만들면서 우리의 고민은 항상 신앙과 학문을 어떻게 일치시키는가에 있었다. 그럼에도 불구하고, 나는 학문의 영역을 기독교 신앙으로 변화시키려는 노력을 하지 못했다. 아예 시도조차 하지 않았다고 해도 과언이 아니다. 왜 나는 학문 영역에 기독교 신앙을 적용시키지 못한 것일까?

그 이유를 최근에 레슬리 뉴비긴을 통해서 깨달았다. 1909년 영국에서 태어난 레슬리 뉴비긴은 1936년부터 38년간 인도에서 복음을 전하다 영국으로 돌아온 선교사다. 영국으로 돌아온 뒤 그는 자신을 파송한 영국이 기독교를 버리고 또 다른 선교지가 되어 있음을 발견하게 된다. 그는 왜 영국이 기독교 신앙을 떠나 이교도 국가가 되었는가를 고민하며 이를 극복하기 위한 저술 활동을 했고, 영국 안에서 교회개혁운동을 병행하였다. 그는 교회가 세상과 분리되어 삶과 신앙도 분리된 것이 가장 큰 문제라고 인식하며, '선교적 교회'를 주창하였다.

선교적 교회는 하나님께서 예수 그리스도를 통해서 이루신 일이 단순히 개인의 구원에서 머무는 것이 아니라 창조 세계 전체를 회복시키려는 것임을 아는 데서 출발한다. 사도 바울은 에베소서 1장 10절에서 "하나님의 계획은, 때가 차면, 하늘과 땅에 있는 모든 것을 그리스도 안에서 그분을 머리로 하여 통일시키는 것"이라고 말한다. 하나님은 교회와 교회 안의 성도들만 구원하려는 것이 아니라 하늘과 땅에 있는 모든 것을 그리스도 안에서 통일시키려고 그의 아들 예수 그리스도를 세상에 보내셨다. 그리고 먼저 택함을 받은 우리는 하나님의 계획에 동참하여 세상을 그리스도 안에서 통일되게 하는 일로 부름 받았다.

하나님은 만물을 그리스도 안에서 통일시키려고 그의 아들을 세상에 보내셨는데, 교회는 어째서 세상과 점점 더 분리되어 그들만의 공동체가 되고 말았을까? 미국 복음주의 신학자 낸시 피어시(Nancy Randolph Pearcey)는 《완전한 진리》(복있는사람)에서 사적 영역과 공적 영역의 분리가 그 원인이라고 진단하였다. 진화론과 합리적 이성에 기반을 둔 세속 철학은 진화론을 과학적 사실과 일치시킴으로써 공적 영역에 과학적 지식을 배치시키고, 사적 영역에는 개인적인 선호나 종교, 가치관, 사상을 배치하였다.

진화론에 따르면, 인간은 단세포 생물로부터 점점 진화하여 다세포 생물이 되고, 유인원을 거쳐서 인간에 이르기까지 진화했다고 한다. 그렇다면 인간의 정신이나 영혼은 인간의 육체적인 진화에 따른 부차적인 부분에 지나지 않는다. 또 인간이 단세포 생물로부터 진화된 진화의 정점에 있다고 할지라도 결국 인간은 원숭이를 조상으로 둔 동물에 지나지 않는다. 그렇다고 할 때, 인간의 존엄성이나 가치는 주장할 수 없게 된다. 또한 인간이 자연선택과 적자생존에 의해서 살아남은 것이라면 인간은 어쩌다 우연히 세상에 태어나서 아무런 목적이나 의미 없이 살아가는 존재일 뿐이라는 말이 된다. 그래서 진화론으로는 인간의 존엄성이나 인권을 주장할 수가 없다. 그래서 이들은 인간의 존엄성을 부여하기 위해 공적 영역과 구분되는 사적 영역을 만든 것이다.

낸시 피어시는 칸트와 헤겔을 비롯한 세속 철학으로는 사적 영역과 공적 영역을 분리하는 이분법적인 사유를 할 수밖에 없다고 분석하였다. 진화론은 과학적 이성이 모든 사람들에게 적용되는 보편적인 것이라면, 사상이나 정신, 철학, 가치관, 종교 등은 개인적인 선택이나 선호라고 본다. 이렇게 되면, 공적 영역에서는 진화론이나 실험을 바탕으로 한 과학적 사유만을 말할 수 있고, 철학이나 종교는 사적인 영역에서만 말해야 한다.

문제는 진화론자들이 주장하는 사적 영역과 공적 영역의 분리를 기독교인들도 수용했다는 점이다. 기독교인들이 공적 영역에서 더 이상 기독교 신앙대로 살기를 포기하고, 종교나 가치관을 사적 영역 즉 개인적인 선호라고 받아들인 것이다. 세상 사람들은 공적 영역에서 종교적인 신념을 발표하거나 기독교 전도를 금지하였다. 이제 기독교인들은 교회 안에서만 기독교 신앙대로 살아가고, 공적 영역에서는 세상의 논리와 방법을 따라야 한다. 따라서 기독교인들은 공적 영역에서 자신의 신앙을 드러내고, 신앙적인 태도로 직장 생활을 하거나 공적인 활동을 하는 것에 큰 부담을 갖게 되었다. 그 결과 신앙과 삶, 교회 생활과 직장 생활의 분리가 일어났다. 낸시 피어시는 이와 같은 이분법을 극복하고, 자신의 전문 영역에서 기독교적인 신앙을 관철한 사례를 제시한다.

미국 정신과 의사 데이비드 라슨(David B. Larson)은 '종교와 건강'이라는 주제로 의학계의 편견을 깨뜨렸다. 그는 정신의학을 배우던 시절에 종교와 건강을 연결해서는 안 된다는 말을 들었다. 프로이트는 종교를 '보편적 강박 신경증'이라고 정의하고, 종교적인 믿음이 정신 건강에 해로울 뿐 아니라 병적이라고 주장했다. 그 주장은 당시 정신의학계에서 정설로 여겨졌다.

그렇지만 라슨은 종교와 정신 건강의 관련성을 연구했고, 종교가 정신 건강에 부정적인 영향을 주는 것이 아님을 밝혀 냈다. 그의 연구 대상자 중에 신앙이 깊은 사람들은 병든 집단이 아니라 건강한 집단에 속했다. 그는 미국 국립보건연구소를 설립하고 소장으로 일했는데, 거기에서 종교적인 믿음이 더 나은 정신 건강과 실제적인 관련이 있음을 확증하는 여러 편의 연구 결과를 도출하고 출간했다. 현재는 신앙심이 깊은 사람이 우울증, 자살, 가정의 불안정, 마약, 알코올 남용 등의 사회적 병리 면에서 발병율이 낮다는 것이 널리 인정되고 있다.

더 놀라운 사실은 종교적 믿음이 더 나은 신체 건강과도 상관이 있다는 점이다. 암에서부터 고혈압, 심혈관 질환에 이르기까지 거의 모든 질병에서 신자들이 더 낮은 발병률을 보이고 있었다. 병에 걸렸다가 회복되는 속도도 신앙 있는 사람이 그렇지 않은 사람에 비해서 더 빠르다. 사망률도 신자들이 비신자들에 비해서 더 낮았다. 결론적으로 교회에 정기적으로 출석하는 사람이 더 행복하고, 더 오래 산다는 것이다.

라슨이 연구를 시작할 때만 하더라도 종교를 건강과 연결시키면 교수가 되기 어렵다는 것이 학계의 전반적인 분위기였다고 한다. 그러나 라슨의 연구 결과로 인해서 이제는 비기독교인들도 그 상관관계를 인정하게 되었다. 이처럼 오늘날 성경적인 원리들이 현실 세계에도 효력이 있음이 증명되고 있다. 기독교인들이 자신의 신앙을 자신의 삶의 영역과 지식의 영역에 적용할 때 기독교 진리는 더 구체적이고 풍성하게 밝혀질 것이다.

## 탁구장으로 도망친 국문학도

공적 영역과 사적 영역의 분리를 나에게 적용하면, 나는 공적 영역에서 신앙적인 태도를 취하지 못하고, 사적 영역으로 도망친 연구자였다. 1동 연구실이 공적인 영역이었다면, 3동 탁구장은 나에게 사적 영역이었다. 나는 공적 영역에서 신앙을 유지하지 못하고 3동 탁구장으로 도피하거나 피신한 셈이다. 1동 연구실과 강의실에서 내가 접한 철학과 이론들은 대부분 반기독교적인 것에 기반을 두고 있었다. 당시 문학계를 주름잡던 이론가들은 니체, 데리다, 미셸 푸코, 프로이트, 라깡, 지젝 등이었는데, 이들의 이론은 포스트모던 철학을 바탕으로 하고 있었고, 포스트모던 철학은 신 중심과 인간 중심을 비판하고, 중심의 해체를 주장하고 있었다.

포스트모던 철학은 인간 중심에서 벗어나야 한다고 주장함으로써 기존의 철학을 해체하고 비판하는 데 초점을 두고 있었기 때문에 난해할 뿐 아니라 그것이 주장하는 바를 선명하게 이해하는 것도 쉽지가 않았다. 기독교 신앙을 갖고 있었던 나에게는 해체 철학에 대항할 의지가 없었다. 애초에 대항할 수조차 없다고 생각했다. 당시 국문학계에서 가장 큰 영향을 미치고 있었던 김윤식 교수님은 해체 철학의 영향을 받아 모든 사상은 극단까지 이르게 되면, 그것으로써 의미를 지닌다고 주장하셨다. 마르크시즘이나 프로이트주의나 해체주의나 어떤 철학과 이론과 문학이라고 할지라도 그 분야에서 자기 나름의 성취를 이루면 그것으로 충분하다는 것이다. 나는 김 교수님의 주장에 암묵적으로 동의하고 있었다.

과연 모든 사상과 철학이 동등하고 진리는 여러 갈래라고 할 수 있을까? 미국 철학자 제임스 사이어(James W. Sire)의 《기독교 세계관과 현대사상》(IVP)에 따르면 그렇게 단언하기 어렵다. 먼저 진화론과 이성적 합리주의에 기반을 둔 철학자들이 사적 영역과 공적 영역으로 분리된 사유를 하고 있다는 점을 간파할 필요가 있다. 즉 과학적 사유는 공적 영역에서 가능하지만, 종교나 철학 등의 가치관이나 사상은 개인의 취향이나 선택의 영역으로 분리해야 한다는 것은 그것이 불완전한 논리임을 방증한다.

만약 진화론이나 이성적 합리주의가 진리라면, 사적 영역과 공적 영역을 나눌 필요가 없어야 한다. 즉 진리는 사적 영역과 공적 영역에 따로 적용할 수 없다. 다시 말하면 진리는 물질세계나 정신세계에 동일하게 적용되어야 한다. 상식적으로 볼 때, 물질적인 영역보다 정신적인 영역이 더 우리 삶에 중대한 영향을 미친다. 그렇다면, 정신이나 철학, 종교를 사적인 취향이나 선호로 치부하는 것은 더 비논리적이다.

기독교 진리는 물질적인 영역과 정신적인 영역을 분리하지 않는다. 우리의 육체가 정신에 영향을 미칠 수 있고, 우리의 영혼과

정신은 육체에 영향을 미칠 수 있다. 우리의 몸과 정신과 영혼은 분리되어 있는 것이 아니라 하나로 통합되어 있다. 예수 그리스도께서 재림하시는 날에 우리의 영혼만 부활하는 것이 아니라 우리의 육신도 부활하여 부활의 몸을 입게 될 것이다. 그래서 기독교는 사적 영역과 공적 영역의 분리가 없이 물질세계와 정신세계를 일관성 있게 설명한다.

그에 비해서 세속 철학은 논리적인 일관성이 부족한 경우가 많다. 사이어의 주장에 따르면, 세속적 세계관에 기반하고 있는 사유들은 그 안에 논리적인 허점이 있고, 그것을 파고들 때에 각각의 사유들이 갖고 있는 문제점을 알 수 있다고 한다. 진화론의 경우에는 현재 일어나고 있는 모든 일들이 자연선택과 적자생존에 의해서 발생하기 때문에 이를 긍정적으로 보아야 한다는 궤변이 가능해진다. 예를 들어 강간 사건을 비롯한 범죄가 인간의 진화와 발전 중에 여전히 남아 있다면, 그것은 진화론적인 관점에서는 없애야 할 것이 아니라 수용해야 한다는 말이 된다. 한때 진화론자들이 이와 같은 논리를 펼치다가 많은 사람들의 비난으로 인해 그 주장을 철회하기도 했다. 이처럼 진화론의 논리 안에도 많은 허점과 비약이 존재한다.

그래서 우리는 기독교인으로 비기독교인들이 펼치고 있는 철학과 사상들에 두려움 없이 맞설 수 있고, 그들의 논리 안에 숨어 있는 허점들을 파고들어서 밝혀 낼 수 있다. 성경이 말하는 대로

"우리의 싸우는 무기는 육신에 속한 것이 아니요 오직 어떤 견고한 진도 무너뜨리는 하나님의 능력"이다. 그래서 "모든 이론을 무너뜨리며 하나님을 아는 것에 대적하여 높아진 것은 다 무너뜨리고 모든 생각을 사로잡아 그리스도에게 복종"(고전 10:4-5)하게 해야 한다.


## 서양 고전을 기독교적 관점에서 읽다

나는 지금 국문학 연구를 중단했다. 감리교신학대학원에서 신학을 공부하고 목회자의 길을 가고 있다. 그래서 이제 인문학과 신학을 연결하는 작업을 하는 중이다. 인문학이 인간을 대상으로 한 연구라면, 신학은 하나님을 중심에 놓고, 인간과 세계를 연구하는 것이다. 그렇다면 신학은 인문학과 만나서 더욱 풍성해지고, 인문학과 철학이 갖고 있는 장점과 단점도 얼마든지 말할 수 있다고 생각한다.

최근에는 서양 고전들을 기독교적인 관점에서 읽는 작업을 진행하고 있다. 기독교를 진리로 믿지 못한다면 결코 도전할 수 없는 일들이다. 그러나 기독교가 진리이고 참된 종교라면, 인간 중심적 사유나 인문학적인 관점을 갖고 있는 사유들이 갖고 있는 진리나 비진리, 거짓들을 밝혀낼 수 있을 것이다. 그래서 플라톤의《국가》,《소크라테스의 변명》, 토마스 모어의《유토피아》, 니체의《차라투스트라는 이렇게 말했다》등을 읽고 기독교적인 세계관과 연결해서 생각해 보았다. 그러면서 기독교가 개인과 공동체를 살리는 종교임을 알 수 있었다.

니체의《차라투스트라는 이렇게 말했다》는 기독교로 대표되는 형이상학을 비판하고, 기존의 도덕과 윤리를 따르기보다는 인간 스스로 도덕과 윤리의 창조자가 되어야 한다고 주장한다. 기독교의 신을 버리고 스스로 신이 되어야 한다는 것이다. 니체의 이런 주장의 배경에는 진화론적인 사유와 이성적 합리주의가 놓여 있다. 즉 인간은 우연히 세상에 태어나서 영원히 물질 세계를 떠도는 존재이기 때문에 기존의 도덕과 윤리에 얽매이기보다는 스스로 신의 자리에 앉아서 도덕과 윤리를 창조해야 한다는 것이다.

이와 같이 신을 떠난 존재를 그는 '초인'이라고 불렀다. 그러나 성경은 분명하게 말한다. 니체가 주장하는 신을 떠난 인간에게는 반드시 하나님의 심판이 기다리고 있는데, 그 심판은 개인과 공동체 모두에게 떨어진다. 즉 하나님을 떠난 자에게 하나님은 공동체의 붕괴뿐 아니라 가뭄과 홍수, 질병과 각종 재난들을 내리신다. 그중에 가장 무서운 것은 정신이상과 미치광이가 되는 것이었다. 실제로 니체는 말년에 정신이상으로 인해서 정신병원에 수용되었고, 그곳에서 생을 마감하는 비극을 겪었다. 이처럼 하나님을 떠난 자에게는 저주가 임한다는 것이 성경적인 진리다.

인문학의 길에서 성서를 만나다

이처럼 기독교 신앙은 우리 삶의 모든 영역에서 적용되어야 한다. 세속 철학과 사상이 주장하는 대로 공적 영역에서는 진화론으로 대표되는 과학적 사유만 할 수 있고, 사적 영역에서는 개인의 취향과 선호로 대표되는 종교나 사상을 말해야 한다는 이분법적인 태도를 배격해야 한다. 나아가 기독교 진리로 물질적인 영역과 정신적인 영역을 통합해야 한다. "하나님을 아는 것에 대적하여 높아진 것은 다 무너뜨리고 모든 생각을 사로잡아 그리스도에게 복종"하게 해야 한다. 이 일은 특별히 기독교인으로서 인문학을 공부하는 연구자들과 학자들이 받아들여야 할 진리라고 생각한다.

# 신앙의 길에서 문학의 별을 만나다

노승욱

노승욱 한국 현대문학 전공

석사과정부터 소설가 황순원의 문학을 연구해 박사학위를 취득했다. 현재 한림대학교 도헌학술원 교수 및 R&D 기획단 실장으로 재직 중이다. 학제 간 융합 연구에 관심을 갖고 활동해 왔으며, 스토리텔링을 활용해 지역의 문화 자산을 글로컬 문화콘텐츠로 재해석하는 작업을 하고 있다. 저서로는 《황순원 문학의 수사학과 서사학》(지식과교양), 《문화콘텐츠로 묻고 스토리텔링으로 답하다》(파이돈) 등이 있고, 다수의 책에 공저자와 편저자로 참여했다. 성경 해석학을 활용해 전공 분야인 한국 현대문학을 연구하면서 신앙과 학문이 교차하는 영역을 즐겁게 탐색 중이다. 한국 디지털문인협회 학술위원장을 맡고 있으며, AI 인문학의 지평을 넓히는 저술에 힘쓰고 있다.

## 프롤로그: 비밀의 언어

성경에는 예수께서 손으로 글씨를 직접 쓰셨던 장면이 딱 한 번 나온다. 간음하던 현장에서 붙잡혀 끌려 나온 한 여인을 성전에서 만나셨을 때다. 모세의 율법에 의하면 이 여인은 돌에 맞아 죽는 형벌을 피할 수 없었다. 당시 유대인 사회를 이끌던 바리새인과 서기관들은 하나님의 사랑을 전하던 예수가 준엄한 율법을 어떻게 적용할지 시험하고자 했다. 여인을 용서해 주면 모세의 율법을 어기는 것이 되고, 여인을 죽이라고 하면 자비를 저버리는 동시에 로마법까지 어기는 딜레마에 빠지게 되는 것이다.

그때 예수께서는 몸을 굽혀 흙바닥에 손가락으로 무엇인가를 쓰셨다. 그러자 여인을 고발하던 현장에 모여 있던 사람들이 양심에 가책을 느끼며 하나둘씩 자리를 떠나갔다. 도대체 무슨 내용을 쓰셨던 것일까? 예수께서 직접 손으로 쓰신 내용이 무엇인지 성경은 기록하고 있지 않다. 그렇게 예수의 손 글씨는 미지의 영역으로 남았다. 성경학자들은 그 내용이 음행한 여인을 고소하던 유대인 지도자들, 혹은 군중들의 죄와 관련이 있었을 것이라고 추정한다. 그렇다면 예수께서는 어떠한 방식으로 그 내용을 쓰셨을까? 육하원칙에 의거해서 고소하던 자들의 치부를 만천하에 드러내셨을까?

아쉽게도 예수의 자필 메시지는 '비밀의 언어'로 남았다. 예수께서는 여인을 고발하던 자들을 성찰하게 하시려고 비밀스러운 표현을 적으신 것은 아니었을까 '상상'해 본다. 가령 남의 물건을 훔친 사람이 있었다면, 그 잘못을 직설적으로 적는 대신, 당사자만이 알 수 있는 비밀의 언어로 나타내지 않으셨을까 짐작해 보는 것이다. 짧은 시구와 같은 상징적이고 함축적인 문학적 표현을 사용하셨을 수도 있겠다 싶다.

율법을 어긴 여인의 처벌을 요구하던 유대인들에게 "너희 중에 죄 없는 자가 먼저 돌로 치라"(요 8:7)라고 말씀하셨던 예수께서 맨땅에 쓰셨던 비밀의 언어는 시간이 흐르면서 이내 사라졌다. 흙바닥에 쓰였던 죄가 바람에 지워지는 것은 어쩌면 용서의 은혜를 상징하는 것일 수도 있다. 그렇지만 비밀의 언어를 통해 예수께서 인격적으로 드러내신 고발자들의 죄는 당사자들의 뇌리에 영원히 남았을 것이다.


## 원체험으로서의 성경 읽기

학문을 하는 사람에게 독서 체험은 매우 중요하다. 특히 원체험으로서의 독서는 인생의 방향을 결정지을 수도 있다. 기독교인에게는 성경 읽기가 인식의 전환과 판단의 준거가 되는 원체험으로서의 독서 체험이 된다고 할 수 있다. 나 역시 성경이 원체험에 해당하는 텍스트였는데, 그러한 체험을 유년기에 비교적 일찍 하게 되었다.

초등학교 6학년 때 교단 창립 30주년 어린이 성경퀴즈대회에 나간 적이 있었다. 당시에 다니던 교회는 작은 개척교회였는데, 성경퀴즈대회를 준비하기 위해 매일 저녁 주일학교 선생님들이 성경을 가르쳐 주셨다. 한 달 넘게 선생님들 댁에서 저녁밥을 먹고 나서 창세기부터 요한계시록까지 성경을 독파해 나갔다. 지역 예선에 나갔는데 운 좋게도 1등을 거머쥐었다. 그러자 개척교회가 떠들썩해졌다. 나는 개척교회의 자긍심을 높인 작은 스타였다. 이제 전국 본선을 준비하기 위해 또다시 저녁 성경공부가 이어졌다. 당시 주일학교 선생님들은 정말 헌신적이셨다. 지금도 그분들의 열정과 사랑을 떠올리면 감사의 마음에 고개가 숙여진다.

고마우신 선생님들께 개인 수업을 받고서 전국 본선에 진출했다. 그런데 지역 우승자들이 격돌한 본선은 호락호락하지 않았다. 열 문제 이상이 진행됐는데 한 문제의 답도 맞히지 못하고 있었다. 그런데 다음 문제가 귀에 꽂혔다. "이 사람은 누구일까요? 이 사람은 눈의 아들입니다." 당시는 전자식 버저(buzzer)가 없었고, "스톱"이라고 외쳐야 했다. 나는 손을 번쩍 들고 "스톱"을 외치면서 "여호수아"라고 답했다. 그 문제 이후 내리 아홉 내지 열 문제를 맞혔다. 기세가 오르자 거침없이 내달리며 성경퀴즈대회를 1등으로 마무리했다. 전국 제패! 개척교회로서는 그야말로 경사였다. 어찌 보면 주일학교 학생이 예상 밖의 선전을 한 것이었는데, 개척교회 신자들은 그동안의 눈물과 땀에 하나님께서 주시는 위로와 격려의 선물로 받아들였다.

나는 유년 시절에 성경을 일독하는 행운을 누렸다. 어린 나이에 성경이라는 큰 세계를 접한 것은 분명 축복이지만, 또한 부담이기도 했다. 그때부터 세상을 성경이라는 프레임을 통해 보게 됐기 때문이다. 우승 이후에는 매일 저녁에 하던 특별 프로그램도 없어졌다. 곧 사춘기에 들어서게 된 소년은 성경의 엄청난 지식을 품고 세상에서 홀로서기를 해야 했다. 하나님을 대면한 듯 대단한 체험을 했는데, 현실은 성경퀴즈 같지 않았다. 유년의 시간이 지나면서 파티가 끝난 듯 느껴졌다. 그래도 성경을 통해 세상을 보려는 노력은 계속됐다. 성경은 운명처럼 경험한, 언제나 그리운 고향 같은 원체험이었으니까.


## 대학원 시절의 내면 풍경


문학은 원래 내가 꿈꾸던 길이 아니었다. 문학은 그저 익숙하게 걷는 동네 산책길과도 같은 것이었지, 설렘을 주는 여행길이 아니었다. 그렇지만 고등학교 담임선생님의 생각은 달랐다. 국어 과목을 가르치셨던 담임선생님은 교내 백일장 장원 출신인 제자를 국문학과로 보내기 원하셨다. 그렇게 자의 반 타의 반 국문학과에 입학했는데, 문학 공부보다는 기독교 선교 활동에 열정을 쏟았다. 아마도 대학 입학 전해에 돌아가신 아버지의 빈자리를 하나님 아버지로 채우고 싶었는지도 모른다.

기독교 운동권. 대학 시절의 선교 활동을 학생 운동권에 빗대어 이렇게 부르기도 했다. 당시 원조 학생 운동권이던 친구나 선배들과도 친했는데, 민중을 위한 삶과 실천을 놓고 밤새 토론을 벌이는 일이 허다했다. 운동권 선배와의 밤늦은 귀갓길은 새벽녘의 토론길로 이어지기 일쑤였다. 그렇지만 영혼의 구원이 먼저냐, 사회의 구원이 먼저냐를 놓고 벌이는 토론은 애당초 결론이 나기 힘들었다.

대학원에 진학해서도 기독교 운동권의 기질은 여전했다. 뜻이 맞는 친구와 '국문학과 기독인 모임(하늘시)'을 만들었다. 그 모임을 통해 처음으로 하나님을 믿는 후배가 생겨났다. 부흥의 기세를 몰아 인문대학 전체를 대상으로 기독인 모임을 조직했다. 국문학과, 종교학과, 언어학과가 중심이었고, 이후 동양사학과와 철학과, 영문학과, 불문학과, 독문학과, 중문학과 등이 속속 동참했다. '인문대 기독인 연합'의 영향을 받아 다른 단과대학에서도 기독인 모임이 만들어지기도 했다. 캠퍼스에서 부흥의 불길이 거세게 타오르는 듯 보였다.

신앙과 학문의 일치! 기독교 학문공동체의 새로운 서막이 열렸음을 알리며 외쳤던 표어이다. 그렇지만 영성과 지성의 지극히 조화로운 일치는 김소월의 시 〈산유화〉에 나오는 꽃처럼 언제나 "저만치" 놓여 있는 목표였다. 구원의 체험이라는 특별은총에 감격하다 보니 학문의 발전과 진보를 통해 얻는 일반은총은 평범하게 느껴졌다. 게다가 대학원 시절은 세기말적 증후군과 포스트모더니즘 사상이 지배하던 시기였다. 신앙과 학문의 사이에서 발생하는 기압과 온도의 차이는 내면에 끊임없는 계절풍을 일으키고 있었다.

기독교 운동권 동지였던 친구에게 옛날로 돌아가면 우리가 똑같은 선택을 할 수 있을지 질문할 때가 있다. 국문학 박사인 그 친구는 지금 신학대학원을 나와 늦깎이 목회자의 길을 가고 있다. 현재를 살고 있는 사람이 선택하는 과거는 어떤 의미가 있을까. 그때 나는 진리의 빛을 찾던 중에 미지의 길로 들어선 것일 수도 있겠다는 생각을 한다.

그 길을 함께 걷던 동지들 중에 꽤 많은 사람들이 목회자가 되었고, 또 대학의 교수가 되었다. 세월은 '저만치'를 어느새 '이만치'로 바꾸어 놓았다. 그래도 '저만치'가 더 아름답게 느껴지는 것은 왜일까. 아마도 그때가 나에게는, 우리에게는 생시 같은 꿈을 꾸던 화양연화의 시절이 아니었을까 생각해 본다.


## 뉴밀레니엄의 교차로에서 만난 황순원 선생


나는 석사학위 논문과 박사학위 논문을 모두 황순원 소설을 대상으로 썼다. 황순원 소설이 한국문학사에 없었다면, 과연 박사학위를 받을 수 있었을까 생각해 볼 때도 있다. 황순원이란 작가에게 끌렸던 것은 선친의 고향이 황순원 선생과 같은 평안도라는 점도 있었지만, 황순원 문학이 기독교적 주제와 문제의식을 뚜렷이 나타내고 있기 때문이었다. 황순원 소설에 나타나는 생명 존중 사상과 구원 의식 등은 기독교적 관점에서 해석할 때 그 본질적 특성을 규명할 수 있다고 생각했다.

박사학위 논문의 심사위원 중 한 교수님은 성경 해석학을 통해 한국 문학을 연구해 볼 것을 권유해 주셨다. 박사학위 논문의 한 장은 성경 해석학으로 황순원 소설을 분석한 것인데, 그러한 시도를 인상 깊게 보셨던 것이다. 그 교수님께서는 문학 연구자 중에 성경 해석학을 잘 알고 적용할 수 있는 사람이 많지 않다고 하셨다. 황순원 선생은 기독교 문학 연구자로서의 정체성을 가질 수 있도록 나를 이끌어 준 셈이다.

문학 연구의 이정표 같던 황순원 선생을 딱 한 번 뵌 적이 있었다. 공식적으로 뵌 것은 아니었고, 교차로의 횡단보도를 건너시던 모습을 운전 중에 우연히 뵌 것이다. 뉴밀레니엄이 다가오던 어느 주일이었다. 어머니를 모시고 운전 중이었는데, 교차로의 횡단보도 앞에서 신호 대기를 하고 있었다. 황순원 선생의 부인과 같은 교회의 모임에 속해 있던 어머니께서 그때 말씀하셨다. "네가 논문을 쓴 분이 저기 지나가신다." 급히 고개를 돌려 바라보니 황순원 선생께서 부인의 손을 잡고 횡단보도를 천천히 건너고 계셨다. 당시 황순원 단편소설로 석사학위 논문을 썼기에 단번에 선생을 알아볼 수 있었다. 꽤 많은 시간이 지났지만, 눈앞을 스쳐 지나가시던 선생의 모습이 지금도 선연하다. 운전 중이 아니었더라면 뛰어가서 인사를 드렸을지도 모른다. 그런데 일 년도 채 되지 않아 선생의 부음이 갑작스럽게 전해졌다.

황순원 선생께서 소천하신 지 20여 년이 지났지만 다정하게 손을 잡고 걸으시던 노부부의 모습은 한 폭의 수채화처럼 기억 속에 남아 있다. 국민 단편소설인 〈소나기〉의 소년과 소녀가 작품의 스토리와 달리 백년해로를 했다면 똑같은 모습이 아니었을까 상상해 본다. 그때 선생께서 자전적 작품 속에서 소망하시던 '늙을수록 아름다워지는 남자'의 모습을 운 좋게 볼 수 있었던 것인지도 모른다. 그래서일까. 〈소나기〉의 소년과, 늙을수록 아름다워지는 남자와, 황순원 선생의 생전 모습은 비슷한 이미지로 느껴지곤 한다.

뉴밀레니엄의 교차로에서 만난 황순원 선생은 내 문학 연구의 여정을 이끄는 별과도 같은 존재였다. 선생의 소설 중에는 단편인 〈별〉과 장편인《별과 같이 살다》라는 작품이 있다. 황순원 문학에서 별의 메타포는 개인과 공동체의 서사를 묶어 주는 기능을 한다. 또는 그리운 가족, 이웃, 고향 등을 상징하기도 한다. 기독교인이면서 월남 실향민이었던 황순원 선생에게 별은 성경 속 에덴동산과 고향인 평안도 산천에 깃든 이야기를 소환하는 문학적 장치였을 수도 있다.

뉴밀레니엄의 원년(2000년)에 타계하신 황순원 선생은 신앙과 학문의 교차로에 들어선 젊은 학자를 이끄는 별이 되어 주셨다. 나는 박사학위 논문을 토대로《황순원 문학의 수사학과 서사학》(지식과교양)을 출간한 바 있다. 앞으로 선생의 문학 작품에 나타나는 구원의 서사 문법을 밝히는 것이 내 연구와 저술의 과제이다. 종교와 문학은 구원에 대한 해석이 각기 다를 수 있지만, 반성과 성찰을 통한 존재론적 구원이라는 측면에서는 유사성이 있다. 황순원 소설을 읽는 것은 어쩌면 구원의 여정으로 들어서는 또 다른 길이 될 수도 있다.

## 윤동주 시인과 함께 밤하늘의 별을 세다

나는 윤동주 시인과 특별한 인연이 있다. 흥미롭게도, 윤동주 시인은 내 대학원 입학시험에 지대한 영향을 끼쳤다. 당시 대학원 입시에서 현대소설 전공자는 출제된 소설 문제를 모두 풀고, 시 문제는 한 문제만 답을 쓰도록 되어 있었다. 그때 시 분야는 모두 세 문제가 출제됐었는데, 솔직히 두 문제의 답안은 잘 쓸 자신이 없었다. 그렇지만 한 문제는 자신이 있었는데, 그 문제가 바로 윤동주의 시에 대한 것이었다.

대학원 입시 하루 전날 도서관에서 긴장을 풀기 위해 독서를 즐기고 있었다. 어차피 대학원 시험을 벼락치기로 볼 수 있는 것도 아니니 머리나 식히자는 생각에서였다. 이 책 저 책을 뒤적거리다가 윤동주 시 연구에 대한 논문을 모아 놓은 책을 발견했다. 당시 윤동주 관련 문제는 이미 두 해 연속 출제되었기에 세 번 연거푸 출제될 가능성은 낮아 보였다. 실리적인 이유에서가 아니라, 순전히 문학적 호기심으로 논문 모음집을 재미있게 읽었다.

다음날 아침, 고사장에서 펼쳐진 시험지의 첫 문제는 윤동주의 시에 대한 것이었다. 그것도 윤동주 시에 대한 최근 연구 경향을 서술하라는 내용이었다. 바로 어제 편안한 마음으로 독서한 내용이었는데, 기억의 효과는 놀라웠다. 물론 대학원 합격이 그 문제 하나로 결정된 것은 아니었겠지만, 대학원 진학 후에도 윤동주 시인과 그의 시에 대한 애정과 관심은 계속됐다.

현대소설 전공자인 나는 윤동주 시에 대한 논문을 쓰고, 윤동주의 시집을 초판본 형식으로 편저해서 출판도 했다. 《윤동주 시선》(지식을만드는지식)은 윤동주의 시를 원래 그대로의 표기로 쉽게 감상할 수 있도록 주해 작업을 해서 만든 시집이다. 윤동주 시 세계의 밑바탕이 되고 있는 기독교적 성격과 그 의미에 대한 해설도 덧붙였다. 윤동주 시인의 탄생 100주년을 기념하며 펴낸 《윤동주 시인을 기리며—탄생 100주년 기념논집》(창작산맥)에 소설 전공자로서는 유일하게 공저자로 참여하는 영광을 누리기도 했다.

윤동주 시인은 황순원 선생과 함께 내 문학 연구의 여정을 이끌어 준 별과도 같은 존재이다. 나는 윤동주 시인에게서 부끄러움의 진정한 의미를 배웠다. 그리고 그 부끄러움을 일구어 내는 글쓰기의 방식도 알게 됐다. 한국 현대시에서 부끄러움을 미학적 경지에 올려놓은 최초의 시인이 바로 윤동주이다. 윤동주의 유고 시집이 세상에 전해지지 않았다면, 우리는 누구에게서 부끄러움의 문학적 성찰을 배울 수 있었을까. 새삼 감사의 마음을 갖게 된다.

윤동주 시인은 〈자화상〉의 시인이기도 하지만 〈참회록〉의 시인이기도 하다. 사실 〈참회록〉 또한 자화상 연작시라고 할 수 있다. 논가 외딴 우물에 비친 자신의 모습을 통해 〈자화상〉을 그려낸 시적 화자는 파란 녹이 낀 구리거울을 통해 참회의 주체로서의 자화상을 다시 그려 낸다. 일본 유학을 앞두고 도항증명서를 만들기 위해 어쩔 수 없이 했던 창씨개명. 윤동주는 히라누마 도쥬(平沼東柱)라는 이름의 정체성을 받아들이지 못하며 유학 서류 제출 닷새 만에 참회의 시를 남겼다. 한국 현대시 역사에 참회록의 전통이 세워지는 새로운 순간이었다.

개인적으로 가장 좋아하는 윤동주의 시는 〈별 헤는 밤〉이다. 시인은 가을 속의 별들을 하나씩 헤아리는데, 별의 수량을 세려는 의도가 아니라, 그 별의 의미를 가슴에 새기는 것이 목적이다. 그래서 별 하나하나에 추억, 사랑, 쓸쓸함, 동경, 시, 어머니 등의 의미를 새기고, 별 하나하나마다 어린 시절 친구들, 가난한 이웃 사람들, 동물들, 시인들의 이름을 붙여서 부른다. 윤동주 시인은 밤마다 별을 세면서 자신을 비롯해 세상에 존재하는 것들의 의미를 성찰하며 되새겼다.

우리 은하에는 태양처럼 스스로 빛을 내는 별이 약 1,000억 개에서 4,000억 개가 있다. 최근 연구에 의하면 우주에는 약 2조 개의 은하가 있다고 하니, 밤하늘의 별을 세는 행위는 영원히 끝나지 않는 과제일 수 있다. 인공적인 불빛으로 인해 지금은 밤에 별을 많이 볼 수 없지만, 나는 윤동주 시인처럼 밤하늘의 별을 세곤 한다. 성경을 읽고 문학을 체험하며 나 자신과 세상에 존재하는 것들의 의미를 되새기는 것은 매일 밤 별을 헤아리는 성찰의 행위와 다름없다. 그것을 한국문학의 대선배인 윤동주 시인이 내게 가르쳐 주었다.

## 에필로그: 용서받은 자의 답장

문학에서 '하마르티아'(*hamartia*)는 아리스토텔레스가 그리스 비극을 설명하면서 사용했던 말인데, 고결한 주인공의 몰락을 초래하는 비극적 결함을 의미한다. 잘못이나 약점, 결함의 의미를 지닌 하마르티아는 '용서받을 수 있는 죄'로 여겨진다. 판단 착오로 인해 불행에 내던져지는 인간의 운명적 몰락을 의미하는 하마르티아는 어원적으로 과녁이나 표적에서 빗나간 실수나 과오를 뜻한다. 그렇기 때문에 주인공의 죄는 용서받을 수 있는 여지가 생기는 것이다.

신약성경에 등장하는 간음한 여인은 자신의 죄로 인해 파국을 맞게 됐지만, 예수께서는 그녀의 죄를 용서받을 수 있는 잘못으로 여기셨다. 예수께서는 여인에게 회개의 기회를 주시면서 "나도 너를 정죄하지 아니하노니 가서 다시는 죄를 범하지 말아라"라고 말씀하셨다(요 8:11). "다시는 죄를 범하지 말아라"의 헬라어 성경 원문은 "메케티 하마르타네"(μηκέτι ἁμάρτανε)이다. '하마르타네'는 죄를 뜻하는 '하마르티아'의 명령형 표현이다.

여인이 죄를 용서받던 순간에 그녀를 고소하던 자들은 자신들의 죄와 직면하게 되는 역설적 상황에 처했다. 예수께서 친히 흙바닥에 쓰셨던 글 때문이다. 예수의 글로 인해 고소자들은 양심의 가책을 받았다. 그것은 인격적인 방식으로 회개를 촉구하시는 예수의 비밀스러운 손 편지와도 같은 것이었다. 비밀의 언어로 적혀진 편지를 전해 받은 사람들은 진정한 회심을 했을까? 성경은 이 사건의 뒷이야기를 기록하고 있지 않다.

예수께서 땅에 쓰신 내용이 고소자들의 은밀한 죄를 비밀의 언어로 나타내신 것이라고 추측했을 때, 고소자들에게 일어난 후일담은 문학적인 상상력으로 채울 수밖에 없다. 예수께서 쓰신 글은 문학적 언어의 효과를 사람들의 내면 속에 나타내셨을 것이다. 그 것은 자기 자신이 갑자기 객관적으로 인식되는 낯선 체험에 해당한다. 문학의 언어는 아름답지만, 또한 날카롭다. 문학은 개인과 공동체의 역사에 점철되어 있는 죄와 흠, 허물 등을 서사적으로 드러낸다. 그래서 문학을 읽는 사람들은 아름다우면서도 고통스럽게 내면의 성숙을 이루게 된다.

반성과 성찰을 통해 쓰인 문학적 글은 용서받은 자들이 예수께 드리는 참회의 답장이 될 수 있다. 문학의 언어는 부지불식간에 깨달음과 각성, 회심으로 영혼의 존재를 이끄는 신비스러운 힘이 있다. 한국 문학사에 빛나는 두 별인 황순원의 소설과 윤동주의 시는 그러한 문학 언어의 특성을 잘 보여 주고 있다. 내밀한 언어로 표현된 글쓰기는 침잠되어 있던 죄에 대한 고백을 이끌어 낸다. 그래서 신앙인들의 글은 회개의 기회를 주시기 위해 흙바닥에 손수 쓰셨던 예수의 글에 대한 비밀스러운 답장이 될 수 있는 것이다.

# 4부.
# 언어학의
# 길

홍석준

대학원에서 국어학을 전공했고 2015년 "국어 색채형용사의 어휘
형태론적 연구"로 박사학위를 취득했다. 학부 시절 예수님을 만
난 후 공부보다 교회에 관심이 많아 박사학위 논문을 쓰기까지
좌충우돌했다. 여러 대학에서 글쓰기 강의를 했고, 한국교원대학
교 인문사회과학교육연구소 전임연구원을 거쳐 현재 한림대학교
도헌학술원 교수로 있다. 학술 행사를 운영하며 사회적 이슈를
주제로 학자들의 글을 모아 책을 펴내는 일을 한다. 국어사전에
서 또는 사람들과 대화하다 새로운 단어를 발견할 때 기쁘다. 산
책하면서 해찰하는 것을 좋아하고, 처음 보는 풀과 나무의 사진
을 찍어 이름 찾기를 좋아한다. 지역 사회에서 대학이 시민 지성
을 만들어 가는 일에 관심이 커지고 있다.

홍석준 국어학 전공

뒤돌아보면 모든 것이 은혜였다. 이 땅에 태어나서 지금까지 살아오는 동안 나를 둘러싼 환경과 사람들을 통해서 하나님께서는 내게 사랑을 베풀어 주셨고 사랑을 가르쳐 주셨다. 사랑을 훈련하는 인생 학교에 나를 초대해 주신 하나님께 감사를 드린다.

어쩌다 나는 한국어를 말하는 사람으로 태어나서 한국어 문법을 공부하게 되었을까? 지금 생각해 보면 내가 한국어 문법을 공부하기로 선택한 것은 참 우연하고도 신비로운 일 같다. 대학 입시 때 국어국문학과를 선택한 가장 큰 이유는 수능 점수가 딱 그 정도 나왔기 때문이다. 초등학교, 중학교, 고등학교 시절 글쓰기에 조금 소질이 있다고 느끼면서 자랐고, 꾸준히 문예부 활동을 하면서 문학 소년의 낭만 어린 감성을 가지고 있었다는 사실이 나를 국어국문학과로 몰아갔던 것은 아닐까.

## 어정쩡하고 성실한 숙맥 대학생의 이중생활

학부생 때에는 별로 공부에 흥미를 느끼지 못했다. 학과 학생회 선배들을 따라다니며 뭔가 삶의 방향이나 지침 같은 것을 배우려고 했던 것 같다. 중고생 시절을 거치며 학교 선생님의 가르침에 따라 외우고 시험 보는 삶에 익숙해졌고, 그 일을 나름 잘해서 대학에 들어왔는데, 대학에는 무엇을 외우고 어떻게 공부해야 하는지를 가르쳐 주는 선생님은 없었다. 사회문제에 비판적인 생각을 가진 선배들을 따라서 학회에서 독서 토론회를 하고, 집회나 시위에 빠지지 않고 따라 나가는 정도가 대학에서 새롭게 배운 공부였다고 할 수 있다. 그렇게 대학에서 3년을 보냈으나 삶의 문제들을 해결해 주는 빛은 그곳에 없었다. 어떤 빛이 있었는지도 모르지만 그 당시의 나는 그 빛조차도 어둠과 분간하지 못하는 숙맥이었다.

그런 무지몽매한 상태에 있었지만 내 마음속에는 진리를 알고 싶은 마음이 있었다. 천만다행이었다. 어린 시절 나의 꿈은 법관, 판사에서 성인군자(聖人君子)가 되는 것으로 바뀌었던 것 같다. 법관이나 판사는 집안 어른들이 "우리 집안에도 판사 한 사람 정도는 나와서 가문을 일으키고 든든하게 지켜 줘야 하는데, 네가 그런 사람이 되어라"라는 말씀을 자주 해 주셨기 때문에 품은 꿈이었다. 성인군자는 중고등학교를 지나며 내 안에서 자연스럽게 닮고 싶은 모범이 되었고 새로운 꿈이 되었다. 주위 환경의 어떤 영향에도 끄떡없이 도(道)를 따라 순종하는 삶을 추구하는 예수, 공자, 부처와 같은 성인(聖人)의 모습을 닮고 싶었던 것 같다. 진리에 대한 어떤 끌림이 있었을지도 모른다.

대학 입학 첫 학기에 같은 학과 친구가 학과 내 기독교인 학생들이 모이는 기도회에 나를 데리고 갔다. 거기에서는 함께 성경을 읽으며 기도한다고 했기에, 거기 있는 선배들에게서 기독교의 진리가 무엇인지 들을 수 있겠다는 막연한 기대감 같은 것이 있었다. 고등학교 윤리 선생님께서 수업 중에 대학생이 되면 성경을 꼭 읽어 보라고 하신 말씀이 가슴에 남아 있었다. 그 선생님은 기독교 신자는 아니었지만 성경은 읽어 볼 만한 가치가 있는 책이라고 말씀하셨다. 교사가 되기 전에 인생의 의미를 찾기 위해 탄광에 들어가 석탄을 캐는 일을 해 볼 정도로 진지한 면이 있는 선생님이었기 때문에 그 말씀이 기억에 오래 남아 있었다. 그래서 순순히 친구를 따라 학과 기도회에 갔고 거기에서 만난 선배를 따라 교회에도 나가게 되었다.

1학년 여름부터는 학과 기도회를 포함한 교회 모임과 학과 학생회 모임 양쪽을 모두 똑같이 열심히 쫓아다녔다. 교회 모임에서는 성경을 배우며 예수님의 삶이 얼마나 거룩한지 들었고, 학생회 모임에서는 사회문제에 대한 비판을 듣고 이해하기 어려운 사회학 이론들을 귀동냥했다. 양쪽 다 어느 정도 매력적인 면이 있었고 배울 점이 있다고 생각했다. 그래서 어느 한쪽도 포기하지 못하고 양쪽 모임에 참석했다. 교회 대학부의 토요일 모임과 주일예배, 성경공부, 학과 기도회의 월요 모임, 인문대 기독인 연합 동아리의 기도회와 수련회 등에 빠짐없이 참석했다. 학과 학생회의 세미나와 집회, 술자리 등에도 결석하지 않았다. 그러는 사이 국어국문학 공부는 뒷전으로 밀리고 전공 실력이 부족한 채 어정쩡한 상태로 4학년이 되었다.


## 졸업논문 앞에서 쩔쩔매던 석사과정

졸업을 앞두고 취직을 할지 대학원에 갈지 고민하다가 공부에 대한 미련이 남아 제대로 공부를 해 보자는 결심을 하고 국어학 대학원 진학을 선택했다. 대학원 입학시험은 1학기 말인 여름과 2학기 말인 겨울에 한 번씩 있었다. 나는 여름 시험에는 낙방하고 겨울 시험에 다시 응시해 합격했다. 여름 시험에서 떨어졌을 때에는 '내가 대학원에 가는 게 맞을까?'하는 의구심이 들었지만 다시 한 번 더 시험을 쳐 보고 그 결과에 따라 진로를 결정하기로 마음먹었다. 그래서 두 번째 시험을 준비하면서 나름대로 하나님께 기도를 했던 것 같다. 내가 공부를 하고 싶은 마음을 갖게 하신 것도 하나님이시고 혹시 또 떨어진다고 해도 국어학 공부를 해 볼 수 있는 기회였으니, 한 차례 낙방했다고 해서 쉽게 포기하고 싶지 않았던 것 같다.

국어학 대학원 석사과정에 입학했으나 공부를 제대로 해 보겠다는 다짐은 금방 사그라져 버리고 학부생 때의 생활 습관에서

인문학의 길에서 성서를 만나다

벗어나지 못했다. 교회 활동에는 열심이었지만 공부에는 좀처럼 치열한 노력을 기울이지 못했다. 이제 와서 왜 그랬는지 생각해 보면, 일단 공부하는 방법을 몰랐고 대학생이 된 후로는 어떤 목표를 세워 간절히 노력해 본 경험이 없었기 때문인 것 같다. 대학원에서도 그런 미적지근한 마음가짐이 이어졌다.

석사과정 3학기를 그렇게 보내고 4학기 두 번째 달에 있는 졸업논문 중간발표가 닥쳐왔다. 3학기를 마친 뒤 여름방학 기간에 졸업논문 주제를 찾으려고 이런저런 논문들을 찾아 읽으며 궁리를 해 보았다. 하지만 학부 때부터 석사과정까지 지난 5년 반 동안 논문 쓰기를 제대로 해 보지 않았던 탓에 적당한 주제를 찾기가 힘들었다. 매 학기 기말보고서를 작성할 때도 진지하게 고민하지 않고 얕은 수준의 생각만 수필처럼 써서 제출했었기 때문에 학술적인 글쓰기를 제대로 해 낼 실력이 없었다. 또한 졸업논문은 거창한 주제로 남들이 봐도 멋있다고 칭찬할 만하게 써 내야 한다는 부담감에 내 시야는 더 좁아져 있었다. 여러모로 봤을 때 나는 논문을 쓰기에는 함량 미달이었다. 결국 졸업논문 중간발표를 하는 날 아침까지 학과 도서실에서 밤을 새워 가며 발표문을 작성했음에도, 완성하지 못하고 말았다. 지도 교수님께 사실대로 말씀을 드리고 가슴이 쓰라리는 통증을 느끼며 죄송하다는 인사를 하고 나왔다. 정말 쥐구멍이라도 있다면 들어가 숨고 싶었다. 내 자신이 한없이 원망스럽고 부끄러웠다. 부모님께도 이런 사실을 말씀 드리고 죄송하다는 말씀만 계속할 수밖에 없었다.

석사과정 4학기를 논문 주제 탐색하는 데 다 쓰고 나자, 그동안 미뤄 둔 군 입대를 해야겠다는 생각이 들었다. 그때에는 실패감과 우울한 감정이 내 마음을 지배했다. 대학원 입학 동기가 우리처럼 늦게 군대에 가는 사람에게 알맞은 데라며 학사 장교 제도를 소개해 줬다. 그 친구와 함께 학사 장교에 지원해 보기로 했다. 군대를 피난처로 삼아 거기서 내 삶을 다시 정리하고 되돌아봐야겠다는 생각도 했던 것 같다. 다행히 학사 장교에 합격하여 다음 해 여름, 학사 장교 훈련소에 들어갔다. 3개월간 훈련을 받고 만 3년간 강원도 철원에서 군생활을 했다. 이 기간에는 군 생활에만 충실했고 전공 공부는 전혀 하지 못했다.

전역 후 다시 대학원으로 돌아왔다. 그러나 졸업논문이라는 거대한 문제 앞에서 내 마음은 항상 조급해져 있었고 주제를 찾는데에 시간이 많이 걸렸다. 두세 달이 지나 겨우 석사 논문 주제를 잡았다. 제목은 〈현대국어 'A+ -이' 및 'A+ -게'형 부사와 부사형의 비교〉였는데, '비행기가 {빨리, 빠르게} 날아갔다'라는 문장에서 '빨리'와 '빠르게'의 의미 차이를 설명해 보고자 했던 것이다. 3-4개월 동안 집중하여 써 내 간신히 졸업을 하기는 했지만, 논문의 내용은 별것이 없었다. 지금 돌아보면 논문이라는 골리앗 앞에서 나는 다윗처럼 담대하지 못했고 골리앗의 조롱과 고함 소리에 짓눌려 제대로 기를 펴지 못하고 겨우 목숨만 건져 살아 돌아온 패잔병 같은 꼴이었다.

## 국어학의 쓸모를 발견하다

천만다행으로 석사 논문이 통과되고 바로 그다음 학기에 국어학 박사과정에 입학할 수 있었다. 당시 무슨 생각으로 진로를 바꾸지 않고 박사과정까지 밟으려고 했는지 지금은 기억나지 않는다. 다만 그런 문턱 앞에서 예수님께 여쭤 봐야 한다는, 성경공부를 하며 배운 지식이 작동해 기도를 했던 것 같다. 석사과정을 입학할 때에도 같은 마음으로 기도를 했지만 하나님께서는 이래라저래라 구체적으로 말씀하지는 않으셨다. 단지 내 마음이 공부를 더 하고 싶고, 이 전공 영역에서 하나님께 영광을 돌리는 삶을 살 수 있으면 좋겠다는 단순한 희망을 품었을 뿐이다. 그리고 국어학 분야의 사람들에게 예수님을 전하고 그 땅을 복음화시키겠다는 야무진 꿈도 꾸었다. 사실 이 꿈은 지금도 유효하다. 여전히 나에게는 당치도 않은 꿈 같지만 말이다.

박사과정에는 또 다른 복병이 기다리고 있었다. 입학할 때는 이제 제대로 공부다운 공부를 해야겠다고 다짐했지만, 첫 학기부터 논술학원에서 일하는 바람에 공부의 끈을 바짝 잡아당기지 못했다. 공부보다는 학원 일이 더 우선이었다. 박사과정을 수료할 때까지 학교 수업을 겨우 따라가는 식이었다. 대학원 과정 중에 가장 후회되는 때가 바로 이 시기다. 학원 일을 시작하기 전에 왜 더 신중하게 공부하는 삶을 놓고 고민해 보지 않았을까? 선배 누구에게라도 그런 고민을 얘기하고 조언을 들었더라면 좋았을 것을. 그래서 누군가 나를 붙들고 학원에서 빼냈더라면 어땠을까? 그랬다면 내 삶이 지금과는 훨씬 달라졌을지도 모른다. 더 일찍 박사학위를 받고, 더 일찍 교수가 되었을 것이다.

박사과정을 수료하고 그다음 학기부터 시간강사로 강의를 시작했다. 그리고 다음해에는 결혼을 했다. 지금까지 아내, 두 아들과 함께 행복한 가정을 이루어 살게 하신 하나님께 무한 감사를 드린다. 나 같은 사람에게도 이런 복을 주시다니! 아내는 결혼과 동시에 취직을 해서 바쁘게 직장생활을 했고, 나는 시간강사로 일하며 졸업논문을 준비했다. 결혼한 다음해에 첫째 아들이 태어났고, 우리 부부는 아이 키우는 재미로 한 해 두 해 즐겁게 지냈다.

그러나 이번에도 졸업논문은 시작부터 만만치 않았다. 역시 논문 주제를 찾는 데 시간이 오래 걸렸다. 학기 중에는 강의를 하느라 집중하기 어려웠고 방학 때에는 또 마음이 나태해져서 시간을 허비했다. 시간이 흐를수록 내가 지금 무엇을 공부하고 있는지도 모르겠고 망망대해에서 방향을 잃고 헤매는 조각배 같은 신세라는 느낌이 들었다. 방향 감각 없이 그렇게 시간강사 생활을 이어 갔다.

그때 처음으로 진지하게 내가 하는 일에 대한 의미를 묻기 시작했다. 국어 공부를 해서 어디에 쓰나? 내 직업으로 밥벌이를 하기 위해서? 박사학위를 받아 대학교수 자리 하나 차지하려고? 대학원 과정을 다 밟고 마지막 박사학위 논문 주제를 탐색해야 할 시기에, 나는 뒤늦게 국어학의 쓸모를 생각했다. 그러나 왜 국어학을 계속해야 하는지 스스로를 설득하기가 쉽지 않았다. 국어학은 인문학의 한 분야이기 때문에 인간을 잘 이해할 수 있는 유용한 방법이 될 수 있다는 교과서적 설명이 나에게는 어떤 위안도, 동기부여도 되지 않았다.

그러던 어느 날 학과의 국어연구회 발표가 끝나고 집에 돌아오는 길에 최명옥 선생님과 같은 지하철을 탔다. 선생님께 국어학을 공부하는 목적이 무엇인지 모르겠다고 말씀드렸더니, 이런 말씀을 해 주셨다. 서머싯 몸(W. Somerset Maugham)의 《인간의 굴레》(*Of Human Bondage*)라는 소설에 페르시아 양탄자 조각에 관해 이야기하는 장면이 나온다. 페르시아 양탄자는 그 빛깔의 조화가 현란하기로 유명하지만, 그 양탄자를 구성하고 있는 실들을 하나하나 풀어헤쳐 놓으면, 하나하나의 실오리에서는 아무런 아름다움을 찾을 수 없다. 그러나 실 한 올 한 올이 날줄과 씨줄로 제가 있어야 할 자리에 정확하게 위치할 때 비로소 실 전체가 조화를 이루어 아름다움을 연출한다. 국어를 공부하는 것은 페르시아 양탄자를 이루는 실 한 오라기의 제자리를 찾는 일과 같다는 것이다.

그 말씀을 나는 이렇게 이해했다. 한국어를 연구해서 한국인의 정체성을 조금이라도 밝혀낼 수 있다면, 그것은 한국인이 행복하게 사는 방법을 알아내는 데 도움을 줄 수 있다. 인간이 서로 의사소통하고, 자신을 표현하기 위해 사용하는 도구인 언어의 체계와 작동 원리를 이해함으로써 그 도구를 사용하는 인간 스스로의 본성을 들여다볼 수 있다는 뜻이다. 인간의 본성을 이해함으로써 인간이 무엇을 할 때 행복한지, 행복하게 살기 위해서는 어떻게 살아야 하는지 등의 질문에 언어학도 얼마든지 대답할 수 있겠다는 생각이 들었다. 마치 천문학이 별과 우주를 보며 인간을 이해하도록 돕는 학문이고, 물리학이 자연법칙을 발견하여 우주 속에 있는 인간 존재를 생각하게 하고, 체육학이 인간의 신체를 연구해서 인간의 몸이 얼마나 활동적인지를 밝혀 우리가 스스로를 더 잘 이해하게 해 주듯 말이다.

모든 학문 활동이 결국은 인간을 더 잘 이해하기 위한 노력이고, 국어학을 연구하는 나 역시 인간이 더 행복하게 사는 방법을 찾는 일에 동참하고 있다는 것을 희미하게 깨달을 수 있었다. 이 이야기가 두고두고 내 마음속에 남아 지금까지 내 공부의 동기를 새롭게 해 주고 있다.

인문학의 길에서 성서를 만나다

## 처음으로 공부다운 공부를 하다

　이렇게 국어학 연구의 의미를 발견했다는 기쁨은 잠시였고, 또 다시 논문 주제 찾기 문제에 부닥쳤다. 이 문제를 놓고 날마다 기도했던 것 같다. 어느 날 홍익대학교에 글쓰기 수업을 하러 가는 길이었다. 잠시 구름이 잔뜩 낀 하늘을 올려다보았다. '구름 낀 흐린 하늘, 내 흐릿한 앞길처럼 하늘도 흐리구나… 흐리다, 흐릿하다… 그런데 '흐릿하다'에서 'ㅅ'은 뭐지?' 그동안 이 단어를 수없이 많이 듣고 썼는데 그날 문득 '흐릿하다' 가운데에 있는 'ㅅ'이 새롭게 눈에 띄었다. 우리말에 이런 'ㅅ'이 들어 있는 단어들이 또 뭐가 있는지 떠올려 보니 '비리다, 비릿하다, 시리다, 시릿하다, 느리다, 느릿하다, 질기다, 질깃하다' 등이 연달아 생각났다. 생각은 더 퍼져 '검다, 거뭇하다, 붉다, 불긋하다, 누르다, 누릇하다' 등 색채형용사에도 'ㅅ'이 발견된다는 데에까지 나아갔다. 이것은 심상치 않은 징조다.

　'흐리다'라는 단어와 '흐릿하다'라는 단어를 비교해 보면 '흐릿하다'가 '흐리다'를 기본 재료로 해서 '흐릿'을 만들고 그 뒤에 '하다'를 붙여서 형성되었다는 설명이 가능하다. 한국어 형용사 중에는 '흐리다 : 흐릿하다'와 같은 관계를 맺고 있는 단어짝들이 굉장히 많다. 그런데 이런 관계를 이루는 단어짝들은 앞에서 살펴본 것처럼 대부분 어떤 대상에 대한 인간의 감각을 표현하는 단어들에서 발견된다. 이 부류의 단어들을 조사해서 '흐리다 : 흐릿하다'의 '흐릿'처럼 '하다' 앞에 오는 성분을 만드는 방식에는 어떤 것들이 더 있는지 정리해 봐야겠다는 생각에까지 이르렀다.

당시에 졸업논문 주제를 상의하기 위해 지도 교수이신 김창섭 선생님을 자주 찾아뵈었다. 박사 졸업논문 제출 기한이 2년 남짓밖에 남지 않은 시점이었기 때문이다. 처음에는 의성의태어와 같은 감각어에 관심이 생겼다고 말씀드리고 의성의태어에 관한 연구사를 정리하기 시작했다. 한두 달 의성의태어 관련 논문들을 찾아 목록을 정리했는데, 그 주제로 나온 학위논문의 수가 200개를 훌쩍 넘었고, 의성의태어의 수도 너무 많아서 1-2년 안에 이들을 대상으로 박사논문을 써 내기는 어렵겠다고 판단했다. 그래서 의성의태어와 비슷한 방식으로 형성되는 감각형용사로 범위를 좁히고 '흐릿하다'와 같은 구조를 띠는 단어들에 집중하기로 했다.

마침 이 주제를 생각하기 몇 년 전에 한국연구재단의 지원을 받은 연구팀에서 보조연구원으로 일했는데, 그 연구팀의 주제가 한국어 색채어에 관한 것이었다. 여기에서 내가 담당했던 일은 《표준국어대사전》에 들어 있는 색채어('검정, 파란색'과 같은 색채명사, '검다, 푸르다, 검붉다, 거무칙칙하다, 거무스름하다'와 같은 색채형용사)를 모으는 것이었는데, 그때에는 색채형용사의 구조와 의미에 별다른 흥미를 느끼지 못했다. 그런데 감각형용사의 범위에 색채형용사가 포함되기도 하고, 보조연구원으로 일했을 때 모아 놓은 자료 중에 색채어가 있기도 해서 자연스럽게 먼저 색채형용사들을 모아 관찰하기 시작했다. 《표준국어대사전》에 들어 있는 색채형용사 중에서 고유어만 모아도 약 430개나 되었다. 이들을 자세히 들여다보고 꼼꼼하게 분석하는 논문이라면 써 볼 만하다는 느낌이 들었다. 더구나 색채형용사의 단어 구조와 의미를 다룬 학위논문은 많지 않았다. 졸업논문 제출 기한 안에 충분히 다뤄 볼 만하다는 판단도 들어, 드디어 논문 주제를 한국어 고유어 색채형용사의 구조와 의미로 결정했다.

이렇게 졸업논문의 주제를 잡고 나서 본격적으로 박사논문을 집필하기 시작해 완성하기까지 만 2년 정도가 걸렸다. 이 2년 동안은 강의도 하지 않았다. 이미 논문 제출 기한을 초과해 기한 연장을 1회 신청한 상태였기에 더는 뒤로 물러설 수 없었다. 평일에는 매일 둘째 아들을 어린이집에 데려다준 뒤 아침 9시 전에 연구실에 도착해 성경 묵상을 하고 바로 논문 작업을 시작했다. 어린이집이 끝날 즈음이 되면 아들을 데리러 가서 함께 귀가해, 집에서 저녁을 먹은 후 다시 연구실에 나와 밤 9시까지 논문을 썼다. 이런 일상을 반복하면서 줄곧 논문 작성과 졸업을 위해 하나님의 도우심을 구하는 기도를 했다. 직장생활을 했던 아내는 퇴근 후 저녁 시간에 아이들을 혼자 돌보며 논문 작업을 뒷받침해 주었다. 나에게는 천사가 따로 없었다. 아내의 헌신 덕분에 제출 기한에 딱 맞게 논문을 마무리했고, 다행히 심사도 통과해 무사히 졸업할 수 있었다. 나의 간절함과 아내의 도움, 그리고 이 기간에 가족들이 크게 아프지 않고 큰 탈 없이 잘 지내도록 돌봐 주신 하나님의 은혜로 가능한 일이었다. 돌아보면 기적과 같은 생활이었다. 박사과정 2년, 수료 후 논문 제출 기한 6년에 1회 기한 연장으로 주어진 추가 2년까지 총 10년 만에 이루어진 기적이다.

## 한국어 감각형용사의 어근들

한창 박사논문 주제를 찾던 때 지도 교수님께서는 국어사전을 찬찬히 읽으라고 하셨다. 사전에서 단어를 설명하는 내용을 자세히 읽다 보면 논문거리를 발견할 수 있다는 것이다. 그래서 《연세 한국어사전》을 머리말부터 읽기 시작했다. 사전 읽기를 시작한 지 얼마 지나지 않아 논문 주제를 정하게 되어 30-40쪽 정도 읽다가 중단했지만, 지금은 네이버에서 제공하는 국어사전 사이트에 접속해 날마다 단어를 검색하고 읽는다. 그날그날 성경을 읽다가 새롭게 눈에 띄거나 사람들의 대화 속에서 부딪치는 낯선 단어들과 궁금증을 유발하는 단어들을 스마트폰에서 찾는다. 그 단어를 찾아서 궁금증을 해결하고 나면 그 아래 딸린 참조어(유의어, 반의어, 큰말, 작은말, 여린말, 센말, 거센말), 속담, 관용 표현, 뜻풀이, 예문 등을 훑어 내려간다. 참조어를 열어 보고, 다시 그 참조어의 참조어를 읽는 식인데, 이렇게 꼬리에 꼬리를 물며 공부하다 보면 마치 한 무더기로 몰려오는 파도를 타고 다음 지점으로 미끄러져 가듯이 단어의 바다를 항해하는 느낌이 든다.

특히 내가 관심을 가지는 단어 부류는 한국어 감각형용사이다. 박사논문에서는 색채형용사만을 분석했는데, 미각이나 촉각 등을 나타내는 형용사들도 모두 감각형용사에 해당하므로 이들을 한 부류로 묶어서 분석할 수 있다. 이 감각형용사 부류에서 공통적으로 발견할 수 있는 대표적인 단어 구조는 '어근(語根)+하다'이다. 대략적인 예를 들면 다음과 같다.

'어근+하다'형 감각형용사의 예

1. 시각형용사: 거뭇하다, 거무스름하다, 꺼뭇하다, 꺼뭇꺼뭇하다, 길찍하다, 높직하다, 가느스름하다, 길쭉스름하다, 둥글둥글하다

2. 미각형용사: 달콤하다, 달착지근하다, 달차근하다, 달크무레하다, 새콤달콤하다, 짭짤하다, 짭짜름하다, 짭짜래하다, 비릿하다, 비틀하다

3. 촉각형용사: 미끌미끌하다, 미끈하다, 거칠하다, 거칠거칠하다, 거칫하다, 반드레하다, 반드르르하다, 질척하다, 질퍽질퍽하다

4. 청각형용사: 떠들썩하다, 왁자지껄하다, 시끌시끌하다, 시끌벅적하다, 조용하다, 조용조용하다

'거뭇하다'의 '거뭇'은 '검다'의 '검'에 '(으)ㅅ'이 더해져 만들어진 어근이다. '거무스름하다'의 어근 '거무스름'은 '검다'의 '검'에 '(으)스름'이 더해진 것이다. 이처럼 '검다'라는 단어 하나에서 파생되는 어근이 여럿이다. 맛을 나타내는 '달다'의 '달'에 '콤', '착지근', '차근' 등이 결합하면 각각 '달콤', '달착지근', '달차근'과 같은 어근이 만들어진다. 다시 이 어근들에 '하다'가 붙어서 결국 '달콤하다', '달착지근하다', '달차근하다'와 같은 단어가 만들어진다.

한국어에는 이렇게 감각의 미세한 차이까지 표현하는 단어를 만들어 내는 방법이 있다는 점이 다른 언어와 비교해서 두드러지는 어휘의 특징이다. 위에서 예를 든 단어 외에도 한국어 감각형용사의 어근은 우리가 잘 인식하지 못하는 범위에까지 들어가 있다. 예를 들어 '뚱딴지같이 그런 소리를 왜 하니?'라고 말할 때의 '뚱딴지'에도 감각형용사의 어근이 들어 있다. 바로 '뚱딴지'의 '뚱'이 사람의 성격을 묘사하는 감각형용사 '뚱하다'의 '뚱'인 것이다. '딴지'는 '꿀단지, 보물단지'의 '단지'에서 온 것인데 '단지'의 첫소리 'ㄷ'이 강하게 발음되어 'ㄸ'으로 바뀐 것이다. 지금 국어사전에는 이러한 정보가 제대로 설명되어 있지 않은데 앞으로 감각형용사의 어근에 대한 연구가 더 축적되고 널리 알려진다면 국어사전에서 단어 속에 들어 있는 어근들을 더 잘 설명해 줄 수 있을 것이다.

한국어 단어의 구조와 그 쓰임새를 관찰함으로써 한국 사람들이 단어를 어떻게 다루는지를 알게 되고 그런 분석을 통해 한국인의 삶과 사고방식을 엿볼 수 있다. 말을 통해 사람을 들여다보는 것이다. 이런 단계에까지 나아가기에는 앞으로 더 많은 관찰과 연구가 쌓여야 하겠지만, 우리가 어떤 말을 만들고 어떻게 사용하면 더 행복하게 의사소통할 수 있는지 설명하는 날이 곧 올 것이라고 생각한다. 서로 잘 통해야 오해가 없고 서로 행복하고 사랑할 수 있으니까.

## 벼랑길에서 붙잡아 주신 주님

지금까지 내가 살아온 길을 되짚어 보니 참으로 아슬아슬한 벼랑길을 걸어왔다는 생각이 든다. 어쩜 그리 바보처럼 살았을까. 지금 알고 있는 것을 그때 알았더라면 얼마나 좋았을까. 앞으로 나가지 못해서 우물쭈물 망설이고 있을 때, 씨를 뿌리지도 거름을 주지도 않고 빨리 열매를 따고 싶어 조바심이 났을 때, 그때마다 하나님께서 여러 모양으로 나를 붙잡아 주셨다고 이제는 고백할 수 있다. 이 못난 사람의 성정(性情)을 다 아시고 이까짓 존재를 가지고도 하나님께서는 예술품을 만들어 주셨다. 나를 지금까지 빚어 오신 하나님께 무한한 감사와 찬양을 올려 드린다. 이제부터는 나의 등 뒤에서 나를 도우시는 하나님의 든든한 오른손이 있음을 기억하며 자신감과 당당함을 가지고 발걸음을 내딛어 가기를 슬그머니 바라 본다.

순창에서 초등학교를 다닐 때 학교가 파하면 동네 친구 민현이와 집에 오는 길에 《동아전과》를 펼쳐서 반대말, 비슷한말 알아맞히기를 했던 기억, 최명옥 선생님과 지하철에서 나눈 질의응답, 김창섭 선생님께서 국어사전을 읽으라고 하신 말씀, 큰 그림을 그리기 위해서는 작은 그림을 그려야 한다고 따끔하게 일침을 놓았던, 지도 교수님 같은 '지도 아내'. 그리고 내가 미처 눈치채지 못한 많은 도움의 손길들. 이 모두가 빈들의 마른 풀 같이 메마른 나의 가슴에 소나기의 첫 물방울처럼 떨어져 스며들었다. 여전히 생활은 팍팍하지만 그때 맞은 빗방울 덕분에 지금도 하나님을 바라보고 살고 있지 않나 싶다.

# 말 속의 세상, 세상 속의 말

박기영

국어 선생님이 되겠다는 꿈을 품고 들어간 국어국문학과에서 '말 속의 세상'을 탐구하는 데 빠져들었고, 한국어 발음에 흥미를 느껴 음운론을 세부 전공으로 선택했다. 박사과정 수료 후 일본 게이오대학에서 한국어를 가르치면서 외국인을 위한 한국어 발음 교육 등으로 관심 영역이 확장되었다. 《손에 잡히는 한국어 교육학 개론》(하우), 《한국어 발음 어떻게 가르칠까》(역락) 등에 공저자로 참여했으며, 현재 서울시립대학교 국어국문학과에서 학생들을 가르치고 있다. 신앙과 삶의 일치를 고민하며 살아가지만 여전히 어렵고 답이 잘 보이지 않는다. 그럼에도 이런 모습이 자신만의 신앙고백이 되기를 바라며, 하나님의 도우심 가운데 신앙과 삶의 일치를 이루어 갈 수 있기를 소망한다.

**박기영** 국어학 전공

---

\* 이 글의 제목인 '말 속의 세상, 세상 속의 말'은, 의미가 조금 다르지만 《말의 세상, 세상의 말》(장소원 외, 월인)에서 따온 것이다.

나는 요즘 유행하는 MBTI 유형으로 보면 E(외향형)보다 I(내향형)에 속하는 사람이다. 능동적이기보다는 수동적인 사람이고, 감정을 바로 솔직하게 표현하기보다는 잘 드러내지 않는 경우가 훨씬 많다. 다양한 사람들과 함께 섞여 있거나, 처음 보는 사람과 대화해야 하는 상황이 되면 많이 긴장하는 편이고, 나와 성향이 비슷한 사람과 단 둘이 있는 것을 더 편하게 느낀다. 활동적이거나 열성적이라는 말은 나의 성격에 대한 표현으로 전혀 어울리지 않는다.

고등학교 3학년 2학기쯤이 되어서야 국어 선생님이 되었으면 좋겠다는 꿈이 생겼고, 국문과에 가야겠다는 생각을 하게 되었다. 그러나 그전까지 부모님은 내가 법학과에 지원하는 것으로 알고 계셨고, 나도 막연히 그렇게 생각해 왔기에 입시 막바지에 갑자기 부모님께 국어국문학과를 지원하겠다는 말씀을 드릴 수는 없었다. 다행히 선지원 후시험이라는 당시의 대입제도 덕분에(?) 1지망이었던 법학과는 떨어지고 2지망인 국어국문학과에 합격했다. 분명히 점수가 모자라 2지망에 합격한 것이었지만, 하나님께 감사하는 마음을 그때도 지금도 가지고 있다.

국어국문학과에 입학한 이후로 지금까지 답을 구해 온 질문은 '그리스도인은 이 세상에서 어떻게 살아야 하는가?'였다. 아마 세대를 막론하고 크리스천이라면 누구나 이 질문을 놓고 고민하며 나름대로 대답하고, 또 그 대답을 고쳐 가면서 살아가지 않을까. 나에게 이 질문은 '신앙과 삶의 조화 혹은 일치'에 대한 질문이기도 하고 '직업으로서의 소명'에 관한 것이기도 했다. 서두에 언급했듯이 I 성향인 나는 이 질문에 해답을 얻고자 능동적으로, 적극적으로, 저돌적으로 달려들지는 못했다. 수동적이며 소극적이었고 가능하면 부딪히지 않으며 살았다. 다만 내면에서 그리고 수많은 관계와 상황 속에서 나는 그 질문을 계속 지니고 살았던 것 같다. 다른 사람이 보기에는 어떨지 모르겠지만 내 안에서는 나름대로 좌충우돌하며 많은 고민과 시행착오를 겪었던 것 같다. 그 이야기를 조금 해 보려고 한다.

## 크리스천 정체성을 지키고자 쌓은 담

대학생이 되어서는 '술'이 참 어려웠다. 술을 마신다는 건 크리스천으로서의 정체성이 무너지는 것과 마찬가지라고 생각했다. 그래서 피할 수만 있다면 '술자리'를 피했다. 좀 더 정확하게 말하자면 온갖 핑계와 거짓말을 대며 술자리에 가지 않았다. 술자리에서 술을 마시지 않은 채 앉아 있는 나에게 날아오는 신앙과 술의 관계에 대한 짓궂은 질문들이 참 싫었다. '내 친구는 교회 다녀도 술만 잘 마시던데?', '성경에 술에 취하지 말라고 했지 술을 마시지 말라고 하지는 않지 않았냐?', '술을 마시면 구원을 받지 못하는 거냐?' 같은 질문들로 그 자리에서 나와 나의 신앙이 화제가 되거나 안줏거리가 되는 것이 참 당혹스럽고 힘들었다. 차라리 거짓말을 해서라도 술자리에 가지 않는 것이 낫다고 생각했다.

그렇게 대학 생활 내내 술자리에 거의 가지 않은 것은 관계의 단절로 돌아왔다. 교회에 다니지 않는 동기들, 선후배들과 인격적인 관계를 거의 만들지 못했다. 물론 교회를 다니는 학과의 동기들 그리고 기독교 동아리의 동기 및 선후배들을 만나고 그들과 신앙적인 교제를 나누며 캠퍼스 안에서 크리스천으로서의 정체성을 지켜 나갔다. 하지만 돌아보면 크리스천으로서의 정체성을 지킨다는 구실로 내 주위에 너무 높은 담을 쌓았던 것이 아닌가 하는 후회와 반성을 하게 된다.

계속 캠퍼스에 남아 있는 동기와 선후배들을 보면 신앙을 가지고 있지 않더라도 본받을 점이 정말 많은 사람들이다. 나보다도 훨씬 더 다른 사람을 배려하며 신중하고 사려 깊게 이야기하고 행동하는 동기, 선후배들이 너무나도 많다. 학문을 대하는 자세 또한 그 누구보다 진지하다. 짧은 대화 가운데에도 놀라운 통찰력이 담긴 말들이 오고 갈 때면 나도 모르게 감탄을 하게 된다. 내가 믿는 예수님에 대해 함께 대화할 사람들은 주위에 많았지만, 내가 믿는 예수님을 소개할 사람들과의 관계는 내가 스스로 쌓은 담에

꽉 막혀 있었던 대학 시절이었다는 생각이 든다.

혹시나 이 문제로 여전히 고민하는 크리스천 청년들이 있지는 않을까 하는 마음에 나의 학문과 직접적인 상관이 없는 음주 이야기를 먼저 꺼냈다. 지금은 술자리에 앉아서도 술을 마시지 않고 당당하게 콜라를 주문하고 그것을 '흑맥주'라고 부르는 능청을 떨며 끝까지 앉아 있다. 1차 술자리가 끝나고 2차 술자리에 가서도 열심히 안주를 탐하며 다른 사람들의 이야기에 귀를 기울인다. 이런 능청을 대학생 때 부릴 수 있었다면 얼마나 좋았을까 하는 생각을 늘 하면서 말이다.


## 말 속의 세상에 대한 관심

앞서 이야기했듯 나는 고등학교 3학년이 되어서야 국어 선생님이 되겠다는 구체적인 꿈을 가지게 되었고 감사하게도(?) 시험 점수가 모자라 국어국문학과에 입학하게 되었다. 국문학도라고 하면 고등학교 때부터 글 쓰고 책 읽는 것을 좋아하는 문학 청년이었을 거라고 생각하는 사람들이 많다. 하지만 나는 문학이 아닌 언어에 더 큰 관심을 가지고 있었다. 고등학교 때 국어 선생님께서 국어 문법을 설명하시면 혼자 머릿속으로 그 설명이 통하지 않는 예외적인 문장을 찾으려 애썼다. 어쩌다 그런 예문을 찾아 질문을 드리면 당황하시던 선생님의 모습에 뭔가 해낸 것 같은 기분이 들곤 했다. 국어학, 언어학이라는 학문의 존재를 몰랐지만, 말이 가진 규칙적인 특징과 그 예외에 나도 모르게 흥미를 느꼈던 것 같다.

언어가 가진 체계성과 규칙성, 한국어가 가진 다른 언어와의 공통점, 다른 언어에는 없는 한국어만의 특징. 말 속의 세상을 탐구하는 사람들은 이런 것을 찾아내고, 그 이유를 설명해 보려고 애쓴다. 내가 특별히 관심을 가지고 공부하는 부분은 한국어의 발음이다. 발음을 연구하는 게 무슨 재미가 있을까 싶은 사람이 대부분일 것이다. 만약 아래 질문이 재미있게 느껴지고 그 답도 궁금하다면 여러분도 말 속의 세상으로 들어올 준비가 된 것이다.

- '물고기', '불고기'는 그 단어의 구성을 보면 '물+고기', '불+고기'로 똑같은 것 같은데 왜 물고기는 [물꼬기]라고 발음하고, 불고기는 [불고기]라고 발음할까?
- 나는 '신라면'을 [신나면]으로 발음하는가, 아니면 [실라면]으로 발음하는가? '진라면'의 발음은 '신라면'과 같은 방식으로 발음하는가, 다른 방식으로 발음하는가?

중고등학교에서는 어떤 단어를 쓰거나 발음하는 것이 맞는지 틀리는지, 즉 언어 규범(맞춤법, 표준 발음)에 초점을 맞춰 공부하는 경우가 많다. 하지만 말 속의 세상에 대한 공부에서는 사람들이 실제로 한국어를 사용하는 양상을 잘 관찰하고 왜 그렇게 말하는지를 밝히는 데 더 관심이 많다. 즉 [신나면]과 [실라면] 중 무엇이 옳은 발음인지에 관심을 두기보다는 이 두 가지 발음이 다 존재하는 이유가 무엇인지를 설명하려고 하는 것이다.

최근 K팝, K드라마, K컬처 덕분에 한국 문화에 대한 관심이 높아져 한국어를 배우고 싶어하는 외국인이 점점 많아지고 있다. 초기에는 아시아를 중심으로 외국인 학습자가 많았지만, 지금은 아시아에만 한정되지 않고 유럽, 중동, 북미, 남미, 아프리카 등 세계 전 지역을 아우른다. 이렇게 한국어를 배우는 외국인들이 크게 늘어나면서 이 외국인들의 한국어 발음도 재미있는 연구 대상이 됐다. 태어나면서 습득한 언어(일반적으로 '모어'라고 부른다)가 아닌 제2 혹은 제3의 언어로 배우는 한국어의 발음을 이들은 어떤 과정을 통해 습득하는지, 아마도 처음 한국어를 배울 때는 발음의 오류가 다양하게 나타날 텐데 이러한 발음의 오류는 그들의 모어와 어떤 관계를 갖는지, 한국어 발음의 습득 과정과 처음 모어의 발음을 습득하는 과정은 어떤 차이를 보이는지 등에 관심을 가지고 연구해 볼 수 있다.

## 학문과 신앙의 접점 찾기

이렇게 말 속의 세상을 공부하는 사람에게 하나님이 주신 소명은 무엇일까? 늘 이 질문에 답하려고 노력했지만 쉽지는 않았다. 이 부분을 고민할 때면 문학, 예술, 철학, 과학을 공부하는 사람들을 부러워하기도 했다. 학문과 신앙 사이에서 더 직접적으로 부딪히고 치열하게 고민하면서 고통스럽고 힘들었겠지만 그래도 그렇게 붙잡은 소명만은 명확할 것이라 생각했다.

개인적인 경험에 비추어 볼 때 말 속의 세상을 공부하는 것은 학문과 신앙 사이에 그렇게 큰 갈등이나 부딪힘을 유발하지는 않는 것 같다. 그 연구 대상이 이미 하나님이 인간에게만 허락해 주신 '언어'이고 이 '언어'가 가진 특성을 더 잘 밝히는 게 목적이기 때문이다. 만약 인간, 사회, 지구의 생태계, 우주를 대하는 자신의 태도와 가치관, 세계관이 연구나 일의 방향을 결정짓는 데 중요한 기준이 된다면, 그 연구나 일을 시작하기 전에 또는 진행하면서 자신의 신앙과 부딪치는 지점이나 문제가 나타날 때 많은 고민과 갈등을 하게 될 것이다. 앞서 언급한 문학, 예술, 철학, 과학 등의 분야에서는 학문과 신앙의 관계에 대한 논의나 논쟁을 여러 번 목격했으나, 언어학이라는 학문 분야와 신앙의 관계에 대한 논의는 거의 본 적이 없다.

처음에는 가르치고 연구하는 이 직업이 하나님 나라의 확장과 직접적으로 관계된 것이 무엇일까 하는 고민을 했다. 그러면서 직업과 선교를 연결시켜 보기도 했다. 외국인들에게 한국어를 가르치는 직업을 통해 자비량 선교사(Tentmaker)로 사역할 수 있지 않을까 하는 생각, 해외에 나가지 않고서도 한국에서 외국인을 대상으로 복음을 전할 수 있다는 생각을 한 것이다. 일본 대학에서, 또 국내 대학의 한국어교육센터에서 한국어를 가르치면서 그러한 노력을 어느 정도 하기도 했다. 다만 마음속에 이것이 나의 학문과 신앙의 조화인가 하는 물음이 늘 남아 있었다. 선교사님들 가운데 한국어 교원 자격증을 취득해 사역지에서 선교의 도구로 한국어 교육을 활용하는 분들을 종종 볼 수 있다. 내가 공부하고 가르치는 한국어로 직업 현장에서 선교 사역을 감당하는 것과 선교사님들께서 선교의 도구로 한국어 교육을 활용하는 방식을 놓고 봤을 때, 후자가 더 적절하지 않을까 하는 생각이 든다. 내 직업과 선교를 연결 지었던 생각은 학문과 신앙의 조화라기보다는 신앙을 위한 학문의 도구였다는 것이 더 정확한 표현일 것 같다.

신앙과 학문의 조화를 고민하며 시도했던 또 하나의 방식은 내가 연구하는 대상을 신앙과 연결시키는 것이었다. 19세기, 20세기 초에 성경이 우리말로 번역되기 시작했는데, 이때 번역된 성경은 그 당시의 한국어가 어떠했는지를 연구하는 귀한 자료다. '서학'이라는 이름으로 중국을 통해 천주교가 전래되기 시작했는데 천주교의 교리를 한글로 해설해 놓은 자료를 보면서 기독교 관련

어휘들이 어떻게 우리말로 번역되거나 수용되었는지를 살펴보는 시도를 해 본 적이 있다.

연구 논문이라는 것이 객관적 서술을 기본 원칙으로 삼다 보니 논문에 나의 신앙이 드러나거나 담길 수는 없다. 하지만 자료의 저자가 삼위일체 중 한 분이신 '성령'(聖靈)에 대해 한글로 설명해 놓은 것을 보면서 성부나 성자처럼 형체를 지니고 있지 않은 성령을 당시의 초신자들에게 이해시키기 위해 애썼던 마음이 느껴졌던 기억이 난다. (덧붙여 설명하자면, 내가 살펴본 자료에는 '성령'이 아닌 '성신 聖神'으로 나온다. 나도 어렸을 때는 '성령'보다는 '성신'이라는 표현이 더 익숙했다. 이 '성신'은 마테오 리치의 《천주실의》에도 나오는데, 이 책에서는 지금 우리가 알고 있는 '성령'의 의미가 아니라 '성인聖人'을 의미하는 단어로 쓰였다.)

기독교의 어휘가 한국어에 수용되는 과정을 살펴본 것은 말 속의 세상에 대한 연구 방법을 기독교 관련 자료에 적용해 보았다는 점에서 내 나름대로 신앙과 학문을 연결하기 위해 시도한 방법이다. 이렇게 말하는 것이 맞는지는 모르겠지만, 앞서 선교의 도구로 한국어 교육을 생각했던 것과는 다르게 이번에는 기독교 문서 자료를 학문 연구의 대상으로 삼아 학문과 신앙 중에서 학문에 무게 중심을 놓고 둘의 조화, 일치를 시도해 본 것이다. 이러한 시도로 하나님께서 허락해 주신 나의 직업을 통해 아주 작게나마 학문적 기여를 한 것 같지만, 이것이 내 삶과 신앙을 일치시키는 유일한 방식은 아닌 것 같다.

## 두 가지 작은 꿈

여전히 나는 학문과 신앙의 일치, 나의 학문 가운데 신앙을 실천하는 방식을 놓고 고민한다. 정답이 있지는 않겠지만, 아마도 계속 그 방법을 고민하고 기도하면서 살 것이다. 말 속의 세상을 공부하려면 그 말이 세상 속에서 어떻게 사용되는지를 열심히 관찰해야 한다. 세상 속의 말을 유심히 살피고 잘 들여다봐야 말 속의 세상에서 새로운 규칙성을 발견할 수 있다. 요즘 세상 속의 말을 관찰하면서 내가 하고 싶은 일 두 가지가 있다.

하나는 한국어를 배우는 외국인 학습자들이 좀 더 자연스럽게, 유창하게 한국어를 발음할 수 있도록 한국어 발음 학습 앱(application)을 개발하는 것이다. 한국어를 배우는 목적에 따라 발음은 조금 서툴러도 의사소통만 가능하면 충분한 외국인이 있는가 하면, 결혼 이주민이나 그 자녀들처럼 한국에서 공부하고 직업을 얻어 살아가야 하는 외국인들이나, 자신의 나라에서 한국어 선생님이 된 외국인들은 거의 한국 사람과 같은 수준의 유창한 발음으로 한국어를 구사할 필요성을 많이 느낀다고 한다. 한국어 발음 학습 앱을 개발하면 이러한 외국인들에게 조금이나마 도움을 줄 수 있지 않을까 싶다.

다른 하나는 앱 개발처럼 아주 구체적이지는 않다. 거칠게 말하자면 사람들의 언어 사용 습관을 개선해 나가는 데 도움을 주고 싶다. 언어 사용에 있어 세대 차이는 예나 지금이나 변함없고 앞으로도 계속될 것이다. 그러나 요즘 사회 속의 언어를 보면, 세대와 상관 없이 나타나는 차별적인 언어 사용, 상대방을 배려하기보다는 공격하고 상처 주기 위해 걸러지지 않은 채 쏟아내는 자극적이고 거친 말들이 지나치게 많아졌다는 생각이 든다. 물론 말은 마음이나 생각이 드러나는 하나의 형식에 불과하다고 얘기할지도 모르겠다. 그러나 지하철이나 버스에서 큰 소리나 험한 말로 싸우는 분들에게 '할아버지, 아저씨'가 아니라 '어르신'하고 호칭만 달리 해도 금세 크고 거친 말들이 잦아드는 것처럼, 말을 사용할 때 우리가 조금만 주의를 기울인다면 불필요한 갈등이나 마찰이 훨씬 줄어들 수 있으리라 생각한다. 아직 구체적인 계획을 세운 것은 아니지만, 언어에 대한 이해를 바탕으로 자신의 언어 사용 습관을 돌아보고 개선해 나갈 수 있는 교양 수업을 만들면 어떨까 생각하고 있다.

말 속의 세상을 공부하면서 세상 속의 말을 좀 더 좋은 방향으로 변화시키거나 세상 속의 말을 제대로 구사하기 어려운 사람들을 도와주는 방법을 찾는 것은 학문과 신앙의 일치를 고민하는 나의 또 다른 시도가 될 것 같다. 아마 이것도 정답은 아닐 것이다. 그럼에도 하나님께서 나에게 허락하신 일 가운데 신앙을 실천할 수 있는 방법이 무엇인지 계속 찾으려고 애쓰는 것, 그것을 하나님께서 기쁘게 여겨 주셨으면 좋겠다.

# 나는 언어학을 좋아하는 사람이더라고요

최진영

'언어학'이라는 단어가 마음에 들어 언어학을 전공했다. 그 공부가 싫지 않아 미국으로 유학을 가서, 한국어의 "아무"와 "누구"에 대한 형식의미론적 연구로 박사학위를 받았다. 대학 시절 학문과 신앙을 조화롭게 연결하는 삶을 추구하는 좋은 사람들을 많이 만났고 그 영향으로 박사과정까지 공부한 것 같다. 결혼과 함께 유럽으로 이주했으며, 현재 룩셈부르크 세종학당 학당장으로 재직 중이다. 미국과 달리 유럽에서는 경험론적으로 언어에 접근하는 연구를 접했고, 외국인들에게 한국어를 가르치기 시작하면서 한국어를 새롭게 보는 눈을 연마하고 있다. 학생들이 한국어에 녹아 있는 문화와 정서를 이해하면서도 좀 더 쉽게 한국어를 배우도록 돕는, 외국인을 위한 한국어 문법서를 발간하는 꿈을 꾼다.

최진영 언어학 전공

## 자기 연민 속 닫혀 있던 길

미국에서 박사 공부를 할 때의 일이다. 유학 초반에는 수업 따라가기가 힘들다는 핑계로 교회 생활을 등한시하다가 청년부 활동을 다시 조금씩 하기 시작했다. 그러나 불행하게도 당시 청년부 리더였던 분들의 이중적인 모습에 공동체가 반으로 쪼개지고, 상처를 받아 떠나는 사람들이 생겼다. 나도 그중 하나였다. 청년부를 떠나 한 구역 모임에 참석해 위로를 받으면서, 매일 몇 시간씩 성경을 읽고 기도하는 생활이 시작되었다. 박사과정 수업을 다 듣고 논문을 써야 할 시기였는데, 공부하는 시간보다 기도하고 말씀을 읽는 시간이 더 많아졌다. 점점 나의 기도는 '하나님, 저를 사용해 주세요'라는 기도로, 그리고 '나를 선교사로 불러 주세요'라는 부르짖음으로 변해 갔다.

원래 나라는 사람은, 대학 시절 선교단체의 선배들이 목회자로, 선교사로 진로를 바꾸는 것을 이해하기 어려워했던 사람이고, 그중 어떤 분들이 나를 보며 '너는 왜 성경을 읽어야 할 시간에 시집이나 소설책 같은 걸 읽니?'라고 한탄할 때 '저렇게 편협한 세계로는 절대 들어가지 말아야지' 다짐했던 사람이다. 그랬던 내가 갑자기 풀타임 사역자로 헌신하는 것만이 하나님께 영광을 돌리는 삶이라는, 전에 없던 확신을 품게 된 것이다. 하나님의 응답을 들으려고 기도한 후에 가만히 눈을 감고 엎드려 있곤 했다. 하지만 아무 느낌도 오지 않았고, 나에게는 아무 일도 일어나지 않았다. 나는 꾸역꾸역 논문을 쓰고 박사학위를 받았다.

하나님이 왜 내 기도에 응답하지 않으시는지 이해되지 않았다. 그러다 우울 증세가 있는 상태에서 결혼을 했다. 아무도 나를 알지 못하는 벨기에라는 곳에서 결혼 생활이 시작됐다. 명문대 졸업생, 미국 아이비리그의 박사학위 등 근사한 타이틀이 사라지고, 나는 누군가의 아내 그 이상도 이하도 아닌 사람이 되어 있었다. 낯선 환경도, 바뀐 정체성도, 시집살이도, 상상했던 것보다 훨씬 힘들었다. 뿌리가 뽑힌 채로 길가에 굴러다니는 풀이 되어 말라가는 느낌이었다. 내 딴에는, 설교와 찬송가를 틀어 놓고, 하나님께서 나에게 뾰족한 답을 주시기를, 길을 열어 주시기를 기도했다. 하나님의 침묵은 길었고, 나도 모르는 사이에 우울증과 무기력은 점점 심해져 갔다. 결국 결혼 3년 만에 나쁜 병을 얻게 되었다.

지금 돌아보면 하나님이 나의 기도에 응답하지 않으신 이유는 분명하다. 고백하기 참 창피하지만, 그때 나의 내면은 '나는 이 세상에서 제일 멍청한 인간이야'(나중에 안 사실이지만 박사과정의 많은 학생들이 이러한 생각을 한다고 한다)라고 하는 우울감과 좌절감, '나는 저들보다 나은 믿음을 갖고 있어'라고 하는 교만, 사람들을 정죄하면서 동일한 죄를 짓는 위선으로 온통 뒤섞여 있었기 때문이다. 겉으로는 믿음 좋은 사람인 체 했을지 모르나, 사실은 마음 안에 이와 같은 것들과 자기 연민이 가득 차서 하나님이 개입하실 틈이 전혀 없는 삶을 살았던 것이다. 확신도 없고 잘하는 것 같지도 않은 공부에서 도피하고, 나를 힘들게 하던 인간관계에서 벗어나고자 선교사를 꿈꾸고, 결혼을 했던 것을 하나님은 아셨을 것이다.

### '네가 즐거운 일을 하되 내 안에 거하여라'

그렇다면, 그때 내가 충분히 준비되어 있었더라면, 그분께서 나를 선교사로 부르셨을까? 이에 대한 어렴풋한 답을 나는 두 개의 성경 구절에서 발견한 것 같다. 암 수술에서 회복하고서도 여러 가지 고난을 겪던 어느 날, 전도서의 말씀이 새롭게 다가왔다.

> 사람이 먹고 마시며 수고하는 가운데서 심령으로 낙을 누리게 하는 것보다 나은 것이 없나니 내가 이것도 본즉 하나님의 손에서 나는 것이로다. (전 2:24)

먹고 마시고 즐거워하는, 세속적이고 일상적인 행위가 하나님의 손 안에, 뜻 안에 있다는 말씀이다. 하나님이 나에게 이렇게 말씀해 주시는 것 같았다. '진영아, 네가 언어학자가 되든, 선교사가 되든, 가정주부가 되든, 그게 나한테 중요한 게 아니다. 뭘 하든 네가 즐거운 것을 하되, 나와 함께 있어라.' 무엇이 되어야 할까, 무슨 일을 해야 할까, 머리 싸매고 고민만 하는 것이 아니라, 새로 주신 생명에 감사하며 매일매일을 단순하게, 즐겁게 살아가야겠다는 마음이 생겼다.

또 하나, 수가성 사마리아 여인의 일화를 보면, 예수님이 물을 달라 하시는데 여인은 "물 길을 그릇"(요 4:11)이 없다고 대답한다. 너무 맞는 말이다. 그릇이 없는데 어떻게 우물에서 물을 길어 낼 수가 있겠는가? 그러자 예수님은 "이 물을 먹는 자마다 다시 목 마르려니와, 내가 주는 물을 먹는 자는 영원히 목마르지 아니하리니"(요 4:13하-14상)라며 영적인 물을 말씀하신다. 그러시고는 여인이 갖고 있던 가장 깊은 문제들을 만지시기 시작한다. 이에 여인은 예수님이 구세주이신 것을 깨닫고 "물동이를 버려두고"(요 4:28) 동네로 가서 사람들에게 구원자가 나타나셨음을 증거한다. 그 후에 여인은 어떻게 되었을까? 그 여인의 물동이는 어떻게 되었을까? 시몬과 안드레가 고기를 잡다가 예수님을 만나 '배와 그물'을 아예 버리고 예수님과 동행한 것처럼, '물동이는 이제 필요 없다' 하며 예수님을 따라갔을까? 그랬을 수도 있겠다. 하지만 내 생각에, 그 여인은 다음날에도 또 그 다음날에도 우물에 물을 길러 나왔을 것 같다. 그 물동이를 다시 찾아서 말이다. 하지만 그

인문학의 길에서 성서를 만나다

똑같아 보이는 행위를 대하는 여인의 마음과 영혼은 전혀 달랐을 것이다.

사마리아 여인과 마찬가지로 나도, 나의 물동이를 다시 조용히 들어서 물을 긷고 밥을 짓고, 일상을 살아가는 삶으로 부르심을 받았다는 생각이 들었다. 시몬과 안드레처럼 예수님을 따라 나서는 길이 근사해 보여 한때 나는 선교사가 되어 볼까 했었다. 하지만 나를 너무 잘 아시는 하나님은, 그 일이 내가 잘 할 수도 없거니와, 감당할 수 없는 일임을 아셨을 것이다. '내가 너를 너로 만든 이유가 다 있는데, 네가 좋아하고 잘할 수 있는 것을 그냥 하면 된다.' 그렇게 말씀해 주시는 것 같았다. 하나님은 내가 나의 물동이를 찾아서 즐겁게 물을 긷고, 길은 물을 사람들과 함께 나누고 기뻐하고 감사하는 삶을 살기를 원하셨던 것이다.

## '나의 물동이'를 찾아서

그렇다면 나의 물동이는 무엇일까? 사실 나의 물동이를 찾는다는 것은 그리 쉬운 일도 아니고, 빨리 되는 일도 아니었다. 어떤 사람들은 뭔가에 열정을 가지고 막 뛰어들던데, 나는 소극적이기도 하고 완벽주의 성향도 심해서, 내가 누구인지, 무엇을 좋아하고 잘할 수 있는지 20대 내내 묻고 생각했지만 확신을 얻을 수는 없었다. '언어학을 해서 뭐 하려고?'라는 질문을 너무 많이 받았기 때문에 다시 시험을 쳐서 돈을 잘 번다는 한의사가 되어 볼까 고민해 보기도 했고, 대학교 2학년 때 들었던 고전희랍어 강의가 꽤 재미있어서 서양고전학을 공부해 볼까 하기도 했었다.

건강을 되찾은 30대 후반에 하나님의 은혜로 룩셈부르크에서 연구원으로 일하게 되었다. 이를 계기로 교육학과 사회학 분야도 조금 공부해 보고, 프로젝트 매니저도 해 보고, 이벤트 기획도 해 보았다. 이런 일들도 나쁘지는 않았지만 그렇다고 아주 즐겁지도 않았다. 그러다가 외국인을 위한 한국어 강의를 시작하면서, 학부 때부터 박사학위를 받을 때까지 공부했던 언어학이 제일 재미있다는 것을, 나는 한국어의 데이터를 생각하고 분석하여 이론화해 볼 때 가장 즐거움을 느낀다는 것을 뒤늦게 깨달았다. 돌고 돌아 40대가 되어서 다시 언어학에 다다른 것이라 웃음이 났다.

내가 언어학과를 선택한 것은 큰 꿈이 있어서가 아니라, 대학 입시 때 가고 싶었던 대학교의 요람을 펼쳐 놓은 채 느낌이 안 오는 과들을 지워 나가는 방식으로 대충 결정한 것이다. 사회과학, 역사, 철학, 종교 등은 너무 어렵고 거대하게 느껴져 지우고 보니, 남은 학과가 영문학, 불문학 등 어문학 계열 학과들과 언어학과였다. 소설가가 되거나 문학평론을 할 정도로 글재주가 있다고 생각하지 않기 때문에 어문학 쪽을 지우고 나니, 마지막으로 언어학과라는 이름이 눈에 들어왔다. 언어학이라니…, 꽤 근사하게 느껴졌다.

하지만 언어학은, 그 단어를 처음 들었을 때의 인상에 비해, 굉장히 범위가 넓고 복잡한 학문이었다. 세계 여러 나라의 언어를 배우게 될 줄 알고 선택했다가 추상적이고 비실용적인 면에 실망해서 다른 길로 간 과 친구, 선배들이 참 많았다. 언어의 물질이라고 볼 수 있는 소리 자체의 성격을 공부하는 분야를 음성학이라고 하고, 그 소리들이 개별 언어에서 어떻게 기능하는가를 보는 것은 음운론이라고 한다.

예를 들어, [t]는 영어에서 한 음운이지만, 이에 대응하는 우리말의 'ㅌ'과 'ㄸ'은, '탕'과 '땅' 같이, 서로 다른 의미를 만들기 때문에 두 개의 음운이라고 본다. 단위를 확장해서, 단어들이 어떤 규칙으로 만들어지는가를 연구하는 것은 형태론이라고 하고, 단어와 단어를 연결한 문장이 어떤 매커니즘으로 생성되는가를 보는 것은 통사론이라고 한다. 그리고 이들의 의미를 연구하는 분야는 의미론이라고 한다. 여기까지는 언어의 내적 요소들을 다루는 분야들이고, 언어 외적인 요소들과 결합하여 심리언어학, 사회언어학, 인류언어학, 전산언어학 등 범위가 아주 넓어질 수 있다.

나는 그중에서도 형식의미론(formal semantics)이라는 것을 전공했다. 수학의 집합론에서 일부 배우는, 논리학과 비슷하다고 생각하면 된다. 오해나 오류 없이 말의 의미를 파악하기 위해서 일상언어(natural language)를 논리 형태(logical form)로 환원하여 이해하고

자 하는 분야이다. 본시 인문학의 기원이 되는 것은 고대 그리스에서 시작된 리버럴 아츠(liberal arts)의 전통이라고 한다. 공공회의에서의 발언권, 참정권 등을 향유할 수 있기 위해 자유 시민이 갖추어야 할 기본 소양으로 7개의 분야, 즉 (라틴)문법, 논리학, 웅변술, 천문학, 대수학, 기하학, 음악을 리버럴 아츠로 선정하여 지식인을 교육했다고 한다. 이 중 첫 세 개에 해당하는, 언어에 관련된 분야들이 르네상스 시대에 '직업 교육으로서의 지식'과 대비되는 '인문학'의 세부 과목으로 이어지게 되었다고 한다. 이 시기에 인문학으로 추가된 분야들이, 요즘 흔히들 손에 꼽는 문학, 역사, 철학 등이다.

이렇듯 논리학은 오랜 전통을 가지고 있다. 일상의 언어를 수학의 기호인 논리 언어로 바꾸는 시도는 우리의 일상 언어에 불순물이 많이 섞여 있다는 플라톤적인 믿음을 전제로 한다. 소피스트들의 화려한 수사, 말재주를 불신하며, 표면적으로 보이는 언어(를 포함한 사물들)의 기저에서 진리를 찾아야 한다는 플라톤의 사상은 데카르트를 거쳐 20세기 초의 프레게, 러셀의 분석철학, 그리고 형식의미론으로 이어졌다. 눈에 보이는 것, 귀로 들리는 것 너머에 무언가 더 궁극적인 것, 더 근본적인 것, 더 보편적인 것을 찾는, 로마서 1장 20절에서 언급한 "그의 보이지 아니하는 것들"을 찾는 마음에서 비롯되었다고 생각한다.

내가 언어학의 많은 분야 중에서 왜 형식의미론을 선택했는가를 나중에 되돌아보니, 위와 같은 사상이 내 성격과 잘 맞았던 것 같다. 내성적이고 사람들과의 접촉을 과히 좋아하지 않는 성향이라, 수학자들이 숫자를 가지고 즐거워하는 것처럼 나도 단어와 문장들 속에서 퍼즐을 맞추고 수수께끼를 풀 듯이 언어 자료를 해석하고 규칙을 찾아가면서 많은 시간을 보냈던 것 같다. 더 나아가 '언어'라는 데이터에서 내적인 구조와 원리를 생각해 내고, 그것을 논리식으로 바꾸어 다른 언어들까지 아우를 수 있는 보편성을 찾아내는 것이 흥미로웠다. 흐트러져 있는 개별적인 현상들 속에 분명히 어떤 일반 원리가 있을 것이라고 믿을 뿐 아니라, 그 원리 또는 적어도 경향성이라도 찾아야만 마음에 안정감이 오는 성격인 것이다.

하지만 '나는 언어학을 좋아한다'라는 문장이 의식 단계까지 올라온 것은, 앞서 말했듯 중년이 다 되어서의 일이다. 직관적으로 물동이 하나를 선택해 놓고, 이게 맞나 싶어서 다른 데를 이리 기웃, 저리 기웃 해봤으나 결국엔 처음 골랐던 그 물동이로 돌아왔다. 묘한 마음이 들면서도 내가 좋아하는 것을 계속 할 수 있도록 한국어 선생, 세종학당 학당장의 길로 인도해 주신 하나님께 감사를 드린다.

## 데이터에서 사람으로

나는 박사논문에서 영어의 any에 해당하는 한국어 표현인 '아무도, 아무라도, 아무나, 누구도, 누구라도, 누구나'의 의미론적인 특성을 연구했다. 우리가 무의식적으로 사용하기 때문에 잘 포착하기 어렵겠지만, 이 표현들은 '단일 사실 사건'(single factual event)을 나타내는, '어제 나는 우리 반 학생을 만났다'와 같은 문장에는 사용될 수 없다는 공통점 가지고 있다. 즉, '*어제 나는 아무도 만났다', '*어제 나는 누구나 만났다' 등은 비문법적인 문장이다(*는 비문법성을 표시하는 기호임). 부정 표현 '안' 이 더해지거나 ('나는 아무도 안 만났다'), 미래 시제 '-을 것이다' ('나는 누구라도 만날 것이다'), 또는 가능성 '-을 수 있다' ('나는 아무나 만날 수 있다') 등의 표현이 들어가야 문법적으로 바른 문장이 된다. 왜 이러한 문법적인 차이가 나타나는지를 설명하기 위해, '아무', '누구', '도', '라도', '나' 각각의 의미를 분석해서 논리식으로 바꾸어, 이들이 결합하여 특정 문장에 사용될 때 논리식의 어떤 부분으로 말미암아 비문법성이 도출되는지를 보여 주려고 했다. 이러한 방법론의 장점은 다른 언어에서 이와 비슷한 현상을 보여 주는 표현들을 아울러 설명할 수 있으며, 세계의 많은 언어에서 공통적으로 나타나는 현상을 가지고 인간의 언어의 보편성이 무엇인지를 밝히는 데에 도움을 줄 수 있다는 것이다.

하지만 외국인들에게 한국어를 가르치기 시작하면서 형식의미론보다는 다른 방법론으로 한국어에 접근해야 한다는 것을 절감하게 된다. 형식의미론적 설명은 고대 그리스의 문화로부터 시작된 서양의 사상을 반영하고 있다. 서로 다른 문화의 접촉과 충돌이 많았던 고대인들은 '내가 옳으냐 네가 옳으냐'를 따져야 할 때가 많았고, 그러기 위해서 대상을 정확하게 정의(define)하는 것을 기본으로 삼았다.

예를 들어 '토끼'라는 것은 무엇인지, '달린다'는 것은 어떤 속성을 가지고 있는지를 **정의**한 후에 논리를 전개하여 논리상의 오류를 잡아내는 방식으로 토론을 한 것이다. 반면, 동양 문화에서는 다른 문화와의 접촉이 많지 않았고 집단 내에서의 (농경을 위한) 협동과 질서 유지가 중요했기 때문에, 개념을 정확히 정의하는 것보다는 원하는 바를 **어떻게** 전달할지, 사람과의 **관계**를 위협하지 않고 어떻게 하면 내가 원하는 것을 얻을 수 있을지 등이 더 중요했기 때문에, 명사보다는 서술어가 더 발달했다고 한다.

우리말을 들여다보면, 화자와 청자가 어떤 관계에 있는지, 이들이 어떤 상황에 있는지, 화자가 사건을 어떻게 바라보는지 등에 따라 표현의 선택이 달라진다는 것을 알 수 있다. 예를 들어, 'The concert was good' 이라는 영어 문장을 한국어로 표현할 경우, 청자가 화자보다 나이가 많거나 '높은' 위치에 있는 경우에는 '그 공연 좋았어요'라고 존대하여 말할 것이고, 격식을 더 차려야 하는 상황이면 '그 공연 좋았습니다'라고 말할 것이다. 상대방을 높일 필요가 없다면 '그 공연 좋았어'라고 할 것이다. 여기에 더 미묘한 뉘앙스를 추가하고 싶다면 '좋았지요', '좋더라고요' 등 다양한 다른 어말어미들을 넣을 수 있다. 한국어에는 대화 참여자의 관계와 맥락에 따라 다르게 사용하는 어미들이 수백 개가 넘는다. 들여다볼수록 한국어는 표현 자체의 의미보다 그 표현들이 쓰이는 맥락과 화자의 의도가 더 중요한 것 같다. 이러한 맥락과 의도, 뉘앙스를 형식의미론의 틀로 설명하고자 하면, 직관적이지 않고 불필요하게 긴 분석이 나올 가능성이 크다.

이렇게 개수가 많고 섬세한 한국어 술어들을 외국인들에게 어떻게 잘 설명할 수 있을까, 그런 내용을 담은 문법책을 어떻게 개발할 수 있을까 하는 것이 요즘 나의 주요 관심사이다. 시중에 나와 있는 한국어 교재나 문법서들은 대부분 한국인의 입장에서, 즉 모국어 화자의 입장에서 문법을 서술하고 있다. 예를 들어, '학교에 가다가'와 같은 표현에 쓰이는 '-다가'라는 어미는, 한 동작을 끝낸 다음에 다른 동작으로 전이되는 것을 표현하는 어미라고 설명되어 있다. 알아듣기 어려운 설명일뿐더러, 문제는, '-다가' 말고도 선후 관계를 나타내는 어미들이, '학교에 가고 / 가서 / 가고 나서/ 가더니 / 가 가지고 / 간 후에 / 간 다음에' 등 아주 여러 개가 존재한다는 점이다. 영어의 'and then'으로 번역될 법한 이 어미들이 서로서로 어떻게 다른지, 어떤 조건에서 쓰이는지를 학습자의 관점에서 알려줄 수 있는 책을 써 보고 싶다.

그렇게 하기 위해서는 한국어 자료만 분석할 것이 아니라, 한국의 문화, 한국 사람들을 관찰하고 생각해 보는 작업이 필수적이다. 한국인과 한국어를 동시에 바라보면, '콕 집어서' '똑 부러지게' 말하는 것을 피하려는 한국인들의 문화와 성향이 보인다. '나는 언어학을 좋아해요' 라는 문장의 술어는 '좋아하-어-요'로 분석되는데, 동사 어간에 붙은 어미인 '-어'는 많은 경우에 단정적(assertive)인 발화로 해석된다.

그 단정성을 피하기 위해서 한국인들은 다양한 다른 어미들을 사용하여 좀 더 부드러운, 약화된 문장을 만드는 경향이 있다. 가장 쉽게 포착할 수 있는 '-것 같다' 뿐 아니라, 현재의 일을 과거의 일인 것처럼 거리를 두어, '좋아하-더라고-요'로 말한다든가, 자신의 일을 다른 사람의 일인 것처럼 거리를 두어 '좋아하-나봐-요'라고 표현한다든가, '좋아하-게 되-었어요'처럼 진행과 변화에 초점을 둔다든가, '좋아하-는데-요, 좋아하-거든-요'처럼 원래는 연결어미인 것을 종결어미로 사용해 말끝을 흐리는 방식 등, 비단정적인 발화를 만드는 기제가 상당수 보인다.

형식의미론을 공부하던 때에는, 불순물이 없는 진공 상태에서 한국어를 분석하는 안락함을 즐겼다고 할 수 있다. 한국어 사용자는 고려하지 않고, 표현 자체의 구조나 의미만을 계산했던 것이다. 한국어 선생과 세종학당 학당장이 된 지금은, 한국인들의 문화와 그 속에 녹아 있는 한국 사람들의 의식과 무의식, 세계관, 역사 등을 함께 생각의 틀에 넣고 한국어를 바라본다. 그렇게 하지 않으면 한국어를 배우는 학생들이 던지는 숱한 물음에 답을 해 줄 수 없을뿐더러, 그렇게 해야만 한국어의 섬세한 뉘앙스나 다양한 표현들을 한국어 학습자들에게 좀 더 쉽게 설명할 수 있기 때문이다.

인간관계를 복잡하고 부정적인 것으로 인식하는 나의 성격을 감안하면, 사람들과 그 문화까지 생각의 틀 안에 넣는 것은 큰 도전이었다. 하지만 그간에 여러 가지 연단을 거치면서, 하나님께서 마음을 넓혀 주시고 성격도 바꾸어 주셔서 이런 공부도 할 수 있는 것 같아 감사하기도 하고 즐겁기도 하다. 다시 전도서의 말씀으로 돌아가면, "사람이 먹고 마시며 수고하는 가운데서"의 '수고'는 보통 육체적 노동의 이미지를 떠올리게 한다. 그러나 하나님께서 허락하신 나의 수고는 사람의 실생활에는 크게 쓸모가 있지 않은, 추상적인 정신 활동의 수고가 주를 이루는 것 같다. 하나님께서 나를 나로 만들어 주신 덕분에 이 수고를 기쁜 마음으로 감당하고 있다. 좀 더 부지런히 노력해서 좋은 열매를 맺게 되기를 기도드린다.

# 5부.
## 예술의
## 길

# '죽음에 이르는 병' 앞에서 만난 새 빛

13

김원경

김원경 중국 근현대 미술사 전공

대학에서 역사교육을 전공한 후 진로를 바꿔 중국 유학을 떠났다. 북경중앙미술학원 미술사학과와 중국사회과학원 연구생원에서 중국 근현대 회화사를 전공했다. 전통에서 현대로 넘어가는 갈등의 시기에 자아 정체성과 민족 정체성을 찾아가는 과정이 흥미로웠고, 거칠고 무거운 삶이 예술로 정화되는 노고가 아름다웠다. 먹에 숨어 있는 화려함을 표현하면서도 내면의 무거움과 단단함을 솔직하게 담아낸 화가 황빈홍(黃賓虹)을 연구해 박사학위를 취득했다. 현재 강원대학교 글로벌융합학부 대학원에서 미술사, 도상해석학, 기호학에 관심을 두고 중국 유학생들을 가르친다. 학생들의 다양한 전공을 아우를 학문적 방법으로 도상해석학과 기호학의 적절성과 가능성을 발견해 조금 흥분한 요즘이다.

## 끝 모를 공허감, 미해결 질문들

입시를 준비해야 하는 고등학교 시절에도 내 안에는 채워지지 않는 공허감이 항상 존재했다. 입시 공부를 뒤로 한 채 깊은 밤까지 홀로 책을 읽으며 해결되지 않는 끝없는 질문들을 되뇌었다. '변하지 않는 것, 믿을 수 있는 것이 있을까?' 고등학교 1학년 때였던 것 같다. 학력고사 세대이지만 논술의 중요성이 대두되고 있어서 대형 서점으로 책을 사러 나갔다. 집으로 돌아오는 내 손에는 입시와는 거리가 꽤 있어 보이는 전혜린의《그리고 아무말도 하지 않았다》(민서출판사)와 시몬느 드 보부아르(Simone de Beauvoir)의《계약 결혼》(선영사)이 들려 있었다.

아버지는 전혜린의 책을 읽은 뒤 여자로 사는 삶에 대한 생각을 새롭게 하게 되어 동생의 이름에 전혜린에게서 따온 '혜'를 넣으셨다고 했다. 첫째 딸인 나에게도 진취적으로 원하는 것을 성취하면서 살라고 격려해 주셨던 기억이 난다. 그러나 내 눈에 전혜린은 그리 행복해 보이지 않은 '여성이었던 지성인'이었다. 그의 삶의 마지막 부분을 읽으면서 마음속에 미세한 떨림과 혼란이 일었던 것 같다. '그녀에게 삶의 의미를 부여할 수 있는 것이 있지

않았을까?'

실존주의도 모르고 사르트르(Jean-Paul Sartre)도 몰랐던 무지한 상태에서 읽었던 《계약 결혼》은 무슨 내용이었는지조차 정확히 기억이 나지 않지만 보부아르라는 '여자인 인간'이 주체적으로 살기 위해서 스스로의 존재 방식을 결정하고 싶어 했던, 뭐 그런 정도로 받아들였던 것 같다. 보부아르는 주체적인 인간으로서 사회적으로나 사르트르와의 관계에서 결혼상을 새롭게 정립하고 실현해 보려고 제도권 안에서의 결혼이 아닌, 파격적인 계약 결혼을 했던 것 같다. 대단한 용기를 가지고 자신이 확신하는 대로 살아내는 모습이 멋있어 보이기까지 했다. 그런데 지성인으로 진리에 근접해 있을 것 같았던 그녀의 삶이 그렇게 성공적이거나 해피엔딩으로 마무리되지 않는 것이었다.

나는 인간 자체와 삶에 더 주목했고, 변하지 않는 것에 대한 해답을 얻으려 했다. 이 시절부터 나의 관심사는 인간으로 존재하는 것에 더 방점이 찍히긴 했다. 그러나 여자로서도 인간으로서도 생각의 길이 정립되지 않아 어정쩡하게 번잡한 생각에 매몰된 채 대학에 입학하게 되었다. 대학에서는 이런 생각들의 출구, 해답과 진리를 찾을 수 있으리라 기대하며.

하지만 대학에 입학하자마자 이전 습관이 도졌다. 학문과 진리를 탐구하는 대학에 들어가면 공허감을 해결할 수 있으리라는 기대가 무너지는 데는 그리 긴 시간이 필요하지 않았다. 진리를 알기 위해 내가 갈 수 있었던 유일한 세계인 책 속으로 다시 파고들었던 것이다. 학과 공부를 하기보다는 도서실 한 편에 자리잡고 앉아서 이것저것 읽었다. 무엇을 읽었는지 다 기억할 수 없지만 끝없는 갈증을 해갈하려고 읽고, 또 채워지지 않는 공허감으로 인한 무료함을 달래기 위해서 읽기를 반복했다. 그런데 시간이 지나도, 또 책을 계속 읽어도 진리를 만나지 못했다. 플라톤이 말하는 것처럼 동굴 안에 갇혀서 불빛에 일렁이는 그림자만 보고 있는 것 같은 답답함이 해소되지 않았다. 알게 된 것은, 내가 읽고 있는 책들은 일렁이는 그림자를 말하거나 진리를 찾는 과정만을 말한다는 것 정도였다. 내가 진리를 찾는 과정 가운데 있다는 것만으로도 안도감을 느끼며, 그 과정 자체에 꽤나 진지하게 임했던 것 같다. 그러나 더 전진하지 못하는 상태로 시간이 흘러가면서 점차 조급해지고 당황하게 되었다. 진리를 만나지 못하면 삶의 의미가 없을 것 같은 허무가 엄습해 삶의 동력이 사그라저 갔기 때문이다. 그렇게 무기력한 채로 대학교 3학년 생활이 끝나 가고 있었다.

## '죽음에 이르는 병'을 앓다

그러던 어느 날 도서실 서가에서 당시 내 상태를 대변하는 것 같은 책 제목이 눈에 들어왔다. 키르케고르(Søren Aabye Kierkegaard)

의 《죽음에 이르는 병》(비전북)이었다. 그때 만난 키르케고르는 나를 이렇게 진단해 주었다. 내 안에도, 인간에게도 소망이 없다는 생각에 휩싸여 죽음에 이르는 병인 절망에서 쉽게 벗어나지 못하고 있다고. 당시 일기를 쓴 내용이 아직도 기억에 선명하다. 스물두 살의 나는 살아갈 이유를 찾지 못해 공허해하며 치열하게 삶을 살아내는 다른 사람들을 부러워하고 한편으로 신기해하고 있었다. 그들을 치열하게 살아가도록 하는 동력은 무엇일까? 사실 내 삶에 어떤 문제가 생겼던 것은 아니었다. 다른 사람들이 하루하루 살아가는 것과 별반 다르지 않았다. 학교도 잘 다니고 친구들과도 잘 지냈지만 내면의 갈급함은 채워지지 않았다. 삶의 동력이 없어 무의미함이 극에 달하게 되자 자연스레 삶과 죽음의 의미와 그 선택에 대한 생각도 해 보았다. 그러나 삶의 의미를 아직 찾지 못해 무기력하다는 이유로 죽음을 선택하는 것 또한 납득할 수 없었다. 그렇게 나에게는 삶도 죽음도 무의미해져 가고 있었다.

그런 내 상태를 대략적으로라도 설명해 주는 키르케고르를 만나 너무 반가웠다. 일단 그를 따라가 보기로 했다. 키르케고르는 내 상태, 즉 죽음에 이르는 병인 절망은 인간이 아닌 신과의 관계 회복을 통해서만 벗어날 수 있다고 하였다. 무신론자에 가까운 내 사고의 틀이 무너지고 진리이신 하나님을 만나러 나아가는 쪽으로 방향 전환이 시작됐다. 나와 인간 안에는 그 절망을 벗어날 힘이 없다는 것, 벗어날 방법을 모른다는 것을 인정하고 나니 새로운 눈이 생긴 것 같았다. 내 안에 신앙과 하나님에 대한 부정적 생각과 저항이 사라졌다. 나는 거기서 새롭게 시작할 수 있었다.

이러한 사고 과정은 주님의 은혜가 아닐 수 없었다. 그렇게 내 마음이 낮아졌을 때 캠퍼스 선교단체의 이름도 모르는 한 사람을 통해 영접 기도를 하고 성경 공부를 시작하게 되었다. 얼마 지나지 않아 하나님이 살아계신 것을 진심으로 고백하게 되었고 진리가 내 안에 오셨다. 조금 전까지 있었던 절망으로 인한 내 마음의 어두움과 혼돈이 완전히 물러갔다. 진리의 빛이 비치니 어둠이 물러간 것이다. 그동안 나는 밤늦도록 수고하였으나 빈 그물, 빈 배로 돌아올 수밖에 없었던 제자들 같았다. 그러나 주님의 말씀에 의지하여 다시 그물을 내렸을 때 그물에 물고기가 가득해진 것처럼, 비었던 나의 마음에 주님의 진리의 말씀이 가득차게 되었다. 내가 죄인인 것과 인간의 죄 문제를 인간이 해결할 수 없다는 것이 그냥 수긍되어 베드로처럼 "저는 죄인이로소이다" 입술로 고백하며 주님 앞에 엎드리게 되었다. 이전에는 내 입술로는커녕 생각으로도 하나님의 천지창조를 믿는다는 고백을 할 수 없었는데, 이제 창조주 하나님을 찬양하게 되었다. 그동안 나는 진리의 그림자들에게 무릎이 꿇어지지 않았던 것이다. 진리를 만나자 나도 모르게 무릎이 꿇어졌고, 그 진리는 모두 무릎 꿇을 수밖에 없는 길이요, 생명이라는 것을 알게 되었다.

## 진리의 수레바퀴 밑에서

진리를 만났으니 모든 것이 해결되고 탄탄대로만 이어질 것 같았다. 그런데 나는 진리의 수레바퀴 아래 들어가게 되었다. 인간으로 하나님 앞에 사는 삶만 생각하고 있던 나는 결혼을 하고 자녀를 키우게 되면서 다양한 역할을 감당해야 했다. 아내, 엄마라는 정체성을 가족 관계 속에서 새롭게 찾아가는 과정이 무척 힘겨웠다. 적지 않은 나이에 전공이 같은 남편을 만나 학문적·신앙적 시너지 효과를 기대했지만 현실은 녹록치 않았다. 육아와 가사와 강의에 날마다 '체력 고갈'을 경험하면서 학자로서의 삶은 거의 포기하게 되었다.

더구나 남편의 임용을 따라 아무런 연고가 없는 춘천으로 이사하면서부터는 자꾸 안타까운 현실에 부딪혀 더 마음이 어려워졌고 지쳐 갔다. 당시 초등학교 3-4학년이었던 아들은 내가 멀리 강의를 가는 날에 아프기라도 하면 혼자서 병원에 갈 수밖에 없었다. 처음에는 아들이 어린아이 혼자 하기 힘든 이런 일들을 어른스럽게 척척 해 내고 리더십을 발휘하며 행복해하는 모습을 보여 그나마 다행이라 생각했다. 그런데 중학생이 되고 얼마 지나지 않아 아들은 점점 말이 없어지면서 학교생활이 힘들다고 했다. 사춘기에 들어선 아들은 점점 예민해졌다. 선생님들이 학생들을 예비 범죄자 집단으로 취급하며 거친 표현을 사용하는 것이 부당하다고도 하고, 친구들이 일상적으로 거칠고 예의 없게 행동하는 것이 힘들다고도 했다. 급기야 학교를 그만두고 빨리 검정고시를 치른 후 다음 단계로 나아가고 싶다고 했다. 그동안 내 일에 바빠 어린 아들에게 힘겨움을 더한 것 같은 죄책감도 들고, 어떻게든 아이를 살리고 싶은 마음도 간절했다. 결국 아들에게 집중하기 위해 강의와 연구를 모두 내려놓을 수밖에 없었다.

　어른인 나는 신앙적·영적으로 어려움이 생기면 진리이신 성경 말씀을 읽고, 주님께 기도하고 예배하면서 회복될 수 있는데 어린 자녀는 그럴 힘도, 의지도 없었다. 그래도 삶의 동력이 없어 보이는 아들에게 나는 함께 예배하자고 권면했다. 주님만이 해결하시고 회복시키실 수 있다고 믿었지만, 성경을 읽어 보려 해도 읽어 내지 못하고 기도도, 예배도 하기 어려워하는 아들에게 내가 아는 신앙의 어느 것도 강요할 수 없는 딜레마에 빠졌다. 아이의 일상이 무너져 내렸다. 몇 차례 학교를 그만두고 방에 누워만 있는 상황이 벌어졌다. 나는 아들을 살려 주시길 기도하며 모든 것을 내려놓고 주님 앞에 나아갔다. 아들의 회복을 위해서는 나의 생명도 드릴 수 있을 것 같았다. '주님 말씀을 읽을 힘도 없는 이 아이를 어떻게 해야 하나요? 기도할 힘도 없는 이 아들을 어떻게 해야 하나요?'

　주님의 때와 방법을 전적으로 신뢰하며, 하루를 살아도 주님의 진리 안에서 살고 영생을 얻을 수 있기를 간절히 기도하게 되었을 즈음, 아들은 고등학교 과정을 국제학교에서 시작했다. 학생회장까지 하며 고등학교를 무사히 졸업한 아들은 지금 미국에서 약학을 공부하고 있다. 죽은 자를 살리신 기적이었다. 무엇보다 이영적 어려움을 겪는 동안 나는 스스로 '아들 목으로 물 한 모금도 넘기게 할 수 없는 존재'라고 고백하며 완전히 십자가에 못박혀 죽는 은혜를 얻었다. 그리고 주님은 아들을 회복시키는 과정에서 아들의 마음에 믿음을 심어 주셨고, 주님을 인격적으로 만나는 거듭남의 은혜를 누리게 하셨다. 청소년 시절부터 믿음의 아들이 되기를 기도한 것을 주님이 이루어 주셨다.

## '단단한 껍질'이 깨어지다

아들의 영적 어려움으로 시작한 기도를 통해 주님은 나의 영적 상태도 보게 하셨다. 어느덧 주님과 멀어지고 내 소견에 옳은대로 행하며 세상의 정욕을 구하나 이를 교묘히 포장하고 있던 나의 민낯을 드러내 주셨다. 내 인생은 왜 이리 어려움이 많은지 투덜대며 혼자 사는 삶에 대한 미련을 붙잡고 전혜린처럼, 보부아르처럼 불행을 가슴 한 편에 안고 미련하게 몸서리치고 있는 자신이 보였다. 이사야서 28장 27절 말씀처럼 "소회향은 작대기로 떨고 대회향은 막대기로 떨며" 곡식을 수레바퀴에 굴리고 말굽으로

밟게 할지라도 부수지는 않는 하나님이신데, 나는 수레바퀴에 밑에서 왜 나를 수레바퀴 밑에 두셨느냐고 주님께 꽤나 격렬히 반항하고 있었다. 이 말씀으로 나는 하나님을 경외하는 마음을 회복했고, 내 인생을 수레바퀴 밑에 두실지라도 그것은 나를 알곡으로 만들기 위한 하나님의 사랑임을 전심으로 고백하게 되었다. 나의 단단한 껍질이 깨지기 시작했다. 나는 다시 진리의 다림줄 앞에 서게 되었다.

잊고 있었던 비전도 회복하게 되었다. 나는 9년에 걸친 유학 생활을 하면서 날마다 중국의 복음화를 위해 기도하고 온전한 복음의 통로가 되기를 서원했었다. 그러나 귀국한 뒤로 바쁜 일상에 쫓기면서 직접적으로 복음의 통로가 되기는 어렵다고 생각하며 스스로 사명을 중보 기도자로 전환했었다. 아들이 영적 어려움을 겪으면서는 그 기도의 끈마저도 놓아 가고 있었다. 그런데 아들을 위해 연구와 강의를 다 내려놓은 지 7년 여가 지나고 팬데믹이 막바지에 이르른 시점이었다. 한국에 유학 온 중국 학생들에게 중국어로 강의할 기회가 생겼다. 20년 가까이 사용하지 않았던 중국어로 강의해야 하는 부담감에 도망하고 싶은 마음도 있었는데, 그동안 잊고 있었던 유학 시절의 서원을 기억하면서 순종하는 마음으로 도전했다.

그 결과 내가 중국에 가지 않고서도 한중 문화의 가교 역할을 하고 복음의 통로가 될 중국 친구들을 만나 소통하게 되는 놀라운 일이 날마다 펼쳐지고 있다. 언어의 부담감은 여전하지만 발등상의 등불을 따라 한 걸음을 걸으면 주님께서 이루실 것이라는 소망을 회복했다. 이전의 주전공인 중국 근현대 회화사 외에도 한국과 일본 미술사, 심지어 예술학과 미학까지 준비해서 강의하느라 체력적인 한계에 부딪히고 시간도 부족해서 불평하곤 했었다. 그런데 그동안 강의해 왔던 다양한 과목들이 지금 강의하고 있는 학과에서는 큰 강점이 되고 있다. 나의 단단한 껍질을 깨뜨리시는 데에 순종하니 기묘자이신 주님께서 길을 열어 주신 것이다.

## 미술사와의 만남

미술사와 나의 인연은 아버지 책장에 꽂힌 책에서 시작되었다. 아버지가 지인들의 부탁으로 사 두신 책들 중에 서양미술전집이 있었다. 지금 보아도 색감이 훌륭한 이 전집을 아버지의 유품으로 아직도 간직하고 있다. 심심할 때면 펼쳐서 그림을 감상하며 읽어보곤 했는데, 르누아르(Auguste Renoir)나 세잔(Paul Cézanne) 등 인상파의 화려한 색감도 좋았지만 당시 나는 모딜리아니(Amedeo Modigliani)에게 매료됐다. 아마도 죽음에 이르는 병을 앓고 있을 당시 나의 심적·영적 상태와 유사해서였을 것이다. 앤디 워홀(Andy Warhol)의 작품들은 내가 가지고 있던 회화에 대한 이해를 넘어서는 새로운 경험이었다. 왜 예술 작품에 마릴린 먼로(Marilyn Monroe)의 얼굴을 반복해서 넣었을까? 초점이 흐리고 번진 듯한 이 작품에 사람들은 왜 주목할까? 이것이 예술이 될 수 있는가?

이러한 질문들에 충분한 답을 찾지는 못했지만 좋아하게 되었다. 그러다가 대학교 4학년 때, 타학교에 근무하셨지만 우리 학과에 강의 지원을 해 주셨던 윤용이 선생님의 미술사 수업을 듣게 되었다. 도자사 강의였다.

그때까지 내가 가진 도자에 대한 이해는 박물관에 소장된 작품으로 외형적 아름다움에만 집중되어 있었다. 그런데 도자가 당대 최고의 과학기술인 불을 다루는 기술을 바탕으로 한 예술 작품이라는 것, 또 도자를 통해 국가 간 문화 교류와 교역 내용을 규명하게 되어 문헌 자료와 보완관계에 있다는 것 등 많은 부분에서 인식의 전환을 경험한 강의였다. 선생님의 학문적 열정이 나에게는 존중과 겸손함으로 느껴졌고, 동시에 사람을 향한 따스함이 고스란히 전해져서 수업을 듣는 내내 수업 내용 이상의 무언가로 내 안의 공허감이 채워지는 경험을 하였다. 머리로 하는 공부가 아닌 마음으로 느껴지는 공부가 되었던 것 같다. 그래서인지 공부하려고 애쓰지 않아도 저절로 공부가 되는 신기한 경험을 하면서, 만약 대학원을 가게 된다면 미술사를 전공하겠다는 마음을 먹는 계기가 되었다.

대학 졸업 후 잠시 선교단체의 간사로, 또 중고등학교 임시 교사를 하면서 다음 행보를 고민하고 있었다. 격변하는 1990년대의 흐름 속에서 방향을 잡지 못하고 떠밀려 가는(사실상 도태되어 가는) 자신을 보면서 베이징 유학을 결심하였다. 그동안 마음속에 넣어 두었던 미술에 대한 관심과 사랑을 다시 꺼낸 것이다. 미술사 연구에서는 연구 대상인 미술에 대한 관심과 사랑이 가장 기본적이다. 연구자에게 작품을 창작하는 예술적 재능이 필요하지는 않지만 미술에 대한 관심이 있고 미술을 사랑해야 자꾸 보게 되고 공부하게 된다. 그래야 작품에 대한 예술적 안목도 생기게 되기 때문이다. 나는 미술을 전공할 정도의 재능은 없었지만, 즐겨 보고 좋아했다.

미술사의 연구 대상은 미술이지만 학문 방법은 인문학적이다. 인문학의 주요 영역인 문학, 역사, 철학의 만남이 미술사라는 예술을 다루는 학문을 통해 이루어진다. 내가 유학할 당시 중국 미술사학계는 특정 작가와 작품을 대상으로 한 예술적 특징을 주로 연구하는 학문적 특성이 강한 편이었다. 학부에서 역사를 전공했던 나는 작가가 살았던 시대적 배경과 사상적 연결고리를 규명하는 데에 좀 더 집중했다. 중국 근현대 화가들의 작품은 순수하게 작품의 예술성만으로 설명하기에는 충분하지 않았기 때문이다.

이들은 외세의 침략과 내전으로 피폐해지고 때로는 삶이 고통스러웠지만 조국, 전통, 사랑 등의 키워드로 마주한 조국 산천의 모습을 각자의 예술적 기법으로 그려 냈다. 황빈홍(黃賓虹)이 적묵

(積墨, 먹을 묽게 칠한 다음 짙은 먹을 덧칠하는 기법)으로 그려 낸 작품들은 전통에 충실하면서도 서구의 인상파를 연상하게 했고, 같은 적묵을 사용한 리카란(李可染)은 더 빈틈없이 먹으로 화면을 채우는 화가였지만 때로는 강렬한 적색으로 가을 산을 그려 또다른 느낌의 아름다움을 표현하였다. 또 장다첸(張大千)이 대담한 발묵(潑墨, 먹을 붓거나 뿌리듯이 그리는 기법)으로 그린 산수의 깊은 색감도 빠질 수 없다. 이들은 전통적 산수화 기법에 기초하고 있지만, 세월이 흘러도 모든 사람을 매료시킬 만한 예술성을 뿜어낸다.

내가 죽음에 이르는 병 앞에서 주님을 만나게 되면서 혼란과 고뇌의 시간이 진리를 향한 걸음으로 승화된 것처럼, 이들도 시대적·개인적 고난과 혼란 가운데 고뇌의 시간을 보내면서도 포기하지 않고 끊임없이 조국 산천과 예술 앞에 서 있던 어느 순간 예술성이 완성되는 것을 경험하지 않았을까. 자신이 '그 작품이 되는' 예술의 완성을 맛보지 않았을까.

아마 그들도 진리의 그림자에 만족할 수는 없었을 것이다. 그들에게는 진리의 대명사였을 예술의 정수(精髓)를 만나는 순간, 희열을 느꼈으리라. 하지만 그들은 그것을 자신의 힘으로 만들어 냈다고 생각하지는 않았을 것이다. 그것은 생각과 마음이 어느 사상이나 전통 등에 구속되지 않고 회화 기법의 완성도로 인한 자유로움 등이 어우러지면서 깊은 깨달음이 오는 순간이었을 것이다. 나는 이렇게 그들이 지나온 순례의 길을 함께 하는 마음으로 작가와 작품을 보며 소통하게 된다.


## 학문의 초입에 선 전공자의 마음으로

공부를 시작한 지 20년이 넘은 듯한데 아직도 그 초입에 머무르고 있는 느낌이다. 꽤 오랜 시간이 지난 지금까지도 제대로 못하고 있다는 부족함에 고개를 숙이게 된다. 학자라고 불리는 것이 아직도 어색하고 부끄럽다. 학문의 초입에 선 전공자 정도로 표현하는 게 맞지 않을까 싶다.

냉정하게 평가한다면 별로 소망이 없어 보이는 연구 인생이었다. 그런 판단으로 한동안 가지고 있는 책을 기증하고 자료를 폐기하면서 연구자의 길을 정리하려 했는데, 하나님께서 다시 소망을 주시고 길을 열어 주신다. 마치 아브라함이 이삭을 얻기 전에 "다메섹 사람 엘리에셀이 나의 상속자라"(창 15:2하)고 하거나 "이스마엘이나 하나님 앞에 살기를 원하나이다"(창 17:18하) 하면서 연약한 모습으로 흔들릴 때마다 약속의 주체자이신 하나님이 다시 찾아오셨던 것처럼, 바로 그 하나님께서 당신의 약속을 반드시 이루신다고 말씀하시는 것 같다.

우여곡절을 거치며 20년의 세월에도 불구하고 학문의 초입에 서 있을 수밖에 없는 연약한 자이지만, 약속을 이루어 가시는 주체가 하나님이시기 때문에 나는 다시 주님 앞에 나의 삶을 맡기고 오늘 하루를 순종하려고 한다. 하나님께서 이루시도록 나를 내어 드린다.

# 물 위를 걷다:
## 어느 미술사학자의 신앙고백

박효은

**박효은** 한국·동양미술사 전공

대학원에서 한국미술사와 동양미술사를 전공해 박사학위를 취득했다. 고려대학교 동아시아문화교류연구소 연구교수, 미국 스미스소니언협회 국립아시아미술관 방문학자, 국립춘천박물관 학예연구사를 지냈고 다수의 대학과 대학원에 출강했다. 현재는 (사)동서지행포럼 선임연구원, 동아시아미술과영성연구원(東美疏, ASEA) 원장으로 미술사의 대중화를 도모하며 위기 청소년 사역을 돕고 있다.《청소년의 마음을 키우는 인문학 선물》(동서지행포럼),《꽃과 동물로 본 세상》(사회평론아카데미),《근대를 만난 동아시아 회화》(사회평론) 등에 공저자로 참여했다. 동아시아의 미술과 영성을 성서와 인문학적 관점에서 설명하는 데 관심이 있고, 다원적인 동아시아 전통문화를 분별하는 가운데 하나님을 위한 예술을 장려하는 미술사학을 비전으로 품고 있다.

## 광야에서 지난 삶을 돌아보다

미술사학이라는 세계에서 산 지 거의 30년이 되어 간다. "10년이면 강산도 변한다"는 말이 있고, 어느 분야든 10년만 하면 전문가로 인정받는다고 한다. 하지만 직장인으로 사회에 뿌리내리기보다 독립 연구자이자 프리랜서로서 유랑 생활을 하는 나는 한국 사회에서 박사학위를 가진 아마추어로밖에 인정받지 못하는 듯하다. 이러한 상황은 광야를 떠올리게 한다. 이집트에서 탈출한 이스라엘 백성들과 비교할 때, 군집 생활을 하지 않고 모세와 같은 지도자도 없지만 하나님과 함께라는 공통점이 있다. 어릴 적 처음 만났던 예수님은 내게 "좋아하는 것을 찾아서 그것을 해라" 하셨다. 혼란스런 1980년대 서울에서 10대를 보내고 들어간 대학에서 전공(사학과) 공부와 학술 답사 준비, 그림 동아리 활동에 전념했던 내가 대학원 진학을 위해 택한 이 세계는 전공과 취미를 결합한 최선의 대안이었고, 대학원에서의 긴 시간은 행복한 진리 탐구에 바쳐졌다. 그런데, 왜 이렇게 되어 버린 걸까?

그렇다. 나는 지금 거친 바다와 같은 광야로 변해 버린 세계에서 주님과 함께 매일을 살고 있다. 첫발을 디딜 당시 풍요롭고 찬

란해 보였던 이 세계에서 예수님이 내 인식 영역의 바깥에 계셨던 것과는 대조적이다. 그때 세계는 예수님 없이도 진리와 선함과 아름다움과 성스러움이 충만한 것으로 여겨졌다. 지금 돌이켜보면 영적 안목이 어두웠다. 예수님을 열심히 찾았던 시절도 있었지만 기도와 말씀과 예배를 잊고 산 지 오래였다. 그렇게 대학에서 한국·동양미술사를 가르치고 연구하며 일상을 살아가다 거짓과 위선과 기만과 폭력으로 점철된 세계를 마주하자, 심리적·정신적으로 큰 상처를 입었고 고통과 분노, 원망을 품고서 예수님 곁을 다시 찾았다.

나는 진리와 자유를 사랑한다. 안다는 것은 빛 아래 있는 상태다. 밝은 곳에서는 마음과 의식이 편안하고 안정적이다. 반대로 모른다는 것은 어둠을 뜻한다. 마음과 의식이 불편하고 불안하다. 무지에 대한 자각은 나에게서 알려는 노력을 유발했다. 지식과 지혜는 삶의 중요한 문제를 해결하는 열쇠가 되었다. 모르는 것을 아는 상태로 바꾸려면 부끄러움을 무릅쓰는 용기도 필요하다. 초등학생 때 전학을 다니다 나눗셈을 배우지 못한 적이 있다. 이전 학교와 새 학교 간의 진도차 때문이었다. 상황 파악이 되자 나는 만난 지 일주일도 안 된 70명 이상의 급우들 앞에서 나눗셈을 못한다는 사실을 스스로 밝혔고, 별도의 보충수업을 받았다. 심장이 쫄깃하고 뺨이 달아오르고 눈앞이 캄캄해지도록 부끄러웠지만, 그렇게 용기를 낸 덕분에 공교육만으로 대학·대학원에 진학하는

인문학의 길에서 성서를 만나다

일이 내게 가능했다.

이른바 '성공한 중년'과 거리가 먼 삶을 사는 내가 이 글을 쓰는 이유도 그와 유사하다. 알 수 없는 고난 가운데 예수님께서 주신 마음으로 연구하고 가르치고 글을 쓰며 진리를 추구하는 스스로를 드러내 놓친 것을 찾아 배우고 싶다. 동시에 내가 만난 예수님을 소개하고 싶다.

예수님은 기쁜 자를 즐거워하고 우는 자를 위로하고 병든 자를 고치시며, 진리를 가르치면서도 겸손하고 온유하고 상냥한 분이시다. 그런 예수님께서 청년들을 위한 은혜의 샘으로 이 책의 출간 프로젝트를 인도하셨다고 믿는다. 그 믿음 위에서 나의 학문적 관심사와 다시 주님을 붙잡게 된 과정, 그렇게 해서 경험한 변화를 이야기해 보겠다.

## 예수님 없이 행복했던 유리알 유희의 세계

미술사학의 세계는 "이게 뭐야?"를 남발하게 되는 신비로움 자체였다. 고대부터 근현대까지 아름다운 작품들이 하늘의 별만큼 무수히 많이 있었고, 그것을 만들어 낸 작가들의 삶과 사고, 독특한 표현, 주변 관계 등이 흥미롭고 매력적이었으며, 작품과 작가를 배출한 사회와 문화는 다채롭고 역동적인 지식으로 가득했다.

해답 앞에서 확장된 인식의 지평은 무한한 기쁨의 원천이었고, 헤르만 헤세가 말한 "유리알 유희"에 필적하는 영롱한 환상이 거기 있었다. 15년 이상 걸린 오랜 석박사과정 동안 종횡무진 지적인 모험을 계속하며 몰입과 집중의 탐구 과정을 즐겼다. 그 결과 얻은 지식, 넓고 깊어진 시야, 공감과 가치 제고 등 모든 과정이 멋있고 보람차 평생 연구자로 살고 싶었다.

무엇보다 한국과 중국과 일본의 미술을 주제별로 분류하고 양식적으로 분석해 한국의 특징을 비교적으로 논하는 지도 교수의 수업은 1995년 당시로서는 새로운 방법론이었고, 일관되게 지속된 그의 웅장한 비전에 나는 자부심을 느꼈다. 스타오(石濤, 1642-1707이후), 정선(鄭敾, 1676-1759), 이케노 다이가(池大雅, 1723-1776)가 자기 나라 실경(實景)을 그린 작품을 비교한 2003년의 연구는 그중에서도 백미이다. 이들의 작품을 보면 17-18세기 동아시아에 실경산수화가 성행한 사실과 함께 한·중·일의 표현적 차이가 드러나는 동시에 한국의 특징이 부각된다(251-252쪽 그림 1, 2, 3). 중국의 황산(黃山), 한국의 금강산(金剛山), 일본의 후지산(富士山)을 누가 어떻게 그렸는지 제반 사항을 살펴보고, 작품 간 공통점과 차이점을 비교함으로써 동아시아 회화의 특징을 명료하게 파악할 수 있다. 국내에서 '진경산수화의 대가'로 추앙해 온 정선의 역량과 가치를 중국이나 일본의 거장과 비교해 더욱 다채롭게 논할 수 있다는 점이 상당히 매력적이다.

**그림1.** 스타오, 〈너울거리는 산〉, 《위우노도형작산수책(爲禹老道兄作山水册)》, 1690년대 후반, 종이에 옅은 색, 24.2×28.0cm, 뉴욕 개인

**그림2.** 정선, 〈만폭동도(萬瀑洞圖)〉, 18세기 중반, 비단에 옅은 색, 33.0×22.0cm, 서울대학교박물관

**그림3.** 이케노 다이가, 〈후지산도(富士山圖)〉, 18세기 중반, 종이에 먹, 28.5×61.6cm, 프린스턴대학미술관

인문학의 길에서 성서를 만나다

그러한 지적 동향에서 성장한 나는 누가 어떤 이유로 그런 그림을 주문하고 수집했는지, 그들의 존재가 화가에게 어떤 영향을 미쳤는지 알아내기 위해 파고들었다. 조선 후기 문인들의 회화 수집 활동을 연구한 석사과정에 이어 박사과정을 통해 수장가·후원자·미술 시장을 주제어 삼아 도시 문화와 화단의 관계를 밝히는 데 주력했다. 그 결과 화단의 후원자로 성장한 상인층 수장가를 발견하였다. 궁정이나 막부, 신사·양반·무사 등 상류층 이외에 상업 활동과 관련된 각국의 개인들이 회화의 수집과 주문에 동참해 스타오, 정선, 이케노 다이가의 작품을 각각 수집하고 후원했던 사실을 파악한 것이다. 중국의 마웨관·마웨루(馬曰琯, 1688-1755: 馬曰璐, 1696-1766이후), 한국의 김광국(金光國, 1727-1797), 일본의 기무라 겐카도(木村蒹葭堂, 1736-1802) 모두 고금의 서화를 수집하면서 자기 나라 대표 화가의 작품을 소장했다. 새로 대두한 이 상인층의 수집 활동에 따라 그 화가들의 명성과 지위가 더욱 확대·강화되었다. 화단에서 그 화가들이 차지한 비중과 영향력은 당시부터 지대했는데, 이는 상인을 포함한 다양한 도시민의 수요에 기반한 것이었다. 그 명성과 여파가 20세기까지 지속되면서 국가주의·민족주의의 이념적 가치가 덧씌워졌음을 고려하면, 오늘날 스타오나 정선, 이케노 다이가를 평가하면서 "근대 국민국가 건설과 유지를 위해 조장된 20세기의 신화" 운운한 폄훼적 주장은 재고될 필요가 있다고 본다.

후원자들의 모습은 그들이 참여했던 '고상한 모임'(雅會, 아회)의 순간을 그린 산수인물화에서 확인된다(255-256쪽 그림 4, 5, 6). 화면에 담긴 각각의 비중과 역할은 당시 문화계에서 그들이 점한 위상을 대변해 준다. 양저우에 있던 마웨관·마웨루 형제의 행암에서 개최된 아회, 오사카에 있던 기무라 겐카도의 겸가당에서 가진 아회를 그린 장면에서 각각은 자기 사유지에 조성된 정원과 서재에서 열린 모임의 주관자로 여타 참석자들과 대등하게 그려져 있다. 반면, 1744년 여름에 심사정(沈師正, 1707-1769)이 그린 〈와룡암소집도〉에서 김광국은 김광수(金光遂, 1699-1770), 심사정과 즉흥적인 아회를 즐기고 있는데, 자기 것이 아닌 공간에서 그의 의지나 기획과 무관하게 벌어진 사건의 참여자로 재현되었다. 본래 김광수를 위해 그려져 김광국이 갈무리한 이 그림의 중앙에서 오사모에 학창의를 입고 공수(拱手, 두 손을 앞으로 공손히 모아 맞잡은 모습)한 손을 소맷자락에 감춘 채 좌측을 향해 얼굴이 보이도록 앉은 자가 김광수이다. 갓 쓴 도포 차림에 등이 보이게 앉은 뒷모습의 손님 2명이 김광국과 심사정이다. 김광국이 등장한 그림은 현재까지 이것이 유일하다. 하여 그가 자기 사유지나 초상을 그려 둘 형편이 아니었음을 유추할 수 있다. 현실에 대한 그의 지배력이나 지배 의지가 중국·일본의 상인층에 비해 약했던 것이다.

대신 김광국은 자신이 수집한 그림으로 《석농화원(石農畵苑)》이라는 화첩을 만들었다. '석농의 그림 정원'이라는 뜻의 이 화첩 제

**그림4.** 방사서(方士庶)·엽방림(葉芳林), 〈구일행암문연도(九日行庵文讌圖)〉 부분, 1743년, 비단에 엷은 색, 31.7×190.2cm, 클리블랜드미술관

**그림5.** 심사정, 〈와룡암소집도(臥龍庵小集圖)〉 부분, 1744년, 종이에 엷은 색, 28.7×42.0cm, 간송미술관

14. 물 위를 걷다: 어느 미술사학자의 신앙고백

**그림6.** 기무라 겐카도, 〈겸가당아집도(兼葭堂雅集圖)〉 부분, 1764년, 비단에 엷은 색, 32.5 ×
44.5cm(전체 길이 411.5cm), 국립중앙박물관

인문학의 길에서 성서를 만나다

목에서 석농은 김광국 자신을 부르는 호이고, 〈와룡암소집도〉는 화첩에 수록된 그림 중 한 폭이다. 안견이 그린 조선 초기 작품에서 윤두서, 정선, 조영석, 강세황, 김홍도 등 조선 후기 작품에 이르기까지 다양한 한국 회화가 서양 동판화와 일본 우끼요에를 비롯한 여타 회화와 함께 수집된 이 화첩은 18세기 중인(中人) 문화의 주요 결실이다. 그럼에도 실경산수화가 성행한 17-18세기 중국·일본에서는 자기 사유지나 초상, 모임을 그림으로 그리게 한 상인이 등장한 것과 달리 김광국은 상응하는 족적을 남기지 못했다. 이 차이는 그가 실제로 보유한 사회경제적 역량이나 의지의 결핍 때문으로 보인다. 세계적인 상업자본주의 시대 조류에 간접 연결되어 있던 한국에서 서화를 수집한 그의 문화 활동은 같은 시기 중국·일본 상인에 비해 규모나 범위가 협소한 수준이었던 것이다. 이 점은 스타오나 이케노 다이가가 20세기 중국·일본에서 각국의 대표적 문인화가로 간주되던 것과 달리 정선은 그에 필적하는 대우를 받지 못한 이유와도 관련된 것으로 보인다.

이상의 발상은 평소 섭렵한 역사학자와 미술사학자의 사색과 논증에서 영감받은 것이다. 학부 때 읽은 페르낭 브로델의 《역사학 논고》(민음사), 베링턴 무어의 《독재와 민주주의의 사회적 기원》(까치)을 비롯해 석·박사과정 동안 부여잡고 있었던 추칭 리(Chu-tsing Li, 李鑄晉) 등의 《화가와 후원자: 중국 회화의 사회경제적 양상 *Artists and Patrons: Some Social and Economic Aspects of Chinese Painting*》,

조너선 헤이(Jonathan Hay)의《스타오: 중국 청나라 초기의 회화와 근대성Shitao: Painting and Modernity in Early Qing China》, 티모시 브룩의《쾌락의 혼돈: 중국 명대의 상업과 문화》(이산)와《베르메르의 모자》(추수밭), 페르낭 브로델의《물질문명과 자본주의》(까치) 등의 영향이 컸다. 한국학자의 책으로는 지도 교수인 한정희의《한국과 중국의 회화》(학고재),《동아시아 회화 교류사》(사회평론)를 비롯해서 주경철의《대항해시대》(서울대학교출판부), 조영헌의《대운하와 중국상인》(민음사) 등이 있다. 이를 통해 아날학파 이래 부상한 서로 다른 층위의 역사 조류에 대한 관념과 모델, 대항해시대 이래로 세계 각지에서 정치사회적으로 부상한 상인들과 그들이 문화예술에 미친 영향에 관한 지식을 취할 수 있었다. 그렇게 형성한 역사상(歷史想)을 미술사학계에서 한국과 중국, 일본의 화단에 관하여 세부적으로 논한 다양한 연구 결과와 연결시켜 비교 검토하였다.

관찰자(연구자)의 위치나 관점에 관한 개인적 깨달음도 일조했다. 학교에서 온종일 연구에 몰두하다 창밖을 보는 저녁이면 하늘 가득 노을이 펼쳐지곤 했는데(그림 7), 어느 날 인터넷을 검색하다 인공위성에서 찍은 노을 사진을 보았다(그림 8). 아직 한낮인 영국과 스페인, 포르투갈, 모로코, 세네갈에 쏟아지는 햇살, 독일과 이탈리아, 튀니지, 리비아, 이집트를 뒤덮은 어둠과 도시의 불빛, 그 사이에 노을이 지고 있는 프랑스, 알제리가 있는 경관은 서울

인문학의 길에서 성서를 만나다

**그림7.** 서울 하늘의 노을

**그림8.** 서유럽과 아프리카의 노을 (출처: NASA/The Living Earth)

에서 매일 보던 자연현상과 너무 달라서 놀랍기까지 했다. 세상에 대한 나의 인식과 사고가 고정적이고 습관적이고 제한적임을 절감한 것이다. 더불어 대항해시대 이래 동아시아 화단의 변화를 논하려면, 실제로 인공위성에서 본 것 같은 물리적 시야 확보가 관건이라고 생각했다. 김광국과 마웨관·마웨루, 기무라 겐카도처럼 상업적인 부와 관련된 한·중·일 문화인이 화단에 관여한 공통된 현상은 동아시아에 형성된 초기 자본주의가 문화적으로 발현한 양상으로 여겨졌다. 동서양의 상업자본주의 발전 수준은 유럽과 미국에 '혁명의 시대'가 도래하기 전까지만 해도 크게 차이 나지 않았고, 한국 역시 그 흐름을 느리게나마 따라가고 있었던 것으로 이해됐다.

## 유리알 유희의 난반사, 난파한 세계

2013년 8월, 마침내 박사학위를 취득했다. 하지만 주변 세계는 내 존재를 반기지 않았다. 《연행도》의 작가를 김홍도(金弘道, 1745-1806이후)로 추정했던 2009년의 연구가 묵살당한 것과 유사하게 학회 초대로 발표한 논문조차 그 논지나 구성을 부정하는 일방적인 평가를 받았다. 어렵게 섭렵한 정보들로 구축한 구조나 세부 논증, 여러 연구를 압축적으로 정리한 용어와 개념에 호의적인 이가 없었고, 합리적인 논평은커녕 질문이나 비판조차 없었다. 대신 내가 한 주장과 통찰의 일부, 논증에 사용된 여러 자료와 언급들을 적절한 인용이나 맥락 없이 가져다 쓴 논문이나 전시를 보게 되거나 개념 세탁, 용어 전환으로 자기 연구인양 발표한 피드백을 마주쳤다. 석사 졸업 후 여러 차례 겪어 본 행태라 그리 동요되진 않았다. 외려 내 판단이 틀리지 않았음을 확신하거나 50퍼센트 이상의 가능성을 확보한 반면, 내 주장이어서 폄하되고 배척받고 왜곡되고 무시당하는 이유를 이해하기 어려웠다.

　연구 과정에 만난 가장 큰 어려움은 진위 문제였다. 1차적으로는 스타오처럼 진위 논란이 많은 작가가 연구 범위에 속했기 때문이었다. 장다첸(張大千, 1899-1983), 리루이치(李瑞奇, 20세기 전반 활동) 등의 모사작 및 위작 양산으로 인한 스타오 위작의 심각성은 도연명을 그린 그림을 리루이치가 모사한 예에서 실감할 수 있다(262쪽 그림 9, 10). 이 화책은 장다첸이 리루이치 솜씨임을 밝히지 않았다면 스타오의 것으로 오인했으리라 생각될 만큼 원본을 그대로 모사한 것이다. 이런 화폭 하나하나, 작가 한 사람 한 사람을 다 알지 못하면서 동아시아의 시대 조류를 논하는 것에 대한 회의와 자괴감이 쓰나미처럼 밀려들었다.

　설상가상으로 2013년 12월에 《석농화원》의 목록집을 자처하는 고서가 출현해 기왕의 연구 결과를 흔들었고, 전체를 한글 번역한 단행본이 2015년에 출판되었다. 시장에서 나온 출처 불명의

그림9. 스타오, 〈도연명(陶淵明)〉,
《인물화훼책(人物花卉册)》, 1694
년경, 종이에 엷은 색, 23.2×
17.8cm, 프린스턴대학미술관

그림10. 리루이치, 〈도연명〉,《스
타오인물화훼책(石濤人物花卉
册)》, 1920년경, 종이에 엷은 색,
22.9×17.4cm, 프린스턴대학미
술관

인문학의 길에서 성서를 만나다

신출 자료를 면밀한 검토 없이 일반에 배포해 버리는 선학(先學), 철저한 사료비판이 필요하다는 절박한 요청에도 불구하고 그 내용을 역사 서술에 그대로 활용하는 부지기수의 동학들이 학계 전문가라는 현실은 여러 면에서 놀랍고 실망스러웠다. 뒤늦게나마 21세기 위작설을 학술지에 실어 김광국 소장품의 '목록'을 맹신하는 분위기에 어렵게 제동을 걸었지만, 해명할 문제들이 산적해 있다. 여전히 아쉬운 점은 이러한 필사적인 노력에도 불구하고 이 문제에 귀를 기울이거나 그 가부를 진지하게 고심하는 학자는 드문 듯하다는 것이다.

학문적인 난제보다 훨씬 더 어렵고 힘든 것은 나 자신의 건강함과 '관계'의 호혜적 건전함을 유지하는 것이었다. 30대 중반에 폐경과 탈모가 시작된 몸과 마음의 상태는 정상이 아니었다. 주크박스가 별명이던 내 입에서 노래가 떠난 지 오래였고, 공부를 좋아한 내 성향과 존재 자체가 믿고 따르던 사람들을 계속 잃게 되는 이유라는 점이 납득되지 않았다. 《스크루테이프의 편지》(홍성사)에서 C. S. 루이스는 "니 건 니 거고 내 건 내 거지"를 지옥의 철학이라 했건만, 당시 내게 강요된 관계의 질서는 "니 건 내 거고 내 건 내 거야"였다.

항상 져 주어야 소통이 가능하고 자기만 옳아야 하는 동행자, 대화나 사전 동의 없이 조종하려 드는 연장자 등 "교양 있고 세련되다"는 평판이 자자한 이들의 은밀한 폭력성과 안하무인의 경지는 아무리 노력해도 적응되지 않았다. 탐욕스런 골룸 혹은 좀비 같은 자들의 폐해와 불의함에 분노하며 싸우고 버티던 어느 날, 이러다 내가 골룸이나 좀비가 되겠다는 위기감이 들었다. 그럴 수는 없었다.


## 깨진 마음을 들고 예수님 곁으로 가다


다시 교회에 나가기 시작한 것은 2008년부터였다. 사랑의교회 예배위원이던 지도 교수님께서 교회에 나가 보라고 권유하신 것이 결정적인 계기였는데, 대학 시절부터 온누리교회 등록교인이었기에 다니던 교회를 다시 찾았다. 그즈음 성화감상회, 인성모 같은 모임에 초대받아 학문 세계에 몸담고 신앙생활을 하는 교수님, 성화 감상이나 인문학에 관심있는 목사님, 권사님 등과 교제하기도 했다. 2009년에 세례를 받았고 2011년부터 지역 순예배에 참여하면서 일대일 양육 과정도 마쳤다. 의외로 하나님을 모른다는 자각에 혼자 예배드리고 기도하며 말씀 읽고 이런저런 프로그램을 찾아 들었다. 예수님을 바로 알고 그 곁에서 병든 나를 고치고 싶었다.

존 번연의 《천로역정》을 읽은 것이 그즈음이었다. 기산(箕山) 김준근(金俊根, 1880-1910 활동)이라는 평양 출신 수출화가를 연구하다 제임스 게일 목사 부부가 원산에서 《천로역정》(*The Pilgrim's Progress*)의 영어 원서를 한글로 번역해 1895년 서울의 삼문출판사에서 《텬로력뎡》이란 제목으로 출판할 때 그의 도움을 받았던 정황을 파악했다. 숭실대학교 한국기독교박물관에 소장된 《기산풍속도(箕山風俗圖)》(매산본, 스왈른본)와 《텬로력뎡》 및 《텬로력뎡 삽도》를 해제하던 중이었기에, 《천로역정》을 누차 정독하게 됐다. 어릴 때 루이자 메이 올컷의 《작은 아씨들》을 읽다 마주친 '천로역정 놀이'가 인상적이어서 언젠가 꼭 읽어 보겠다고 다짐한 책이었기에 개인적으로 즐거운 시간이었다.

그런데 텍스트의 서사 구조와 그림의 내용을 대조하다 예수님을 한국식으로 그린 장면을 발견했다(266쪽 그림 11). 게일 목사 부부가 소지한 *The Pilgrim's Progress*에 실린 셀루스(Henry C. Selous)와 프리올로(M. P. Priolo)의 삽화를 김준근이 참고해 작업했던 결과로(266쪽 그림 12), 거듭난 성도의 심령에 이는 불길을 끄려고 물을 붓는 마귀의 공격과 보이지 않는 곳에서 성령의 기름을 부어서 오히려 더 강한 믿음을 주시는 예수님의 은혜를 대비시킨 장면이다. 이 장면에서 갓 쓰고 도포 입은 조선 문인의 모습으로 표현된 예수님은 한국전쟁 중 김기창 화백이 그린 '갓 쓴 예수' 형상의 기원이기도 하다. 제작 시기와 국적을 특정하기 어려운 경교 성모자상을 제외하면, 이는 한국기독교미술사에서 현존하는 가장 오래된 예수상이다. 로마가톨릭교회의 예수회가 일본·중국에

**그림11.** 김준근, 〈효시가물로불을ᄭᅳ고기름으로불을
닐게홈으로긔독도를ᄀᆞ르치다〉,《텬로력뎡》제11도,
1895년, 숭실대학교 한국기독교박물관

**그림12.** 셀루스와 프리올로, *The Pilgrim's Progress*,
맥과이어 목사 주석본, 1863–1865년 초판

진출한 16세기 이래로 한국에도 성모자상과 성화, 동판화가 전래되었고 이희영(李喜英) 등이 이를 그린 적이 있지만 거의 다 소실되어 전하지 않기 때문이다.

이후 계속된 고난의 시기에 내 삶에서 세 번째로 꿈에서 예수님을 만났다. 푸른 풀밭 위에 흰옷을 입고 모로 누우신 예수님은 왼손으로 머리를 받치고 두 다리를 약간 구부린 편안한 자세였고, 그 앞에 내가 마주보며 앉아 있었다. 허리를 꼿꼿이 세우고 가슴 앞으로 두 손을 모은 나는 함박웃음을 지으면서 스타오의 그림이 얼마나 멋진지, 그 발상의 기발함과 명쾌한 붓질, 밝고 선명한 색채, 생동감이 넘치는 화면에 대해 열변을 토하고 있었다. 정선과 김홍도의 그림을 얘기할 때는 이런저런 손짓에 손뼉까지 치고 있었다. 다정하게 끄덕이시는 예수님의 미소 띤 시선을 오롯이 받으며 꿈에서 깼다. 근사했다. 대화 시 주로 듣는 성향이라, 누군가 나의 말을 들어주는 경험이 거의 없었던 내가 예수님 앞에서 이런저런 내 이야기를 한 것이었다. 어색한 침묵, 소소한 투정, 아무말 잔치도 다 받아 주신 예수님은 마침내 내 입에서 쏟아져 나온 동아시아 회화의 아름다움에 공감하며 즐거워하셨다. 주님의 기뻐하심이 내 안에서 기쁨이 되어, 구겨지고 부서진 나의 가치와 정당성을 회복시켜 주셨다.

그렇게 예수님을 만나고서야 나는 박사가 되어 독립 연구자로서 연구를 계속해 갈 수 있었다. 중국과 한국과 일본의 회화를 이야기하는 것도 주님을 기쁘게 한다는 사실이 감사했다. 이제는 진짜와 가짜, 옳고 그름을 가린다는 명목하에 극히 날카롭게 곤두섰던 사고를 다소 유연하게 전환하기도 했다. 진위 시비 자체에 너무 집착하다가는 자칫 '선악과를 취해 하나님과 동등해지라'는 뱀의 유혹에 넘어간 아담과 하와 같은 꼴이 될 수 있겠다는 생각이 들어서다. 나 역시 에덴동산의 많은 유실수와 그 열매를 마다하고 금단의 영역에 속한 지식과 능력을 탐했던 것은 아닌지 되돌아본 것이다. 차라리 생명나무를 주목해야 했다. 선악과 외에는 어떤 열매도 괜찮다셨으니 특별한 무언가를 원한다면 탐스런 생명나무의 열매를 구하는 것이 현명하다. 어쩔 수 없이 진위 시비에 관여하게 된다면 진리의 하나님께 의지해 전문가로서 온 힘과 온 마음을 다해 선을 붙잡으면 된다.

## 주님과 함께 광야에 다시 서다

지금 나는 하나님의 존귀한 자녀로서 물 위를 걷듯 살고 있다. 예수님은 내가 날 수 있다고도 하셨다. 너의 날개를 펴서 하늘로 날아오르라고, 노을 지는 바다를 건너 함께 날아가자고, 비상(飛上)을 재촉하셨다. 실제로 2015년과 2017년에 한국연구재단의 지원으로 개인 연구를 진행하고 고려대학교 동아시아문화교류연구소에서 연구교수를 지낸 나는 미국의 미술사연구연합단체 ARIAH(Associaton of Research Institutes in Art History)의 지원을 받아 2018년에 워싱턴DC 스미스소니언협회 산하 국립아시아미술관의 방문학자가 되었다. 중국이나 일본의 회화사를 전공한 세계적인 학자들의 요람과도 같은, 그 유명한 프리어새클러 갤러리(Freer Gallery of Art and Arthur M. Sackler Gallery) 말이다. 그 자격으로 6개월간 미국과 서유럽의 여러 박물관·미술관에 소장된 스타오의 작품과 한·중·일의 여타 작품을 조사할 수 있었다.

또 상하이박물관에서 스타오가 그린 원작과 장다첸의 모사작이 함께 섞여 있는《계남팔경도(溪南八景圖)》전부를 살펴보면서 두 화가의 필치와 색감의 차이를 깨닫기도 했다. 그에 따라 작품을 실견하여 개인 양식의 특징과 작품 자체의 특성을 잘 정리하고 체계적으로 자료를 분류·축적해 연구하면 객관적으로 진위를 분별할 수 있다는 것을 확신하게 되었다. 2019-2021년에는 국립춘천박물관 학예연구사로 근무하면서 금강산 관동팔경 관련 전시와 실감 콘텐츠 사업을 담당했고, 2021년 하반기에는 DDP(동대문디자인플라자) 공간마케팅팀에서 공간 기획의 노하우를 맛보기도 했다. 따라서, 지금까지 나는 간간이 날았었다. 자각하거나 즐기지 못했던 것뿐.

전환기 선언을 하며 그간의 원망과 분노, 트라우마를 내려놓자고 다짐하던 2022년 여름, 빈센트 반 고흐(Vincent van Gogh, 1853-

**그림13.** 밀레, 〈첫 걸음마〉, 1859-66년 즈음, 종이에 파스텔, 29.5×45.9cm, 클리블랜드미
술관

**그림14.** 고흐, 〈밀레를 모방해 그린 첫 걸음마〉, 1890년, 캔버스에 유채, 72.4×91.1cm, 메
트로폴리탄미술관

인문학의 길에서 성서를 만나다

1890)의 〈밀레를 모방해 그린 첫 걸음마〉를 처음 접했다(그림 13, 14). 정신병으로 고통받다 자살한 것으로 유명한 그의 대중적 이미지는 1888년 12월 귀를 자른 뒤에 그린 〈자화상〉과 〈별이 빛나는 밤〉(1889), 돈 매클레인(Don McLean)이 노래한 〈빈센트〉로 강렬하게 살아있다. 정식 미술 교육을 받기보다 밀레, 들라크루아, 도미에, 렘브란트 등 대가를 모방해 그 구성과 화법을 배웠던 그는 안도 히로시게(安藤廣重, 1797-1858)의 채색풍경판화를 모방한 유화를 1887년에 그려 19세기 유럽 회화에 미친 일본의 영향을 증언해주기도 한다. 여기 소개하는 그림도 그런 모방작의 일종이다. 사망한 해 1-2월에 밀레의 〈첫 걸음마〉 복제 화보나 흑백사진을 보고 그렸을 이 그림은 2월에 그린 〈꽃피는 아몬드 나무〉와 함께 동생 테오의 첫 아들 탄생을 축복했던 큰삼촌의 마음을 담고 있는 듯하다. 이름이 같은 첫 조카 빈센트에 대한 기대가 각별했던지, 밀레의 원작이 고흐 특유의 필치와 색감이 적용된 새로운 분위기로 바뀐 것을 볼 수 있다.

하양, 노랑, 연두, 초록, 파랑의 물감이 거칠고 역동적인 붓질로 채워진 캔버스에는 햇살이 가득하다. 모자 쓴 농부와 어린 딸, 젊은 여인의 모습은 가족의 따뜻함과 '누군가의 눈에 빛나는 존재'가 되고픈 인간의 가장 기본적이고 자연스런 욕구를 떠올리게 한다. 작업하던 삽과 수레를 내려놓고 두 팔을 활짝 펼친 채 무릎 꿇은 아버지에게로 향하는 아이의 눈은 기쁨이 가득한 아버지의 눈빛에 고정되어 있을 것이다. 어머니 품에서 내려 약한 다리로 간신히 균형을 잡은 아이는 기쁨이 주는 강력한 힘에 이끌려 아버지를 향해 한 발짝 내딛는다. 사랑으로 충만한 부모 안에서 경험하는 기쁨은 아이의 삶 전체를 지탱하는 힘이자 소망이다. 사람은 사랑하는 사람들과 관계하며 '그들과 함께 있어 즐거울 때' 삶의 의미를 발견하고 살아갈 힘을 얻는다. 정신이 무너져 내린 와중에도 가족에 대한 애정과 첫 조카 소식이 고흐로 하여금 이처럼 멋진 그림을 그리게 한 것이다.

이 그림은 성령님의 보호하심 가운데 두 팔을 벌려 반겨 주시는 예수님께로 한 발 한 발 옮기는 내 모습을 떠올리게도 한다. 50대 중반임에도 진리와 자유라는 단어에 여전히 가슴이 뛰는 나는 점점 더 나의 무지와 무능, 무력함을 인정하게 된다. 알지 못해 갖는 두려움, 제한된 인식의 감옥에 스스로를 가두는 어리석음을 이겨 내고 온전한 진리를 추구할 뿐이다. 자각하진 못했어도 동아시아의 화가들 역시 하나님께서 불어넣으신 생기와 지혜와 재능으로 작업했고, 그 과정이나 결과 모두가 참 멋지고 아름답다는 것은 명백하다. 주류건 아니건, 어디든 내가 처한 곳에서 그 아름다움을 말하고 나누며 살고 싶다. 미완의 과제도 해치우고 주께서 기쁘게 들으실 이야기를 써 가겠다. 그러니 내 주장이나 논거에 오류가 있다면, 명확하게 알려 주시기 바란다. 겸허히 듣고 수긍되는 곳을 고쳐 진리를 찾는 사람들을 함께 돕고 싶다. 다만, 틀린 게 아니면 전문가의 견해로 존중해 주시기 바란다. 나는 연구 방법과 논리 전개가 극히 정석적인 기왕의 내 연구들이 정당하게 인정받지 못한 이유를 여전히 납득하지 못한다. 분명한 것은 세상에는 내 능력과 이해와 판단의 영역을 넘어선 문제들이 너무 많고, 질곡에서 벗어나 나답게 살려면 길이요 진리요 생명이신 예수님을 끝까지 꼭 붙잡아야 한다는 것이다.

# 만드는 것과 믿는 것 사이에서

이웅배

이웅배 조형예술학 전공

대학에서 조소를 전공한 뒤 잠시 미술교사를 하다 프랑스 유학을 떠나 조형예술학으로 석사와 박사를 마쳤다. 국민대학교 미술학부 교수로 재직 중이며, 지금껏 23회의 개인전과 170회의 전시를 열었다. 학부 시절 미대크리스천모임(미크모)을 시작으로 기독미술연구회, 창조창작회복 등의 활동을 하며 교회와 사회, 신앙과 예술의 관계에 관한 질문을 품었다. 유학 중에는 현대미술뿐아니라 정교회와 가톨릭교회를 접하며 한국 개신교회에 대한 이해와 애정의 폭을 넓혔다. 시간이 지날수록 하나님은 믿을 만한 분이라는 생각과 점점 더 알 수 없는 분이라는 생각, 미술이 좋고 재미있지만 하면 할수록 어렵다는 생각이 강화되고 있다. 정년퇴임 후 창작 활동에 집중할 수 있으리라는 기대감에 부풀어 있다.

## 만드는 사람

나는 늘 무언가를 만든다. 그 무언가는 미술에 관계된 것이다. 미술은 이렇게 이미지를 만드는 것이다. 머리로 생각하는 것을 재료나 기법을 통해 이미지로 구현하기 위해 시간을 쓸 때, 원하는 이미지를 만들며 집중할 때 나는 즐겁고 행복해진다. 내가 미술을 계속하는 가장 큰 이유는 계속 행복해질 수 있기 때문이다. 만들어 놓은 무언가가 다른 사람들에게 공감을 불러일으킬 때도 유사한 기쁨과 즐거움이 생긴다. 이미지 속에 담은 나의 생각을 다른 사람들이 알게 되면 행복하다. 내가 만든 것 안에는 분명 내 생각이 들어가 있다. 어떤 것이든 만들 때 그 안에 내 생각이 투입된다. 재료를 다루는 방법이나 숙련도, 새로운 시도가 형태와 모양, 양감 그리고 색채 등으로 모여 이미지를 이루어 낸다.

10대 중반부터 60대 초반이 되기까지 미술로 무언가 만드는 일을 하면서, 만들어진 결과물 안에는 만드는 이의 생각이 들어가 있다는 사실을 확인했다. 우연히 그냥 만들어지는 것은 없다. 우리의 주위에 있는 사람들, 나무와 하늘, 바람 그리고 산, 흐르는 물과 같이 눈에 보이는 것을 포함해 눈에 보이지 않는 미세하게 작은 존재들과 먼 거리에 있는 것, 우리의 인식 밖에 존재하는 것들 모두 스스로 존재하는 것이 아니라 누군가에 의해 지어졌다고 믿는다.

나는 세상을 만든 하나님을 신앙한다. 신앙이란 하나님을 바라고 믿는 것이다. 나는 만들고 "보기 참 좋다" 하는 신의 성품을 참 좋아한다. 그리고 하나님은 세상을 창조하고 피조물과 함께하며 그들이 행복하게 살기를 원한다는 것을 믿는다. 하나님의 성품에 조화를 이루며 피조물들이 서로 해치지 않고 공동체를 이루며 살기를 원한다는 것을 믿는다. 하나님은 창조 이후 피조물이 망가지고 깨져서 서로 혐오하고 배제하며 온갖 고통에 시달리는 것을 방관하지 않는다. 회복시키고 새롭게 한다. 피조물을 즐거워하고 아끼며 존중하라는 창조주의 성품을 따를 때 행복해진다는 것을 나는 믿는다. 이렇게 신의 성품에 관해 느끼는 것을 시각적인 이미지로 표현하는 것이 미술이며 이 일에 지속적으로 진지하게 임하는 이가 예술가이며 작가라고 생각한다.

## 고통받는 이들과 함께하는 하나님을 표현하다

감리교회에 다니는 가정에서 태어난 나는 서울예술고등학교에 진학하여 미술 전문 교육을 받으면서 예술가로 사는 것이 의미 있는 일임을 알게 됐다. 미션스쿨에서 미술과 신앙의 길이 자연스레 접목되어 예술가이자 그리스도인으로 살아야겠다는 꿈을 꿨다. 이런 다짐은 대학 입학 후 학내 그리스도인들의 모임과 선교단체의 영향을 받아 좀 더 선명해졌다. 1980년대에 대학 생활과 군 복무를 하면서 극단적인 분단 상황과 사회 통제, 경제 성장 이면의 사회문제들을 직간접적으로 경험했다. 그로 인해 나의 창작활동은 고통받는 사람들의 신음을 듣고 그들과 함께하는 하나님의 성품을 표현하는 것으로 시작됐다.

1996년에 연 첫 번째 개인전에서 〈고난의 산〉 시리즈와 〈사흘후〉 등의 작품을 전시했다. 〈고난의 산〉(278쪽 위)은 군 복무 기간동안 관측장교로 전방의 산에서 시간을 보낼 때 분단의 상징인철책의 인상과 30대의 나사렛 청년이 십자가를 지고 오른 산을오버랩한 것이다. 한반도 어디서나 볼 수 있는 산의 모양을 가진이 작품은 표면이 철조망으로 덮여 있고 산봉우리에 해당하는 부분만 민둥산 모양으로 마치 전방의 GP(guard post, 경계 초소)처럼 보이게 만들었다.

〈사흘 후〉(278쪽 아래)는 시각적으로 상반된 질감의 두 금속 덩어리를 통해 예수 그리스도의 죽음과 부활을 이야기한 것이다. 오른편이 죽음, 왼편이 부활로 각각의 가로, 세로, 높이가 26×22.5×18.5cm와 26×18.5×18.5cm인데 죽음은 거칠고 날카롭고 지저분하며 부활은 군더더기 없이 깔끔하고 명쾌하며 깨끗하다. 다른

〈고난의 산(2)〉, 165×70×130cm, 철조망과 철, 1995

〈사흘 후〉, 22×18.5×18.5cm, 26×22.5×18.5cm, 철, 1995

인문학의 길에서 성서를 만나다

편은 가시관을 두른 얼굴을 연상시키고 다른 편은 부활한 모습을 말하는 것이지만 두 얼굴에 감정을 담아 내는 이목구비를 완전히 생략했기 때문에 제목의 도움 없이 이 작품을 보면, 얼굴이라기보다는 녹이 지저분한 쇳덩어리와 표면이 잘 다듬어진 금속 정도로 여겨진다. 철조망과 녹슨 표면, 검붉은 녹 자국으로 십자가의 고통을, 작품이 놓인 실내는 물론 관객의 모습이 비칠 정도로 말끔하게 정리된 표면으로 부활을 말하고 싶었다.

## 유럽 교회 경험이 가져다준 변화

1998년 두 번째 개인전을 연 후 프랑스로 유학을 떠났다. 유학 생활은 현대미술은 물론 교회와 미술의 관계를 생각해 보는 계기가 됐고, 이로 인해 작품에도 변화가 생겼다. 정교회의 '이콘'(icône)과 로마가톨릭교회의 여러 실제적인 예를 경험한 것은 나에게 큰 힘이 됐다. 미국 교회의 영향을 받은 한국 개신교는 여러 좋은 특징이 있으나 예술과 예술가에 대한 구체적인 정의와 행동 지침이 부족했다. 전문적인 예술가의 길을 가려던 나는 교회 안에서 겪는 어려움이 많았다. 선교에 직접적으로 기여하는 것을 최고의 덕목이라고 여기는 교회에서 미술은 교회의 행사나 장식을 위해 쓰이는 데 머물 때가 많았다. 교회가 상정하는 예술가와 예술의 역할에 적지 않은 자괴감을 품고 있었기 때문에 유럽 교회를 경험하면서 많은 것을 새롭게 생각할 수 있었다.

정교회에서는 이콘을 신과 연합을 이끄는 통로로 정의한다. 이콘은 자기 비움의 실현인 성육신의 표현으로, 모든 존재를 넘어 존재하는 신에 대한 아포파틱한(apophatic, 부정신학적) 사고이며, 신과 연합하게 되는 신화(神化, déification)의 길을 열어서 신과 교류하도록 한다. 이것은 흥미롭게도 마치 동양화가 화면 안에 대우주를 소우주로 옮겨 놓음으로써 우주와 인간이 일체를 이루게 한다는 것과 닮았다. 성육신의 실천적 표현인 이콘은 초월자이며 절대적인 존재인 신과 한정적인 존재인 인간을 서로 이어 준다는 의미에서 '영원을 향해 열려 있는 창문'이라고 부른다.

이러한 유럽 교회와 이콘에 대한 경험은 나의 작품에 새로운 경향으로 반영된다. 그중 하나는 이콘과 이콘을 그린 작가들에 대한 오마주인 동시에 눈에 보이는 세계는 물론 보이지 않는 초월적 세계를 알리는 이콘의 특징을 표현한 2007년 개인전의 〈천사〉 시리즈다. 2020년과 2021년의 개인전 단색화 드로잉과 2022년과 2024년 개인전의 스테인드글라스 시리즈도 그 연장선상에 있다. 또 다른 경향으로 공공미술 작품인 '공동체' 시리즈와 2018년과 2019년 선보인 '부드러운 장벽' 시리즈가 있다.

〈천사〉 시리즈(282쪽 위)는 이성과 경험만을 따르며 눈에 보이는 세계만을 중요하게 여기는 모더니즘 사회에 대한 의문을 던진다.

인문학의 길에서 성서를 만나다

보이지 않고 경험되지 않는 것들은 비합리라는 틀로 규정하는 모더니즘 사회에서 초월적인 것은 자리 잡을 틈이 없다.

인간은 한정적 시간과 제한적 공간 속에서 살다가 죽는 존재임에도 불구하고 합리와 경험이라는 미명 아래 눈에 보이는 것 밖의 존재와 상황을 중요하게 여기지 않는 사고방식을 지녔다. 그러나 산업혁명 이후 처참한 양차 대전을 겪으면서, 우리는 '생각하므로 존재한다'는 이성만을 지닌 인간의 신분에 혼란이 생겼음을 느낀다. 그러니 눈에 보이는 것 외에 초월적 존재를 언급하는 것을 시대착오라고 생각하는 태도에는 궤도 수정이 필요하다. 하여 나는 눈에 보이지 않는 것을 생각한다. 눈에 보이지 않는 것에 대한 탐구심은 그리 쉬운 일도, 간단한 일도 아니지만, 이제까지의 사실들로 미루어 볼 때 눈에 보이지 않는 것은 눈에 보이는 것에 비해 거대하며 우선적인 게 분명하다. 이것을 표현하기란 쉬운 일이 아니다. 앞서 이러한 고민을 했던 예술가들의 자료를 접하다 마음이 먼저 닿은 것이 천사다. 천사란 눈에 보이는 세계와 보이지 않는 세계의 사이에서 문턱이나 통로 같은 역할을 하기 때문이다. (2007년 개인전의 작가 노트를 고쳐 씀)

〈천사〉 시리즈가 레이저 절단을 이용한 금속판과 전기장치로 드로잉을 색다르게 표현해 냈다면, 〈공동체〉 시리즈(282쪽 아래)

〈솔로이스트(soloist)〉,
21×36×7cm,
스테인리스스틸.
전기장치, 2007

〈공동체〉, 215×250×170cm, 스테인리스스틸. 2013

인문학의 길에서 성서를 만나다

는 금속 배관을 이용하여 만든 작품이다. 배관은 물이나 가스, 기름 등을 지나가게 하는 도구로 다양한 재료와 모양, 크기가 있다. 1970-1980년대의 경제성장 시기에 크고 작은 건설 현장에서 상하수도, 냉난방, 전기 배선 등으로 사용되어 우리에게 친근한 소재다. 사람의 몸에서 각 부분을 연결하는 신경이나 혈관도 일종의 배관이다. 신경과 혈관이 막히지 않고 잘 기능해야 우리 몸이 건강하듯, 건물과 도시의 각 부분을 연결하는 통로인 배관이 제대로 작동해야 공동체는 건강해진다. 나는 이런 배관을 앞뒤로 이리저리 연결하여 소형의 유기적인 형태를 만드는 데서 시작해 대형 공공 미술 작품으로까지 발전시켰다. 공공 미술 작품은 공적인 공간에 공적인 자금으로 일반 대중을 위해 설치하기에 열성적인 미술 애호가만을 위한 작품이 아닌 평범한 시민을 대상으로 한 작품이어야 한다. 배관의 부드럽고 안전한 형태는 관객이 작품을 만질 수 있다는 장점이 있다.

## 만지는 행위가 허용되는 전시

보통 작품을 만지는 행위는 작품을 망가뜨리는 결과로 이어지기에 허용되지 않는다. 그러나 나는 배관으로 만든 작품을 관객이 만지게 하는 새로운 실험을 했다. 이러한 시도를 하게 된 것은 부모님이 기구한 운명으로 겪은 고통과 관련 있다. 1945년 제2차세계대전이 끝나고 한반도는 삼팔선 이남과 이북으로 분단되었다. 1950년 전쟁이 발발했을 때 나의 아버지는 남한에, 어머니는 북한에 살고 있었다. 그러나 3년 후 전쟁이 멈추고 남북은 다시 삼팔선이 아닌 휴전선으로 분단되어 극단적인 대치 상황에 들어갔는데, 황당하게 아버지의 고향은 북한이 되고 어머니의 고향은 남한이 되었다. 1953년 휴전 이후 아버지와 어머니는 어머니의 고향이자 국경 지역인 경기도 연천에서 만나 결혼을 했고, 나는 그곳에서 1961년에 태어났다. 한국전쟁이 끝난 8년 후의 일이다.

분단 때문에 고향을 눈앞에 두고도 갈 수 없는 아버지의 슬픔 때문일까. 미술 전시장에 가면 흔하게 볼 수 있는 문구 '만지지 마시오'는 항상 내게 질문거리였다. 왜 작품을 만지지 못하게 하는지 궁금했다. 물론 작품을 손으로 만지면 손망실이 일어날 게 뻔하지만, 그렇다고 해서 왜 눈으로만 작품을 감상하게 하는 것인지 자문했다. 사실 촉각과 시각은 상보적이므로 눈으로 경험할 수 없는 것, 지금은 보이지 않지만 보일 수 있는 것들을 촉각이 연결해 준다. 시각장애인이 촉각으로 장애를 보완하는 것과 같이 이 둘은 상보적이다. 시각은 대상과의 일정한 거리가 있어야 하지만 촉각은 사물을 건드리고 어루만져야 가능하다. 예술비평가 허버트 리드(Herbert Read)는 조각가가 제작 과정에서 끊임없이 작품을 어루만지는 감정을 관객이 느낄 수 있게 하려면 촉각적 감상을 허용해야 한다고 말한다. 촉각은 만지는 행위를 통해 입체가 가지고 있는 중량감, 양감, 부피감 등 대상의 특징을 찾아낸다. 만지는 대상의 숨은 특성 즉 시각적으로 감추어져 있던 실체를 경험하게 한다는 점에서 촉각은 레비나스(Emmanuel Levinas)가 정의한 애무(la caresse)와 연결된다는 것 역시 흥미롭다. 애무는 감추어진 것을 찾는 놀이(jeu)로서 마치 피아노 건반을 피아니스트가 손으로 만지면 존재하지 않던 음악이 연주(jouer)되는 것과도 통한다.

휴전선의 철책을 연상시키는 설치 작품(installation) 〈부드러운 장벽〉(286쪽 위)은 초기작 〈고난의 산〉 시리즈가 철조망을 이용해 만든 것과 통하는 데가 있지만, 여전히 끝나지 않은 한반도의 분단을 새로운 태도로 본다는 점에서 좀 다르다. 〈부드러운 장벽〉은 휴전선의 철책에 사용되는 원형 파이프로 지지대를 만들고, 철책선을 두르는 재료로 실제 철책이 아니라 철조망을 재연한 연질 비닐을 사용했다. 관객이 철조망의 장막을 걷어내듯 연질 비닐을 젖히고 금지된 땅으로 나가는 장면을 연상한 것이다. 장벽은 우리가 지나갈 수 없도록 오랜 세월 저러고 있지만, 영원토록 이러지는 못할 것이라는 바람과 확신을 작품에 담았다. 나는 정말 우리 민족이 가로막은 장벽의 날카로운 철조망을 부드러운 커튼처럼 걷고 서로를 향해 나아가는 상상을 해 보았다. 막힌 담은 모두 이렇게 허물어지리라. 〈부드러운 장벽〉 시리즈는 2018년 갤러리 '수애뇨339'에서, 이듬해인 2019년에는 경기도 연천 민통선 내부

〈부드러운 장벽〉, 196×755×280cm(H), 연질PVC, 금속배관, 배관클램프, 2018년

에 있는 '연강 갤러리'에서 전시되었다. 전시회를 다녀간 청파교회 김기석 원로목사는 일간지 칼럼에 다음과 같은 후기를 남겼다.

전시관에 들어서면 관람자들은 2.7m 높이의 '부드러운 장벽' 앞에 서게 된다. 철제 골조를 지지대로 삼아 설치된 장벽은 사람들을 압도하지 않는다. 투명한 연질의 비닐이 커튼처럼 내걸려 있기 때문이다. 철조망 모양의 빗금들이 그려진 그 장벽 앞에 설 때 사람들은 대개 잠깐 망설인다. 건너편으로 넘어갈 문이나 길이 보이지 않기 때문이다. 어떤 이들은 입장을 거절하는 것처럼 보이는 그 장벽 앞에서 발걸음을 돌리기도 한다. 하지만 아이들은 그 비닐 커튼을 열어젖힐 수 있다는 사실을 발견하고는 즐겁게 월경을 감행한다. 긴 세월 분단의 장벽 앞에서 살아온 이들에게 장벽은 두려움과 공포의 대상이다. 그러나 발랄한 상상력으로 무장한 아이들에게 그 장벽은 언제든 넘나들 수 있는 장치일 뿐이다. (중략)

예수님의 삶을 '장벽 철폐'라는 말로 요약한 학자가 있다. 사람은 누구나 문화 혹은 습속이 만들어 놓은 불가시적인 장벽 혹은 금지선에 갇힌 채 살아간다. 금지는 늘 터부와 결합하여 사람들의 의식과 삶을 옥죈다. 예수는 성과 속, 의인과 죄인, 남자와 여자, 유대인과 이방인의 경계를 넘나들며 살았다. 금기에 갇혀 결코 만날 수 없었던 사람들이 그분 안에서 형제자매의 우애를 경험했다. 경계를 넘나드는 이들에게는 늘 불온의 딱지가 붙는다. 그들은 평지풍파를 일으키는 사람, 기존 질서에 균열을 내는 사람이라는 비난을 받곤 한다. 경계를 넘는다는 것은 모험이 아닐 수 없다. 신앙인은 경계에 갇힌 사람이 아니라 경계선 너머를 상상하고 볼 줄 아는 사람이다. (김기석, "부드러운 장벽", 〈국민일보〉, 2019년 8월 7일)

## 팬데믹이 가져온 변화

코로나19 팬데믹은 나의 내면적 일상을 받쳐 주던 두 기둥인 신앙과 미술에 변화를 가져왔다. 사람들과의 접촉을 조심하고 가능한 함께 있는 것을 피해야 하는 절박한 환경은 이전에 당연하게 생각하던 많은 것들을 되돌아보게 했다. 신앙의 본질과 형식에 대한 생각은 물론 작품을 제작하는 방법이나 태도에도 적지 않은 변화가 생겼다. 사람을 자유롭게 만나는 일이 극히 제한적이어서 조수를 쓰며 중량감 있고 용적이 제법 있는 조각 작품을 만들기보다는 혼자서 해결할 수 있는 드로잉 작품을 많이 했다. 2020년 개인전 〈시편사색(詩篇寫索)〉과 2021년 개인전 〈路加-길을 더하다〉의 전시물(289쪽)에는 종이에 물감과 붓으로 성경의 내용을 그린 단색화 드로잉이 주종을 이루었다.

시편은 기도이며 찬송인 점에서, 때로는 고상하지만 한편으로 순박하고 거친 분노와 한탄으로 점철되어 있다. 거룩한, 그러나 종종 알 수 없는 그분에 대한 갈망의 기도로 가득하다. 시편에는 한 가지로 딱히 규정하기 어려운 복잡한 인간의 심정이 담겼다. 그러므로 시편은 하루에도 열두 번씩 팔랑거리는 내 맘을 비춰 보기에 넉넉한 책이다. C. S 루이스의 책 《시편사색》(홍성사)을 보던 중 시편사색(詩篇寫索)이란 전시 제목이 생각났다. 책 제목에 쓰인 사색(思索)은 생각하고(思) 찾는다(索)가 합쳐진 말로 '어떤 것에 대하여 깊이 생각하고 이치를 따짐'을 말하며 생각, 사유, 사고라는 뜻인 반면, 사색(寫索)의 사(寫)는 '베끼다, 묘사하다, 본뜨다'라는 뜻이다.

인문학의 길에서 성서를 만나다

〈북과 춤으로(2)〉, 21×29.5cm,
종이에 먹, 2020

〈떡 다섯(伍餠)〉, 30×42cm,
종이에 먹. 2021

결국 시편사색(詩篇寫索)은 '시편에 대한 뜻을 찾아 그리다' 정도가 된다. 나는 양파 껍질 마냥 겹겹이 의미를 함축하고 있는 매력 덩어리 시편의 구석구석을 드로잉하며 들여다보고 있다. (2020년 개인전 〈시편사색(詩篇寫索)〉의 작가 노트를 고쳐 씀)

일 년 이상 코로나19 팬데믹이 지속되면서 온갖 것들의 자리가 여지없이 흔들리고 그간 누리던 많은 것이 당연한 것이 아니었음을 알게 되었다. 기존의 삶의 방식을 반성하고 새로운 길을 찾아야 한다는 절실함과 위기감이 밀려들었다. 나는 예술가와 예술의 역할에 대한 무력감을 느끼던 중 누가복음을 통해 용기를 얻었다. 그것을 표현한 작품이 2021년의 개인전 〈路加-길을 더하다〉이다.

누가(루카, Luke, 路加)라는 이름의 뜻은 헬라말로 '빛나다' 혹은 '총명하다'인데, 흥미로운 것은 한자 이름 로가(路加)이다. '길을 더하다'라는 뜻의 로가는 한자로 외국어의 음을 나타내는 음역이지만 실로 진리를 만나서 따랐던 그의 삶을 잘 나타낸다. 그는 짧거나 모자라서 마땅치 않은 길의 끝에 머뭇거리지 않고 진실한 새 길을 탐색하는 사람으로 살고자 했다. 가난하고 소외된 사람들, 아픈 사람, 어린이, 여자, 외국인 등 소위 비주류 계층에게 자기의 눈을 맞추었다. 의사로 알려져 있지만 전승은 분명 그를 화가로 소개한다.

아마도 예술가로서 그는 잠시 눈에 보이는 것보다 보이지 않는 영원한 길을 찾으려 고민했을 것이다. 그래서 나는 이번 전시로 그의 길을 함께 따라나섰다. (2021년 〈路加-길을 더하다〉의 작가 노트를 고쳐 씀)

전대미문의 코로나19 팬데믹이 끝날 즈음에 그간 우리가 하나님 편에 가까이 다가설 수 있던 것은 다만 하나님이 제공한 은혜로 가능했던 것일 뿐 우리가 취한 임의의 방식과 태도에는 어떤 가치와 힘도 없다는 생각을 하게 됐다. 2022년의 〈이야기-신비롭고 투명한〉은 유리라는 재료의 특징을 이용해 '함부로 대할 수 없는 하나님'에 대한 생각을 나름으로 표현한 전시였다(292쪽 위). 유리의 투명성과 휘어짐이나 두께로 생기는 빛의 굴절 효과를 작품에 적용한 것은 유리의 특징이 용소(龍沼)와 잘 연결되기 때문이다.

용소는 폭포가 떨어지는 바로 밑에 물받이처럼 되어 있는 깊은 웅덩이다. 용소의 물은 투명해서 깊은 데 있는 돌들과 물고기도 볼 수 있다. 나는 용소의 깊이를 잠시 착각하여 함부로 몸을 담갔다 놀랐던 경험이 있다. 투명성 때문에 바닥이 가까워 보이는 것이지 실제로는 함부로 들어가기에 위험한 곳이 용소였다. 용소의 깊은 곳은 신비하고 아름답지만 동시에 섣불리 다가갈 수 없는 것처럼 하나님은 믿을 만한 분이지만 알면 알수록 모르겠고 함부로 대할 수 없는 분이라는 생각을 작품에 담고자 했던 것이다. 그래서 2024년의 전시 〈비아 돌로로사(Via Dolorosa)〉를 거쳐 2025년

〈천사(1)〉, 545×788×5mm,
강화유리 프린팅 및 소성, 2022

〈부비부비(1)〉 545×788×5mm,
강화유리 페인팅 및 소성, 2025

인문학의 길에서 성서를 만나다

의 23회 개인전 〈작은 것들의 낯선 세계〉에서도 유리와 드로잉을 통해 신앙과 일상생활에서 느끼는 신비를 나타내려고 했다(292쪽 아래).

나는 예술이 제도화된 종교와 규격화된 도덕에 얽매이지 않는 자유로운 시각을 제공한다고 생각한다. 좁은 길로 간 예수 그리스도의 불가능할 것 같은 삶을 상상하고 이해하며 따르는 것을 예술이 돕는다고 생각한다. 신앙은 곧 초월과 관련이 있어 현실 너머를 생각할 수 있는 태도를 요구하지 않던가. 그렇게 신앙은 인간이 좁은 자아를 넘어서서 신에게 접속하도록 이끈다. 그 여정 위에서 직접 경험하거나 상상한 것을 각종 재료와 기법을 동원하여 이미지로 만드는 것이 나에게 미술이다.

# '온학문 스쿨'을 꿈꾸며

## 복음 열정 품은 소장 연구자들이 모이다

한동안 모임 이름을 놓고 설왕설래했던 적이 있습니다.

"인문학과 성서 가운데 무엇을 앞에 두어야 할까?"

"크리스천 모임이라면 이름에 성서가 먼저 나와야 하지 않을까?"

역시나 '성서'를 '인문학'보다 앞세워야 한다는 의견이 강했습니다. 그렇게 모임 이름을 정하고 세 글자로 축약해 보니 '성인모'(?)가 되었습니다. 아차! 순간 얼굴이 붉어지며 쓴웃음을 짓게 된 구성원들은 자연스럽게 인문학을 앞에 놓는 데 합의했습니다.

인문학의 길에서 성서를 만나다

'인문학과 성서를 사랑하는 모임'(인성모)이라는 이름은 그렇게 탄생했습니다. 2007년 여름 무렵의 일입니다.

당시 10여 명의 크리스천 인문학자들이 모여 인성모의 존재 이유라고 할 수 있는 모임 취지문을 작성했는데, 다음과 같습니다.

> 인성모란 '인문학과 성서를 사랑하는 모임'의 약자로 기독교 복음에 대한 열정을 가진 소장 인문학자들의 연구 모임입니다. 기독 인문학자들이 신앙과 학문 사이의 괴리를 극복하고 통전적인 고백으로서의 학문 활동을 추구하는 모임으로, 2007년 7월 정식 결성되어 매월 한 차례의 정기 모임을 이어오고 있습니다. 인성모에서는 정기 모임을 통해 문·언·사·철(文·言·史·哲)로 구분된 인문학의 통합적인 이해를 도모하는 동시에 예배 및 성서 나눔을 병행함으로써 기독교적 마인드가 녹아 있는 인문학을 추구하고 있습니다. 향후 다양한 방식과 매체를 통해 서평 발표, 공동 연구 및 출간, 그리고 합동 강의 개설을 계획하고 있습니다.

모임 설립 초기에 함께 구상했던 서평 발표, 공동 연구, 합동 강의 개설 등은 모두 순차적으로 이루어졌지만, 유독 출간만은 실행하기가 쉽지 않았습니다.

　인성모의 전신은 1999년 서울대에서 결성된 '인원모'(인문대기독인연합 대학원생 모임)입니다. 또한 인원모의 모태가 되는 모임이 있는데, 1994년 서울대 인문대학에서 결성된 '인기연'(인문대기독인연합)입니다. 인기연은 아직도 서울대 인문대학의 동아리로 존속 중이라고 들었습니다. 인원모는 존속 기간이 짧았지만, 2000년부터 2001년까지 약 1년 반 동안 월간 〈빛과소금〉에 "인원모가 바라본 세상 속의 인문학"을 주제로 연속 서평을 게재하면서 신앙과 학문의 통합 가능성을 모색해 보았습니다.

　세월이 조금 흐른 뒤 인성모는 구성원의 범위를 인문학과 성서를 사랑하는 모든 크리스천 인문학자로 확대했으며, 인문학의 범주 역시 기존의 문학·언어·역사·철학에 예술을 더했습니다. 그리고 2009년에는 6명의 연구원이 모여 "동아시아 국제질서의 변화와 기독교"라는 주제로 동북아역사재단의 지원을 받아 총 여섯 차례의 강연 및 토론회를 진행하였고, 2010년에는 7명의 연구원이 모여 "마테오 리치의 〈16세기 중국 견문록〉 강독 및 역주 모임"을 진행했습니다. 2014년에서 2016년까지는 한국 기독교계 및 학문 세계에 공헌할 기독 인문학의 후속세대를 육성하기 위해 마련한 장학 프로그램 '인성모 펠로우십'을 운영하여, 인문계 석·박사 과정(수료)생 5명에게 1인당 200만 원의 장학금을 지원한 바 있습니다.

## 사상전 시대 대비하는 '온학문 스쿨'을 꿈꾸다

2013년 인성모는 《베리타스 포럼 이야기》《세상이 묻고 진리가 답하다》(IVP)라는 책을 함께 읽고 토론한 적이 있습니다. 그로부터 5년 뒤인 2018년 인성모 대표인 저는 앞의 두 책이 나온 배경이 되는 미국의 기독 지성 운동 '베리타스 포럼'과 기적 같은 만남을 갖게 됩니다. 이를 통해 한국에서 최초로 여는 공식 포럼을 고려대학교에 유치했습니다. 제1회 '베리타스 포럼 고려대(VFKU)'의 연사로 미국에서는 오스 기니스 박사가 참석했고, 한국에서는 강영안 교수와 우종학 교수가 참여했습니다. 그 후 2024년까지 고려대학교는 미국 본부와 협의하여 매년 '베리타스 포럼 고려대'를 개최해 왔습니다. 이는 인성모의 동역과 협력이 없었다면 불가능한 일이었습니다.

2023년 2학기에 서울대 기독교수회가 주관한 바이블칼리지에서 인성모는 "인문학과 성서"라는 7주차 강좌를 기획해, 아래와 같이 주제 강연을 진행한 바 있습니다. 수강생은 많지 않았지만, 의미 있는 시도였다고 자평합니다.

1회. 성서의 관점으로 중국사를 보는 이중의 눈 (조영헌 | 고려대)

2회. 번역과 선교: 기독교의 세계화 전략 (서원모 | 장신대)

3회. The Bible, A Bible? 꾸란에 비친 기독교와 성서 (이광태 | 한

인성모는 2023년부터 새로운 비전을 품기 시작했습니다. 오늘날 우리가 사는 세상은 눈에 보이지 않는 '사상전(思想戰)의 시대'라는 문제의식을 공유한 몇몇 동역자들이, 한 사람의 제대로 된 사상가를 배출하는, 세상에 하나밖에 없는 학교를 디자인하기 시작한 것입니다. 이는 다음 세대를 위한 준비 차원에서 나온 구상으로, 개신교 역사 150년을 맞는 대한민국에 이제는 아우구스티누스, 토마스 아퀴나스, 마르틴 루터, 아브라함 카이퍼, C. S. 루이스와 같은 사상가가 배출되어야 한다는 공감대에서 출발했습니다.

이 새로운 개념의 학교 이름은 '온학문 스쿨'로 지었습니다. 여기에는 세 가지 뜻이 담겨 있습니다. 첫째, 모든 배움을 의미하는 '온 학문'(all learning)입니다. 둘째는 'On 학문'으로 닫히지(Off) 않고 늘 열려 있으며 어디서나 접근 가능한 학문을 가리킵니다. 셋

인문학의 길에서 성서를 만나다

째는 '溫 학문'으로, 날카로운 비판에 머물지 않고 따뜻하게 사람을 살리는 학문을 추구한다는 뜻을 담고 있습니다. 완전히 새로운 개념의 미래 교육을 지향하며, 수년 내 개교하는 것을 목표로 설계하면서 협력자들을 기다리고 있습니다.

이렇게 지나온 18년 역사를 바탕으로 인성모는 공동저작물 《인문학의 길에서 성서를 만나다》를 내놓습니다. 인성모가 결성된 지 18년 만에 발표하는 첫 출판물입니다. 비슷한 고민과 문제의식을 품고 있는 연구자·목회자·학생들과의 만남을 설레는 마음으로 기다립니다. 아울러 이 책을 읽고 인성모 저자들과의 만남이나 인문학 강연 등을 원하시는 학교, 교회, 단체의 연락을 기다립니다.

무엇보다 인성모 활동에 관심 있는 독자들을 모임에 초대하고자 합니다. 인성모의 정기 모임은 2020년 코로나19 팬데믹 이후 두 달에 한 번씩 온라인 줌(Zoom)으로 전환해 진행하고 있습니다. 인성모에 참여하기 원하시거나 인성모 소식을 받기 원하시는 분들은 chokra@hanmail.net으로 연락주시기 바랍니다. 인성모의 첫 공동저작인 《인문학의 길에서 성서를 만나다》가 '인문학과 성서의 만남'에 목마른 독자 한 분 한 분에게 꾸준히 전해지기를 두 손 모아 기도합니다.


'인문학과 성서를 사랑하는 모임' 대표 조영헌

# 인문학의 길에서 성서를 만나다

**초판 1쇄 펴냄** 2025년 11월 20일

**지은이**  강성우 김원경 김학균 노승욱 목광수 박기영 박효은 손화철
이광태 이웅배 조영헌 정영훈 최진영 홍문기 홍석준
**펴낸이**  옥명호

**편집**  김은석 옥명호
**디자인**  임현주
**제작처**  성광인쇄

**펴낸곳**  잉클링즈
**출판등록**  2010년 5월 31일  제2025-000042호
**주소** 18494 경기도 화성시 동탄신리천로7길 47
**전화** 010-2605-5382 │ **팩스** 0504-280-5382
**이메일**  inklings2022@gmail.com

**ISBN** 979-11-975987-9-1  03230